话语、政治、日常生活

THE DISCOURSE OF POLITICS IN ACTION:
POLITICS AS USUAL

[奥] 露丝·沃达克　著
黄　敏　田海龙　译

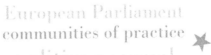

backstage
political discourse
frontstage arenas
European Parliament
communities of practice
politics as usual
discourse-historical
approach

ZHEJIANG UNIVERSITY PRESS
浙江大学出版社

献给乔治和雅各布

中文版前言

调查和分析政治语言以及语言、政治和各种欧洲机构的相互依赖性非常重要。大多数人实际上并不知道政治家每天在"做"什么，以及他们如何管理自己忙碌的生活。实际上，人们对于在布鲁塞尔和欧盟机构工作的政治家尚无正确认知。

因此，笔者非常感谢黄敏教授和田海龙教授翻译这本书，这使得中国读者能够了解笔者的见解。笔者非常感谢他们的翻译工作以及他们对本书内容进行的适当调整。此外，笔者非常感谢浙江大学出版社的支持。

希望更多的读者发现本书的乐趣！

露丝·沃达克
2018 年 9 月 28 日于维也纳

平装本前言

自本书第一版问世以来,已经发生了很多变化:我们面临着全球性金融危机及它对欧盟和许多国家所产生的影响。在试图应对各种各样的全球性和地域性危机中,政治和政治家比以往任何时候都更多地站到了前台。

当然,本书不可能也不试图去详细考察这些新的发展,相反,它的目的是为读者提供有关政治如何"运作"的某些信息。笔者相信,对欧洲议会的个案研究能泛化到欧洲及以外的其他政治机构。

笔者非常感激帕尔格雷夫·麦克米伦出版社的朴雅卡·吉本斯(Priyanka Gibbons)和梅兰妮·布莱尔(Melanie Blair),是他们使本书平装版的出版成为可能。这样,笔者能够将本书初版问世以来同事和研究生们提出的许多富有启发性的重要评论增加进去。笔者还能够更新文献和纠正书中的几处打字错误。笔者希望这一领域的批评性研究会继续下去,因为要能够理解和解释我们社会的庞杂性,一定是需要这样的研究的。

露丝·沃达克

2010 年 11 月

前　言

默里·爱德曼(Murray Edelman)在其名著《政治的象征性运用》(*The Symbolic Uses of Politics*, 1967)中这样定义政治：

> 对于我们多数人来说,政治是一串眼前闪过的抽象符号,然而,我们的经验告诉我们,这一串符号具有近乎全能的行善或作恶的力量。因为政治可以显而易见地赋予财富,夺去生命,囚禁人或解放人,以及带着强烈的情感和意识形态联想去再现历史,所以政治过程是轻易可得的平台,在上面可以转移私人情感,尤其是强烈的焦虑和希望。(Edelman,1967:5)

在这一简短的描述中,爱德曼捕捉到了政治的显著特征;具体来说,他将我们的注意力引向政治符号的各种积极和消极运用上,使我们关注其对生活各方面影响的普遍性:政治弥漫于我们的生活——即使我们并非总是意识到这一点。笔者生长于一个吃每顿饭时都会讨论政治的家庭,饭桌上既讨论看起来琐碎的政党政治,也讨论"二战"后和冷战时期世界上的"大"问题。笔者很早就有了以下认识并将其内化于心:政治可能极其危险——笔者的父母在德国纳粹当政时期作为难民在英国勉强幸存。这一创伤性的关于过去的记忆一直萦绕在我们的日常生活中——隐隐地，间接地——就像"二战"后那句强有力的口号"从此不再！（*Nie Wieder*！）"。报纸和广播被视若"圣杯"：父母在阅读或收听有关当前事务的新闻时，笔者不能打扰他们。对于他们来说，了解新闻是每天早上的头等大事，似乎这样便可知道有没有迫在眉睫的危险。以民主制度下公民可得的形式参与政治被视为至关重要，这一点最明显的表现莫过于将选举用作重要节日加以庆祝。笔者知道要经过多少斗争才能取得这种政治参与的基本权利。

而且，因为笔者的父母是外交官，笔者亲身经历了国际政治的日常生活。外交是一种有意思的混合职业，处于政治和行政管理之间。随着新媒体、流动性和各种全球性人物的出现，外交有时变得似乎已经过时。但是，"闭门"外交策略的错综复杂给笔者留下了持久印象。因此，虽然笔者并没有完全、系统地理解它们，但笔者在孩提和青少年时期见证了谈判和决策、做报告和做简报，以及对政治修辞和媒体报道进行评估与分析的复杂性与诡秘性，见证了发生在政治"后台"（"backstage"）的间接与含糊的外交沟通语体和话语的复杂性与诡秘性。笔者也观察到多种多样的会话风格和——就其字面意义而言——外交官各具特点的面孔。在特定的语境中，在某些受众面前，他们的言行举止会自动发生变化，就像可以根据需要而随时戴上或取下面具一样。现在，在批评性地从"内"（通过民族志学）和从"外"（通过访谈和媒体报道）研究（欧盟内的）政治组织后，笔者知道这些行为表达了外交官、欧共体官员和政治家特定的惯习（habitus），他们知道如何在许多实践社区（communities of practice）和多重场域中，根据或明或暗的规约或惯例，通过具体的象征性、话语性和物质性实践而行动。

完全可以肯定的是，年少时与政治、政治沟通及修辞的遭逢，与笔者人生中许多其他因素、事件和经历一起，已经影响到笔者的学术兴趣,即去理解"国家组织和国际组织如何运作",去系统地追溯特定语体、话语、文本和论辩的实际效果;能联系特定社会-政治和历史语境来解释权力、意识形态、政治和话语之间的至少某些辩证关系。这些主题已然影响了笔者这些年来的主要研究。

因此,笔者最终决定用整整一本书去考察政治职业:去发现"政治是如何做出来的""政治家实际上做了什么",以及"媒体就政治如何被'做'传达了什么信息"。另外笔者也想探询,在一个被认为人们对政治日益广泛疏离的、去政治化的和所谓"民主赤字"的政治时代,公众对"寻常政治"(politics as usual)幕后现实的无从了解有着什么意涵。当前"做政治"("doing politics")的新模式正在涌现,而这很大程度上是由新媒体技术所促发的。例如,2008年美国总统大选中,在舆论导向专家和政治顾问的建议下,新技术和新媒体(如博客、论坛和在线募捐)被用来说服民众更多地参与公共辩论(如 Graff,2008)。政治科学、哲学和政治学的许多研究都在寻找新的(欧洲)公共领域以促进更好的政治辩论和沟通。但是,正如舒尔茨-福伯格和波 · 斯特拉丝(Schulz-Forberg & Stråth,2010)所称,这种努力至今尚未成功。这类研究和本书的核心都是政治的表征和合法性问题。

以这种方式,第 1 章借助一些选自政治领域中不同语体的示例性文本,通过引介本研究所运用的理论路径和概念来开启这一探讨。具体来讲,通过整合皮埃尔 · 布迪厄(Pierre Bourdieu)有关惯习、资本的形式和场域的理论、欧文 · 戈夫曼(Erving Goffman)有关表演的洞见及埃蒂纳 · 温格(Etienne Wenger)研究实践社区的路径,笔者特别关注政治和政治家的表演、"前台"和"后台",以及其他概念。政治家(及其顾问)的具体个性也发挥着作用,因此,身份及结构与能动性之间关系的话语建构也需要加以考虑。

　　在第 2 章,笔者通过呈现批评话语分析(Critical Discourse Analysis)的话语–历史路径(Discourse-Historical Approach)来继续详述理论架构。这一路径使分析历史、社会-政治及组织等语境中的政治交流成为可能。笔者认为,运用这一多层面的分析方法,在很大程度上可以克服在研究中经常遇到的那种"是关注微观互动还是宏观结构"的二元分歧。而且,政治在本质上与权力斗争捆绑在一起,而权力斗争,笔者认为,是通过知识管理(这一概念与其在应用管理学中的意义不同)与(话语和社会)实践及涵括或排除策略联系在一起的。福柯(Foucault)的权力–知识(power-knowledge)和治理术(governmentality)与此显然相关。

　　在第 3 章和第 4 章,通过对在跟踪一位欧洲议会议员的田野调查中所搜集到的访谈材料和录音进行分析,笔者呈现了一个欧洲议会议员日常生活的批评民族志学和话语分析的案例研究。显然,案例研究只允许有限的概括和归纳;但笔者认为这些来自欧洲议会的实证发现为政治"后台"提供了重要洞见,揭示了政治的组织实践和话语实践、策略和技巧的明显模式。在第 5 章,将这些洞见与占据许多国有电视公司荧屏的媒体对政治家日常生活的虚构性建构相对比,笔者进一步提出,这种媒体虚构影响了大家对政治和政治家的期待、认知、理解、看法。笔者特别分析了《白宫风云》中的一集,这是一部极为知名并被广泛收看的有关白宫日常生活的美国肥皂剧(注意,至今还没有一部有关欧洲议会或其他欧盟机构中"寻常政治"的电视剧)。

　　似乎相当明显的是,媒体和政治两个领域间复杂的相互依赖性只能通过将对两者的分析并置起来加以理解:政治家和政治仰赖媒体报道他们的活动与决策;媒体则需要接触相关的政治信息以发表独家新闻。许多局部和全局性的政治、经济和文化维度在这一争夺信息、知识和权力的斗争中相互作用,这当然不可能在本书中都得到全面探讨。但是,笔者的分析显示,许多界限已经模糊不清了:娱乐与新闻的界限,政治家与名流的界限,等等。为了有助于读者理解这些现象,笔者引入了术语"政治的虚构化"(fictionalization of politics)和"虚构作品的政治化"(politicization of fiction),通过详细的实证分析去追溯它们的运作。

撰写本书的想法始于多年前笔者在维也纳大学和奥地利科学院的"话语、政治和身份"研究中心(得益于 1996 年授予笔者的维特根斯坦奖,这个研究中心得以建立和运作)工作时。在那里,除了话语研究和社会语言学的学者外,笔者还有幸与来自社会学、政治学和历史学领域的优秀合作者们一起工作。我们一起发展和丰富了新的整合型交叉学科路径,而且得益于大量可支配的时间,我们还能在欧盟组织内开展充分的田野工作。

笔者在本书中分析的许多材料都搜集自这一研究阶段(1996—2003)。在这一点上,笔者想表达对整个团队的感激之情,尤其是克里斯托弗·巴伦如特(Christoph Barenreuter)、格特鲁德·本克(Gertraud Benke)、汉斯·希尔(Hannes Heer)、韦雷娜·克劳斯勒克(Verena Krausneker)、凯瑟琳娜·科勒(Katharina Köhler)、迈克尔·可瑞兹诺维斯基(Michal Krzyżanowski)、凯琳·利波哈特(Karin Liebhart)、沃尔特·马诺切克(Walter Manoschek)、皮特·蒙提阁(Peter Muntigl)、弗洛里安·奥博哈勃(Florian Oberhuber)、亚历山大·坡洛克(Alexander Pollak)、玛丽亚·赛德尔克-阿达克(Maria Sedlak-Arduç)、卡洛琳·施特雷勒(Carolyn Straehle)、乌瑟曼·苏莱曼(Usama Suleiman)、吉尔伯特·魏斯(Gilbert Weiss)和安德里亚·兹沃尔福(Andrea Zwölfer),以及在整个研究中一直伴随我们实施各种计划的国际顾问委员会成员,尤其是艾琳·贝利尔(Irène Bellier)、亚伦·西库列尔(Aaron Cicourel)、康拉德·欧立希（Konrad Ehlich）、诺曼·费尔克拉夫（Norman Fairclough）、托尼·裘德（Tony Judt）、安德拉斯·科瓦奇（Andras Kovács）、黑尔佳·诺沃特尼（Helga Nowotny）、安东·佩林卡（Anton Pelinka）、荣·斯康龙（Ron Scollon）、托伊恩·范·戴克（Teun van Dijk）和西奥·范·鲁文（Theo van Leeuwen）。笔者的许多研究在很多重要方面受到这些同事的影响，实际上，没有他们，这些研究几乎是不可能完成的。幸运的是，笔者能够跟他们中的许多人保持联系。当然，笔者的核心朋友群直到今天都非常有影响。事实上，在集中精力进行书中的研究和本书的写作前，笔者咨询过安东和安德拉斯。托伊恩、西奥和诺曼在听了笔者有关此话题的演讲后都给予了笔者重要的反馈。2007 年 5 月在圣地亚哥逗留期间，笔者又有机会与亚伦讨论了许多方面的问题，对于这一点笔者感激不尽。在圣地亚哥，笔者还在传播系就此话题发表过演讲，麦克·科尔（Mike Cole）和迈克尔·舒德森（Michael Schudson）都提供了启发性批评意见。

本书的写作还得到其他许多同事和朋友的支持。在兰卡斯特大学——笔者在 2004 年秋调到那里工作——笔者能够跟保罗·齐尔顿（Paul Chilton）、鲍勃·杰索普（Bob Jessop）、维罗妮卡·科勒（Veronika Koller）、莫林·穆尼尔（Maureen McNeil）、克雷格·迈尔斯（Greg Myers）、林恩·皮尔斯（Lynne Pearce）、安德鲁·赛耶（Andrew Sayer）和艾琳娜·赛米诺（Elena Semino）等讨论本书的研究内容。安德鲁、保罗和克雷格还阅读了第 1 章的第一稿。笔者尤其感谢克雷格，因为他在 2007 年 5 月发起了一场有关《白宫风云》的专题研讨会，这促使笔者将当时仍不连贯的思想条理化。凯·理查德森（Kay Richardson）和约翰·科尔纳（John Corner）参加了这次研讨会，就媒体和小说分析提供了重要反馈。迈克尔·可瑞兹诺维斯基在兰卡斯特大学继续跟笔者就几个欧盟资助的研究计划一起工作，在与欧盟组织有关的所有研究领域他都提供了许多内部信息和建设性批评。笔者还想感谢伊恩·克拉克(Ian Clarke)和温斯顿·权(Winston Kwon)邀请笔者跟他们在一个有关组织话语的项目中一起工作,并向笔者介绍了管理研究中的许多新思想和概念。兰卡斯特大学的"语言、意识形态和权力研究小组"过去是并且现在仍然是许多新兴的重要思想的来源,那里有许多具有激情和挑战精神的博士研究生,笔者与他们讨论过本研究的一些方面,他们是:伯纳德·佛切特纳(Bernhard Forchtner)、马吉德·科斯然韦尼克(Majid KhosraviNik)、缇娜·科斯逊兹(Tina Kosetzi)、埃莉诺·兰姆(Eleanor Lamb)、尼科里纳·蒙特梭利(Nicolina Montessori)、亚历山德拉·保利佐(Alexandra Polyzou)和约翰尼·昂戈尔(Johnny Unger)。笔者也非常感谢兰卡斯特大学在2007年春季给予笔者学术假期,笔者正是在这一时期开始本书的写作的。

在2008年春,笔者作为瑞士议会的克斯汀·海斯尔格林主席(Kerstin Hesselgren Chair)在厄勒布鲁大学(Örebro University)逗留,其间非常有幸在媒体系拥有一间办公室。当然,笔者还要感谢兰卡斯特大学给予笔者三个月的假期,使笔者得以在厄勒布鲁停留。在那里,笔者有机会在全系研讨会上向一群知识极其渊博且极富批判精神的听众提出笔者的想法,并与他们讨论,获得了许多鼓励和支持。笔者尤其想感谢皮特·伯格尔兹(Peter Berglez)、莱昂诺·凯茂尔(Leonor Camauër)、麦茨·埃克斯特姆(Mats Ekström)、比基特·霍耶尔(Birgitte Hoijer)、阿萨·科隆-伦德尔(Åsa Kroon-Lundell)、布里吉特·马然尔(Brigitte Mral)和司提吉-阿尼·诺禾斯特迪特(Stig-Arne Nohrstedt),感谢他们与笔者分享他们广博的知识。西恩·费兰(Sean Phelan)也在同一个系里度过学术假期,他在午餐期间与笔者讨论了全球媒体许多方面的问题,丰富了笔者的理解。

笔者还感谢约翰·理查德森(John Richardson)持续不断地给笔者寄剪报或他所看到的与本书主题有关的新参考文献。雷纳·包博科(Rainer Bauböck)花时间与笔者头脑风暴,我们为了给本书找到一个好书名而探讨了许多选项。大卫·马琴(David Machin)在多模态媒体分析和电视改编小说领域为笔者提供了许多重要研究的信息。马丁·赖西格尔(Martin Reisigl)对前三章的初稿做了极为详细和富有洞见的点评。2006年11月笔者曾在芝加哥大学人类学系的"周一演讲"上发表演讲,安德鲁·金格里希(Andre Gingrich)就笔者该如何呈现笔者那复杂(有时是凌乱的)想法提出了良好的建议。笔者的好友伊迪丝·绍雷尔(Edith Saurer)阅读了几章的初稿,从一个性别历史专家的角度给予了评论。桑德拉·凯提尔(Sandra Kytir)转写了本书个案研究中的一些录音,还给几章的初稿做了点评。雅克布·恩格尔(Jakob Engel)将德文访谈片段翻译为英文,还就好几章的内容提出了极富建设性的批评。

笔者非常感激帕尔格雷夫·麦克米伦出版社的吉尔·雷克(Jill Lake)对本书出版计划的支持和推进,感谢匿名评阅人的肯定评语,感谢梅兰妮·布莱尔(Melanie Blair)、朴雅卡·帕塔克(Priyanka Pathak)在吉尔退休时接过她的工作,感谢优秀的技术编辑乔·诺斯(Jo North)。最后,也是最重要的,笔者想表达对简·玛尔德力格(Jane Mulderrig)的感激之情,她修订并编辑了本书的英文。没有她富有批判性且睿智的评论,没有她的帮助和支持,这本书就不可能完成。

任何著作从来不是作者孤立完成的。在研究和写作的"起起伏伏"的过程中,来自笔者的伴侣乔治(Georg)和儿子雅各布(Jakob)饱含爱意的支持、富有挑战性的讨论和启发性的评论使这本书得以完成。因此笔者将本书献给他们。

目　录

第1章　"做政治" ……………………………………………… 001

1.1　公共政治:"前台" …………………………………… 001

1.1.1　表演政治 …………………………………… 001

1.1.2　传播政治 …………………………………… 007

1.2　上演政治:整合"表演""惯习""实践社区"和"职业
身份的话语建构" …………………………………… 010

1.3　窥视幕后:"后台" …………………………………… 018

1.4　政治(政治家)和媒体 ……………………………… 024

1.4.1　媒体和危机:播放"快照" ………………… 024

1.4.2　政治的幻灭:媒体对日常政治的虚构 ……… 026

1.5　日常政治研究的相关维度 ………………………… 031

第2章　政治的(非)理性 …………………………………… 036

2.1　"做政治"的许多预设意义 ………………………… 037

2.2　话语、政治和权力 ………………………………… 042

2.2.1　交叉/跨/多学科性和"相关性" ………… 042

2.2.2　权力和批评 ………………………………… 045

2.2.3 话语、文本和语境:批评话语分析中的话语-历史路径 ·················· 050

2.3 权力、知识和预设················· 058

2.4 秩序和失序:组织机构日常规则分析············· 064

第3章 "欧洲舞台"上的"寻常政治":建构和扮演"欧洲身份"
·················· 072

3.1 引论:欧洲,你往何处去? ·············· 073

3.2 欧洲议会中的多重身份 ·············· 078

3.2.1 欧洲议会:欧洲制宪会议之后 ···· 079

3.2.2 建构欧洲性:欧洲议会 ········ 082

3.2.3 异域部落 ············· 090

3.2.4 个体/社会/集体身份 ······ 095

3.3 身为一个欧洲议会议员 ·············· 101

3.3.1 与欧洲议会议员交谈 ·········· 101

3.4 身为欧洲人 ·············· 120

3.4.1 "'欧洲人'对你意味着什么?"·········· 120

3.4.2 "建构欧洲性":访谈序列选段的话语分析
·················· 124

3.4.3 对欧洲的憧憬 ·············· 135

3.5 一些总结性想法 ·············· 140

第4章 欧洲议会议员生活中的一天············· 143

4.1 漫长的日子和成堆的文件 ·············· 143

4.2 认知方式:分析民族志学材料·············· 151

4.3 一天的开始 ·············· 153

4.4 委员会会议 ·············· 159

4.5　错过的照相机会 …………………………………………… 170

4.6　午餐 …………………………………………………………… 171

4.7　夜晚的演讲 ………………………………………………… 178

4.8　"做政治"：表演后台 ……………………………………… 184

第5章　电视中的日常政治：虚构和/或真实？ ……………… 189

5.1　"美国梦"？ …………………………………………………… 189

5.2　政治的虚构化 ……………………………………………… 196

5.3　政治和媒体 ………………………………………………… 198

5.4　建构现代英雄 ……………………………………………… 200

5.4.1　西部电影和《白宫风云》 ……………………… 200

5.4.2　语体和"情节"——《白宫风云》剧集"毕业
典礼" …………………………………………… 205

5.5　小结 ………………………………………………………… 210

第6章　秩序或无序——故事或现实？"权力和知识管理"
对于"寻常政治"的意涵 …………………………………… 214

6.1　"乏味的"政治？ ……………………………………………… 214

6.2　一种整合的跨学科理论架构 ……………………………… 218

6.3　再现与合法 ………………………………………………… 223

6.4　期待与失望 ………………………………………………… 231

6.5　政治的虚构化和虚构作品的政治化 …………………… 234

译者注 ………………………………………………………………… 238

参考文献 ……………………………………………………………… 241

附录：原始德语材料（第3章） …………………………………… 281

译后记 ………………………………………………………………… 288

第1章 "做政治"

政治是一种强制实施视界与区分合法原则的斗争,换言之,这种斗争是宰制性的,而且被认为应该是宰制的,亦即,政治充满了符号暴力。(Bourdieu,2005:39)

1.1 公共政治:"前台"

1.1.1 表演政治

2000年1月7日,时任欧盟委员会主席罗马诺·普罗迪(Romano Prodi)在斯特拉斯堡的欧洲议会会议上发表了一场引人注目的演讲。他这样开始:"我们所面临的挑战是,我们要彻底重新思考我们'做'欧洲(do Europe)——重塑欧洲——的方式。"这样,通过运用表明物质过程的动词(Halliday,1985:103),他明显在强调具有塑造作用的政治中"做"的方面。普罗迪在同一演讲中也勾勒了他对欧洲的憧憬,他继续说道:

文本 1.1

如果我们一起大胆、决然地行动,我们就能塑造我们民众想要的、我们要留给后代的新欧洲。

一个正义、仁慈、包容的欧洲。

一个激动人心、活力四射、富有进取心的欧洲。

每个人的欧洲。

让我们一起努力,使未来的十年成为取得杰出成果和成功的十年,一个将被历史铭记为属于欧洲的十年。

在这一演讲中,作为欧盟委员会主席的普罗迪呈现了他对 21 世纪的欧盟的憧憬。这一演讲采用修辞和论辩的结构,说服性语段、语用方式和词汇用法非常丰富(详细分析见 2.1),这对于富有想象力的官方正式演讲来说非常典型。在其他著作(Weiss,2002;Wodak & Weiss,2004a,2004b;亦见 Footitt,2002:115ff.)里,我们将这一独特语体归为"思辨性演讲"。

当想到政治和政治话语时,政治演讲常常被视为最显著的语体(Chilton,2004;Ensink & Sauer,2003;Reisigl,2004,2007)。许多演讲几十年来都享有盛誉,例如 1963 年 8 月 28 日小马丁·路德·金博士(Dr. Martin Luther King, Jr.)发表于林肯纪念堂前的《我有一个梦想》("I have a dream")①,或者是 1940 年 5 月 13 日温斯顿·丘吉尔爵士(Sir Winston Churchill)所发表的历史上最著名的战争动员演讲之一——《鲜血、汗水和眼泪》("Blood, sweat and tears")②。

演讲通常由"舆论导向专家"撰写,而由政治家自己讲演。不

① 见 http://www.americanrhetoric.com/speeches/mlkihaveadream.htm。
② 见 http://www.historyplace.com/speeches/churchill.htm。原文应为"Blood, toil, tears, and sweat"——译者。

过,受众和媒体倾向于将特定的演讲跟演讲人及其风格联系在一起(Pels,2003),常常不问作者是谁(Goffman,1981)。舆论导向专家变得越来越重要,日益承担了"斡旋者"的角色(Laux & Schütz,1996),将政治、治理、媒体等领域联系在一起。"舆论导向"并非一个新现象——政治家总是在运用说服策略和技巧③;但是,在宣传托尼·布莱尔(Tony Blair)的伊拉克战争的政策时,"舆论导向"概念却因不值得信任的政治家对事实玩世不恭和缺乏诚意的操弄更带有负面意义。"舆论导向"在新工党政府中的核心作用或许最明显地体现在曾经由托尼·布莱尔的媒体顾问和"主要舆论导向专家"阿里斯泰尔·坎贝尔(Alistair Campbell)所行使的巨大权力上。然而,如果人们相信英国近来的民意调查,就会发现公众的容忍已达到了极限,大多数选民要求"没有舆论导向的政治",但这毫无疑问是徒劳的。帕里斯(Parris,2007:30)研究了戴维·卡梅伦(David Cameron)和戈登·布朗(Gordon Brown)于 2007 年在各自政党会议上所做的演讲,认识到演讲获得成功的另一个重要因素,即与受众预期的关联度。他总结道,不存在一个人们可据以"度量"某个特定演讲的相对有效度的"客观"标准。相反,演讲的影响只能在一个更大的社会-政治语境中加以评估:

> 除了意识到一个人所说的事情很重要外,受众由于已经在潜意识层面被说服,相信说话人是非常杰出的,所以实际上听到的是——或认为听到的是——一场雄辩、流畅和擅于修

---

③ 对于技巧与策略的区分,参见杰索普(Jessop,2001:1229)。德·塞尔托(de Certeau,1985:38-39)给这两个术语下了如下定义:"策略将希望寄托在所构筑的地方能够提供对时间造成损耗的抵抗上;技巧将希望寄托在对时间和机遇的灵活运用上,以及对引入到权力基础中的规则的灵活运用上……这两种行事方式可以根据它们关注的是地方还是时间而加以区分。"笔者将在 2.2.2 回到这一区分。感谢杰索普提醒笔者注意这一重要的理论区分。

辞的杰出演讲。或者,因为我们已经确信演讲者在其他方面表现笨拙,我们实际上听到的也是一场磕磕绊绊的演讲。(Parris,2007:30)

在我们的日常生活中,除了演讲外,我们还面对其他许多政治话语语体,包括,例如,电视直播的新闻发布会、广播和电视上的政治辩论、视频平台上的视频片段,或者媒体上有关政治事件的报道。另外,当我们行走在街头时,标语和广告触目皆是,来自政党或利益团体的传单通过邮局纷至沓来,在选战中,我们能听到政治家在市政大厅或在选举集会上做竞选宣传。今天的政党看起来更像企业,有着自己的标志、品牌和网页,我们可以从网上下载相关文件、照片和(宣言)纲领。在一些网页上,我们甚至能听到特意为推举政治家[例如,奥地利极右政治家施特拉赫(Strache)]而委托制作的流行歌曲。① 如果我们希望联系国会议员甚至美国总统,我们只要给他们发个电子邮件就可以了,或可以跟他们在专门为此目的而设立的论坛上聊天(Wright,2005)。

英国广播公司(BBC)和其他全国广播电视服务机构有致力于将议会辩论直接搬到我们的起居室的特别节目,例如 BBC 的"国会节目"(*BBC Parliament*)。这样的节目似乎使受众直接接触到居于政治核心的决策过程和辩论,但实际上我们看到的只是政治家生活的几个片段:

> 在花费了一整天跟保守党领袖威廉·黑格(William Hague)做竞选活动后,第四频道新闻的主持人荣·斯诺(Jon Snow)计算后发现,与"公众"成员接触的时间只有 40 分钟。(Paxman,2003:93)

---

① 参见 http://www.hcstrache.at。

政治家个人的博客使他人看到了政治家几乎每日的准私人想法,有些人甚至提供他们"后台"活动的录像片段,如英国保守党领袖的那些被恰当地称为"网上卡梅伦"(WebCameron)的片段(见www. davidcameronmp. com)。同时,那些虚构的关于("我们永不忘记"的)重要政治事件的电影搭建起讨人喜欢的故事情节,以使这些记忆永恒,或为悬而未决的案例提供解释,如奥利佛·斯通(Oliver Stone)的《肯尼迪》(*JFK*)或艾伦·索金(Aaron Sorkin)的《总统生活》(*The Life of a President*)。无论我们可从中了解到其他什么,这些例子都表明政治世界和媒体之间有一种近乎共生的关系。

因此,维申贝格(Weischenberg, 1995: 239)宣称这两个社会体系相互渗透,他的见解与卢曼(Luhmann, 1984)的意思相同。换言之,它们之间有着错综复杂的联系:"媒体传播依循政治决策和政治领导的逻辑,政治过程依循媒体机构选择和建构的逻辑。"这一观点与皮埃尔·布迪厄有关政治、媒体和经济三个领域相互依赖的观察结论极为一致:

> 那些让事情清晰明了和生产话语的专业人士——社会学家、历史学家、政治家、新闻工作者等——有两个共同之处。一方面,他们试图确立清晰的视界和区分的实用原则。另一方面,他们在各自领域奋力推行这些视界和区分原则,使它们被人们承认为构建社会世界的合法范畴。(Bourdieu, 2005: 37)

以上提及的例子都从外部揭示了政治家的工作与生活。这些都是为公众设计的官方和半官方的语体,是政治家愿意呈现自己、上演自己的工作和进行"表演"的众多方式中的几种,也是各类受众所见到的众多方式,即"前台":

正确的舞台表演角色使观众将一种自我附加在表演出来的角色上，但是，这种附加——这种自我——是场景产生的效果而非其原因。所以，自我作为演出来的角色，并不是一个有着具体位置的有机物，其基本命运也不是诞生、成熟和死亡；它是一种戏剧性的效果，是从被呈现的场景中渗透出来的效果。角色扮演所产生的关键问题在于，它是被人相信，还是被人怀疑。(Goffman，1959：252-253)

这些语体和与其关联的活动依循特定规范和规则，是政治场域(用布迪厄的术语)的一部分，并被仪式化，就如默里·爱德曼(Murray Edelman)在其名著《政治的象征性运用》(*The Symbolic Uses of Politics*, 1967)中所言。依据国家文化传统和政党规范，我们能进一步根据称呼形式、特定的着装要求、行话等区分出具体的实践社区(参见 Wenger et al., 2002)。⑤ 因此，作为一种具体政治文化中的成员，我们都学会了从访谈中获得什么预期，我们已内化了预测这种会话常规的认知范式(Cicourel, 2006)，能够探测对规范的偏离或例外。一个著名的例子是杰里米·帕克斯曼(Jeremy Paxman)对保守党议员迈克尔·霍华德(Michael Howard，1997 年败选政府的前内政部长)的采访，在采访中，同样的问题被重复了 12 次(Paxman, 2003；Talbot, 2007)。但是，在政治这一公开面孔的后面，我们几乎无法接触到"后台"——走廊政治，即政治家在走廊上非正式相遇时的许多对话和闲聊。

---

⑤ 施特劳斯和法格豪夫(Strauss & Fagerhaugh, 1985:158)将"场域"(arena)的概念引入与"实践社区"有关的组织研究；但是，场域远远超出组织的边界或其任何次单元的边界，在这一场域中所持有的辩论"将代表专业的、职业的、种族的、性别的及其他社会世界"这一概念。这当然也是有意思的，但对于本研究，笔者倾向于使用惯习和实践社区这两个概念，因为笔者主要关注组织内部行为。

1.1.2 传播政治

在此,笔者要厘清术语"政治""表演""前台"和"后台"。语言与政治这一领域的研究近年来有了极大的扩展⑥;这一领域似乎相当"年轻",虽然最古老的学科之一——修辞在古代就已关注到政治传播的许多方面(参见 Holly, 1990:6-8)。亚里士多德(Aristotle)和马基雅弗利(Machiavelli)的路径可以被视为政治意义的两个主要来源,一个是伦理与道德,另一个是暴力与霸权:

> 我们的目的,是讨论对于那些最有能力实现自己生活理想的人来说,什么形式的政治团体才是最适合的。因此,我们不但要考察这一种政体,还要考察其他政体。既要考察现存于治理良好的城邦中的政体,又要考察那些只存在于理论上的受人推崇的政体形式,从而揭示出这些政体当中合理的、有用的成分。(Aristotle,1999,book II.1:30-31)

因此,亚里士多德的这种发现最好政体形式的目的显然跟伦理和道德的定义相关,伦理和道德的定义即某个既定社会的价值观,换言之,什么被认为是"善"或"恶"的。价值观的定义总是视语境和政治体制而定的:对于一个极权政府如纳粹德国而言可能是"善"的东西,对于民主制度来说则当然是"恶"的。从另一方面来说,我们发现了"政治权力的黑暗观"。所有政治都必定是为追寻权力所驱使的,但权力本质上是不可预测的、不负责任的、非理性的和说服性的。福柯(Foucault,1995)已对这一观点进行了极为突出的陈述,但其来源可回溯至从马基雅弗利(2004[1532])到葛兰西(Gramsci,1978)等许多作者。齐尔顿(Chilton)非常精练地

---

⑥ 综述参见 Chilton,2004;Reisigl & Wodak,2001;Wodak,2001;Wodak & de Cillia,2006 等。

将这两个对立观点总结如下：

> 一方面，政治被视为试图行使权力和试图抵制权力的双方之间争夺权力的斗争。另一方面，政治被视为合作，被视为社会用来解决金钱、影响、自由等方面利益冲突的实践和机构。(Chilton，2004：3)

"二战"后，拉斯维尔和莱特斯(Lasswell & Leites，1949)的定量语义学是语言与政治领域中一项最重要的研究，该研究发展了来自传播学和大众媒体研究的路径。与此相似，著名经济学家哈耶克(Hayek，1968)在其逗留伦敦政治经济学院期间同样讨论了语言对政治的影响。另一方面，中欧——主要在德国——的研究，由"第三帝国"的语言政策和审查的经历所触发，始自20世纪40年代后期。另外，乔治·奥维尔(George Orwell)的小说《一九八四》当然是这整个领域发展的重要起点，因为奥维尔以非常易于理解的方式捕捉到了极权政府的规则与惯例，使读者能够认同这部半虚构性小说。当然，所有这些研究都受到"二战"时期及20世纪50年代冷战中所运用的大规模宣传的影响。

"政治语言学"(political linguistics，德语为 politolinguistik)试图将涉及政治话语分析的科学研究整合为一个学科(详细综述参见 Wodak & de Cillia，2006)。克莱因(Klein，1998)认为，"政治传播的语言学研究"是语言学的一个分支学科，20世纪50年代以来主要在讲德语的地区发展。他认为，进入国家社会主义之初，克伦佩雷尔(Klemperer，1947，2005)和斯特恩伯格等人(Sternberger et al.，1957)进行的批评语言学研究为这个新学科铺平了道路。由于这些研究受到批评，被认为从语言理论的角度看并不充分，在20世纪60年代晚期又出现了一个新的方法路径，它汲取了各种语言学分支学科(如语用学，20世纪70年代后期汲取了文本语言学)和媒体研究的养料。

布克哈特(Burkhardt)在一篇著名的纲领性文章中将政治语言学界定为"语言学和政治科学之间的分支学科",但这一学科在很大程度上尚未建立。其目的是解决他所辨认的这一研究领域中的概念混淆的问题。布克哈特提出使用"政治语言"这一语体术语,这种语言包括"各类公共的、机构的和私人的有关政治议题的言谈,具有政治特征的各类文本,以及谈论政治情境的言论中使用的词汇和风格方面的语言学工具"(Burkhardt,1996:78)。它涵括了有关政治的言谈和政治媒体语言,以及所谓的政治语言。另外,他建议应该在"政治家的语言"和"政治中的语言"之间做出区分,虽然这两个维度必然是相关的(参见 Laux & Schutz,1996;Paxman,2003 提出了一个嘲讽性的观点)。布克哈特提出的术语"政治语言学"指那个致力于研究政治语言(以上意义上的)但"迄今无名的学科"。

布克哈特列出了与语言的不同层次相关的四个程序,作为首套特别有希望用于意识形态重构的方法:

- 词汇-语义技巧(分析关键词和价值性词语、分析委婉语、分析意识形态多义词);
- 句子和文本-语义程序(分析比喻、分析语义同位素、分析涵括和排除策略);
- 语用学和文本-语言学技巧(分析称呼形式、言语行为、暗指、预设、会话、论辩、修辞、引述、语体和互文性);
- 符号学技巧(图像、象征和符号学分析)。

这套方法作为具体分析任务的检查清单特别有用。布克哈特提出,政治语言学将来应该超越对现状的批判研究,致力于历时和跨文化比较分析,以便克服对政治家的"迷恋"(即不仅将政治家的语言而且将"谈论政治的行为"作为研究的课题)。在"自下而上语言学"研究方面,选民也将成为语言学分析的主题。如以上已提及的,这两个方向间的区分似乎是人为的;研究政治家总是意味着考虑语境——由于政治家在各种场域内"工作",这些场域必须被纳入分析,因为没有这一语境信息,政治家的论说行为将毫无意义。

1.2 上演政治:整合"表演""惯习""实践社区"和"职业身份的话语建构"

雷克斯和舒尔茨(Laux & Schütz, 1996)基于对社会民主党(但并非仅限于此党)的观察,提供了一项对德国政治家自我呈现的详细研究。他们关注维持可信赖程度和一致性的策略。最重要的是,他们观察"理想的"投射自我形象和"真实的"自我形象之间的不一致。他们认为,政治家在试图保持其可信赖程度时,在自信(assertive)策略和防卫策略之间加以平衡(关于积极自我呈现和消极他人呈现的话语策略范围,参见 2.2.3)。如果这两种建构间的差异变得太大,政治家在试图回避或处理丑闻时就会冒着丧失支持的风险(Laux & Schütz, 1996:56ff.)。

早在雷克斯和舒尔茨的研究之前,美国社会学家戈夫曼观察了专业人士在各自的组织和场域内的表演,提出并详述了七个重要因素。[7] 在此,笔者只集中论述其中三个与政治家的日常生活有关的重要因素:信任、戏剧实现和神秘化(Goffman, 1959)。

信任一个人所扮演的角色是很重要的,尽管外人几乎不可能

---

⑦ "表演"这一概念跨越了许多学科(人类学、社会学、女性主义和性别研究、戏剧研究等等)(例如,参见 Butler, 1990:112;Butler, 2004:218)。在本书中,笔者只采用戈夫曼的理论路径,因为——如笔者所相信的——他的术语充分符合笔者的目的。

判断表演者是真诚的还是玩世不恭的。受众虽然可以试图猜测表演者的真实内心状态，但他们只能客观分析表演中显现的部分。如戈夫曼（Goffman，1959：56）所言："人们期望精神的某种官僚机构化，以致能指望我们在每一个约定的时间都做出千篇一律的表演。"前台或"面具"是一种标准化的、可泛化的和可转换的方式，表演者据此可以控制受众感知他的风格。但戈夫曼强调，真实和虚假表演间的区分与其说与实际表演有关，不如说与表演者是否被授权进行相应的表演有关（亦见 Branaman，1997：xv）。表演者体现的角色特质有着规范的（文化的、传统的）意义。前台有三个重要因素，包括外表（即表演者的长相如何）、舞台设置（即表演者在哪儿表演——场景、道具、位置）和行为（即表演者在做什么）。因此，信任一个人的表演和用以调控公众感知的"面具"这二者都是上演政治的必要"成分"；政治家需要以可信赖的方式行动，他们的外表必须符合受众的期待（参见 3.3.1 中，欧洲议会议员相关经验的个人叙述）。

戏剧实现是对表演者希望让受众了解的他的某些方面的描述。在政治演讲中，这可能意味着说服性手段被策略性运用的方式。当表演者想强调某些事情时，他将以预期的和规约化的方式追求戏剧实现。在表达方面保持强势，顾名思义，指的是保持"入戏"的必要性。表演者必须确定他发出了正确的信号，并且时刻压抑可能发出误导性信号的冲动，以避免分散人们对表演的注意力。因此，运用误导性修辞信号将令受众困惑并可能破坏信任。玩笑只能在特定场合说；即使需要开玩笑，也要好好加以选择（关于玩笑和文字游戏在政治修辞中的选择和作用，参见 Pelinka & Wodak，2002；对于幽默在政治家电视辩论中的策略性功能，参见 Roberts，2008）。

第三个也是最后一个要素是神秘化，指将某些信息巧妙迂回地对受众加以隐瞒,无论是为了增强受众对表演者的兴趣,还是为了避免泄露可能有损于表演者的信息:"神秘化包括维持社会距离,使受众处于一种对表演者敬畏有加的状态。"(Goffman, 1959:67)

就某些重要的、心照不宣的知识或事件而言,如果给予了暗示或提示,这可能向局内人表明特定信息,或者透露可能在稍后某个节点要披露的秘密("秘密"在每个组织中都是重要特征,而且表明了在知晓秘密的局内人和不了解重要信息的局外人之间所存在的权力关系)。这后一个策略也可以用来获得媒体的特定关注。稍后在描述欧洲议会的特点时,我们将再回来讨论"秘密"和"谣言"在组织中的重要性(Goffman, 1959:212)。

表演的概念必定且内在地与"处于戏院和舞台"这一隐喻相关联。戈夫曼区分了"前台"和"后台",这两个概念对于分析和理解政治家的行为极为重要。前台是表演发生之处,表演者和受众都在场。

于是,前台是个体在表演期间有意或无意运用的标准类型的表达装备。为了达到初始目标,有必要先区分并标明前台的标准部分。(Goffman, 1959:17)

戏剧表演应是前后一致的,并且用普遍化的方式向观察这个角色的观众解释情境及演员所扮演的角色。戈夫曼说,前台有舞台设置和个人前台之分。这两个概念对于演员确保一场表演的成功是必需的。舞台设置是演员表演的场景,它必须出现;没有它,演员就不能表演。例如,如果普罗迪这样的政治家要表演,欧洲议会的会议大厅就是合适的舞台设置,他以相应的外表和演讲结构来与之配合。

个人前台包括表演所需要的设备或装备。这些设备通常能被受众识别为表演和演员的恒定再现[1]：

> 个人前台可能包括：官职或官阶的标记；衣着服饰；性别、年龄、种族特征；身材和外貌；仪表；言谈方式；面部表情；举止；等等。在这些用于传递符号的媒介中，有一些对个人而言是相对固定的，如种族特征，在一段时间内并不会因情境的变化而变化；另一方面，还有一些用于传递符号的媒介则是相对易变的，或者说是暂时的，譬如说面部表情，它们在表演中会随时随地发生变化。(Goffman，1959：22-23)

就政治家而言，着装规范、麦克风、讲坛，甚至演讲者手里拿着的书面讲稿，都是个人前台的装备。个人前台包括两个不同的方面：外表和举止。外表指反映演员社会地位的项目。举止指演员行为表现的方式。演员的举止引导观众期望从他的表演中看到什么。重要的是，戈夫曼(Goffman，1959：25)也称，在前台的表演和表现暗示着要投入大量的精力："正因如此，那些有时间和才能做好一项任务的人，也许没有时间和才能来彰显他们其实可以表演得非常出色。"

这是一个有趣的观察，其情形与政治领域极为相似，它对以下现象提供了很好的解释：许多实质性的工作是由幕后的顾问来做的，而好的表演者来到舞台，实施那些由其他身为专家的人所制定的活动和决策（关于欧洲议会议员私人助理的多重角色，参见4.1）。

后台是表演者在场但受众不在场的地方，也是表演者可以跳出角色而不用担心破坏表演的地方，"在后台区域，与表演所促成的印象相矛盾是一种自然且人人皆知的事"(Goffman，1959：112)。正是在那里，在前台可能被压制的事实会显露，或者各种非正式的、不为外人所知的行为都可以发生。后台完全与前台相分离。没有观众能够或应该出现在后台。演员采取许多措施确保这一点,因此,后台入口有守门人把守(例如,参观者在醒目处佩戴证明身份的特别通行证才可进入欧洲议会的后台)。当然,一旦有观众出现在后台,表演就会困难得多,政治家不愿意观众看到他正在练习演讲或正在听顾问提醒细节。

但是,当表演者身处后台区域时,他们仍以其他身份在表演:一个尽职的团队成员、政治领域的一员,以及政治领域中某个特定实践社区的成员(例如,社会民主党的欧洲议会议员)。"最常见的是,团队成员在后台时常脱离各自扮演的角色而进行沟通,处理缺席、修改台词,以及团队配合都是此类例子。"(Branaman,1997:xvi)"后台区域"是一个相对的概念;它仅相对于特定观众而存在:由于存在所谓"观察者的悖论",在两三个人在场的情况下,几乎不存在一个真正的"后台区域"。这就是为什么民族志学者很少接触到真正的后台,即使他们获得了其所观察的专业人士的信任。然而,正如在民族志和社会语言学中经常谈到的那样,当参与者的观察持续一定长的时间,"观察者的悖论"就会变得微弱,表演者在不得不去关注紧急事件和他们复杂的日常工作时就会放松对表演的控制(参见 Krzyżanoswki & Oberhuber,2007;Wodak,1986,1996)。

与"表演""后台和前台""后台与前台间的过渡"等概念⑧相关联的理论概念还有三个,在全书中均有论及,它们是惯习、实践社区、身份及认同。发生在职业场所、组织活动及日常生活中所有的日常互动,以及我们的职业和组织性活动,都需要我们掌握"游戏规则",适应这些规则,并满足某些职业角色的预期。布迪厄杜撰

---

⑧　也参见"中间区域"("middle region")的概念(Riggins,1990)。政治越是个人化和电视化,"中间区域"或过渡时刻就越受到重视。

了"惯习"这一概念去体现这种职业场域所特有的规约化和内在化行为(Bourdieu, 1989)。

布迪厄将结构主义框架与对社会语境中主体性的密切关注结合起来。对于布迪厄来说,连接社会研究中客观主义和主观主义的一个重要关系,是由实践连接起来的惯习与场域之间的关系。因此政治家在履行其职业生活所特有的职责时可利用多种语体。所有这些都汇聚于惯习的概念中。

惯习的概念由法国社会学家和人类学家莫斯(Mauss, 2006 [1902])作为"身体技巧"引介,并在20世纪30年代由德国社会学家埃利亚斯(Elias, 1998[1939])进一步发展,可以将其理解为文化的方方面面,它们或与身体相关,或扎根于个体、群体、社会甚至国家层面的日常实践之中(参见 Wodak et al., 1999)。它包括所有习得的习惯、身体技巧、风格、品位、感知和其他体现了特定群体特点的非话语知识,正因如此,可以说它在(有意识的)信念和意识形态层面之下运作。惯习因而被界定为存在于人们身体和心灵中的文化结构和意义。场域是世界上的各种关系。通过实践,场域限制惯习,惯习弥漫于场域。实践则在场域的内外之间斡旋。

布迪厄的惯习概念大体可以通过四种假定来描述:

● 惯习被理解为一套习惯化的社会结构,或是组合的资本(能力),可产生特定的思想、感知和行动矩阵。

● 影响行为的这些(心智的和情绪的)结构不易被反思和修订;它们存在于前意识。

● 惯习尤其具有初级社会化中存在的阶级情境的限制和操弄空间的特点,并被"职业"的影响所改变——因此被职业(次级)社会化所改变,"对一个职业群体的依附实际上是行使一种审查,代表的不仅仅是机构的或个人的限制:某些问题人们不会去询问,也不能询问"(Bourdieu, 1991: 27)。

- 习惯化的思考、行动和感知被调整以适合特定场域的兴趣对象。在这一情境中，社会场域是一种竞技场，行动者在其中依循某些规则争夺潜在收益和资本（在我们的案例中，场域是欧洲议会中的政治场域）。

惯习因此能被描述为一种综合的、潜意识中发挥作用的、稳定的策略，指引着行事者的感知和行动。这些策略代表场域的特征，它们预设了某些技巧和知识，助长了某种专长，这些专长将一种职业与另一种职业相区分，使得分化成为可能。因此，如果我们回到戈夫曼的隐喻——"戏剧、舞台和表演"，就会发现，所获得的惯习必定渗透在表演之中。然而，实践社区构成特定场域（如欧洲议会）的特定舞台上的表演细节。

除此之外，所有行事者也展示了他们的个性、他们的自我——否则，特定场域中的每个专业人士都将会依据其在场域中的地位和所获得的符号资本以相同的方式行事。因此，行事者的身份和自我也影响着表演（参见上面的论述及 Goffman，1959：70ff。笔者将在 3.4.2 回到"自我再现"，即身份的话语建构）。

至此，可以对这个使用频繁却用法多样的概念——"身份"做一简短定义。"身份"有两个基本意义：一方面是绝对的相同，另一方面是某种与众不同，而这种不同也预设了它在时间上的一致性和连续性（对"身份"理论路径的详细综述参见 Grad & Martin-Rojo，2008，以及本书的 3.2）。从两个不同角度理解相同（群体内部的一致性或群体之间的一致性），身份的概念同时建立了人与人之间两种可能的比较关系：相似性和差异性（也参见 Ricoeur，1992）。所有与人相关的身份本质上都是社会性的，因为身份关涉意义，而意义不是言词和事物的本质属性：意义随言词在不同语境中的使用而变化。意义总是彼此认同或不认同的结果，总是与争议相关的，在某种程度上是共享的，而且总是可协商的（Jenkins，

1996：4-5）。不仅如此,意义还可以被共同建构（参见 Wodak et al., 1999）。根据以上理解,身份是通过交流和话语在社会互动中建构的。因此,为了理解身份,我们需要分析身份形成、建构和变化的过程。在这一工作中,身份被视为一个过程,一个已成为或正在成为的条件,它在个体或集体层面上被不断更新、证实或转化,无论它是否稳定,是否被机构化,也无论它的稳定和被机构化的程度如何。本书第 3 章和第 4 章的语料分析将说明,政治舞台上表演和实施的惯习以特定的个体方式实现,而这些方式都展示了（政治）游戏的规范和规则。

前面提到,笔者在这一阶段还要引入另一概念:实践社区（Wenger et al., 2002；也参见 http://ewenger.com/theory）。实践社区介于惯习和自我之间——它提供向新加入组织的成员讲授具体、专业的组织常规的方式。这样,实践社区便与职业活动相关联,而惯习则与（潜意识）策略和感知相关联（参见以上）。这意味着每个组织有着许多且极为不同的实践社区；威戈（Wenger et al., 2002：7）将实践社区定义为:

> 实践社区由在共同的人类活动领域中沉浸在集体学习过程的人们所组成,例如:一个学习生存的部落、一群寻求新的表达形式的艺术家、一群致力于解决相同问题的工程师、一组按学校分群的小学生、一个为探讨新技术而形成的外科医生网络、一群彼此帮助处理问题的新任经理……实践社区是有着相同的关注点或对某事有着同样热情的人的集群,通过经常性的互动,他们学习着如何把事情做得更好。

实践社区在以下三个维度体现其特征:一个由共享兴趣领域所界定的身份、一个社区,以及实践（2002：7）。成员身份指对这个领域的执着。在对该领域产生兴趣的过程中,社区成员共同行动,相互讨论，彼此帮助，分享信息。一个实践社区的成员是参与者：他们不仅共享诸如经历、故事、工具等资源，而且共享处理反复出现的问题的方法。

由于专家知识在实践社区中孕育，而这些社区又排斥该社区以外的任何人，机构组织便对实践社区产生了依赖。这种特定的组织知识也被法国哲学家米歇尔·福柯(1981[1976])称为"权力-知识"。福柯假定了权力与知识之间的相互依赖性；权力以知识为基础；权力根据特定的策略、目标或利益再生产(并塑造)知识。在其后期的著作中，福柯用"治理术"来概念化许多有组织的实践(技巧、理性、心态)，主体通过它们而被管理起来(关于组织、话语、文本、权力和知识之间复杂的联系，参见 Lemke，2004，以及本书的2.2.2)。在另一方面，实践社区也挑战组织中的层级结构，因为专长和共享的知识变得比内嵌的传统关系更为有力。在欧洲议会中，政党、(跨越政党界线的)特定议程，以及地理归属感都可以是组成某个实践社区的因素，其中有一些是稳定的，另一些则是根据一个新议程或一组利益而临时形成的(例子参见第 4 章)。

1.3 窥视幕后："后台"

探查"后台"即政治家的日常生活，要比观察上演的"宏大政治"困难得多。例如，一旦我们进入欧洲议会的后台，我们就会遭遇政治组织的常规，它们乍一看并不透明，且似乎有些混乱，跟其他组织别无二致(Holly，1990；Ledema，2003；Kwon et al.，2009；Wodak，1996)。新进入圈子的人要花很长时间才能融入一个行业，融入一个新的场域和新的实践社区，进而学会那些显性的和隐性的规则。当然，对于圈外人来说，理解任何职场和组织的特定逻辑就更难了。⑨

让我们先看一个例子,这是某个奥地利籍欧洲议会议员的一段谈话录音。我们暂且称其为汉斯(H),我们于 1997 年 11 月对他在欧洲议会的日常生活进行了观察。⑩ 眼下,他刚刚错过了跟摄影师的约会,因此需要重新安排约会,而现在他正在跟斯洛文尼亚的代表团成员(S1)举行午餐会,讨论欧盟扩大的问题(2004)。他的私人助手(M)也在场。

文本 1.2

M:因此现在我们可以考虑那件事了

S1:最困难的部分已经过去了

H:摄影师已经走了〈赞许〉

S1:哦,实际上我来这里是想听听总部对新欧洲——对斯洛文尼亚——有什么期待〈笑〉⑪

这是一位欧洲议会议员日常生活中的一场非正式对话互动。并非所有议员都会错过他们和摄影师的约定;这只是可能发生在任何职业机构生活中的可预见之混乱的一个例子,但是我们一般不知道政治家生活中会发生这些事件。常识让我们有一种先入为

---

⑨ 参见如民族志学对门诊诊所的研究:Lalouschek et al., 1990;Iedema, 2003;Wodak, 1996。

⑩ 笔者和吉尔伯特·魏斯、皮特·蒙提阁和卡洛琳·施特雷勒于 1997 年的春季和秋季在欧盟组织开展了几周的田野工作(参见第 3 章和第 4 章)。我们(尤其是魏斯和施特雷勒)花了很多时间采访欧洲议会议员,跟踪欧洲议会议员的生活(魏斯和笔者)、观察欧洲议会及其分委员会(蒙提阁),以及与欧盟委员会的其他许多官员交谈(魏斯和笔者)。而且,我们还接触了其他许多会议和机构(对欧盟组织的详细分析参见 Muntigl, 2000;Muntigl et al., 2000;Strachle et al., 1999;Weiss, 2002, 2003;Wodak, 2000a, 2000b, 2003, 2004b, 2005;Weiss & Wodak, 2000, 2001;Wodak & Weiss, 2001;2004a, 2004b, 2005, 2007)。

⑪ H:汉斯,来自社会民主党的奥地利籍欧洲议会议员。S1:斯洛文尼亚代表团成员。M:汉斯的助手。

主的看法,认为政治家都是条理清晰、安排有序的,尽管他们有许多会影响我们所有人生活的紧急和重要的事件要处理。我们都有着认知模式(事件模式、经历模式、语境模式),它们迅速且自动地更新、感知、理解和储藏这样的事件。由此我们可能会假定,政治家也常规地调用他们自己个人的一套认知模式来"做政治",以便以理性的和高度可预测的方式对他们所遇到的各种事件做出反应(van Dijk,2003)。[12] 但是,就如本书将详细展示的,事实并非如此:政治家的日常生活中既有安排有序、理性的行动,也充斥着意外、巧合和不可预测性。因此,我们所能预测的就是,这样混乱的情境是"寻常政治"的一个必要特征,只是有经验的政治家知道如何更好地处理它们——所以笔者认为,存在着通过诸如常规、规范和仪式建立的"无序中的有序"(Wodak,1996)。政治家将有关具体情境与事件的知识和经验内化、储存起来,从而能够辨认新的类似事件和情况。而且,笔者认为,政治家掌握了一定的策略与技巧,这保证了他们多少能成功地推进议程。"成功"取决于他们在领域中的位置,取决于他们的权力关系,而且最重要的是,取决于笔者提出的被称为"知识管理"的理念(参见 van Dijk,2007:87;4.3)[13]:很多我们感知为有序或无序的事物取决于它是被涵括于共享知识之内还是被排斥在外。每个互动中一般都会预设互动者

---

[12] 范・戴克(van Dijk,2005:84[2007])将经验(或事件)模式定义为"在进行中的情境中对参与者的(互动)行动相关之物的建构"。而且,范・戴克(van Dijk,2005:74)强调,语境并非基本"客观"的事物,他坚称"场景、参与者的角色或沟通事件的目的并不如此相关,而是被参与者自己如此定义的"。这是行者及其感知和期待(即他们对惯习的社会化)在沟通中变得重要的原因。

[13] 笔者特别感激马丁・赖西格尔让笔者注意"知识管理"概念在许多学科中多样化的讨论。当然,笔者知道,这是一个与我们日常生活的经济化有关的隐喻(参见 Fairclough & Wodak,2008)。但笔者相信,当已有一个词语用于组织中知识的策略性处理时,创造一个新词是没有意义的。可参见 Choo & Bontis,2002 从管理研究视角对知识管理的详细讨论。

了解很多知识;当彼此沟通时,我们都依赖于共享和理解这些预设(参见 Knoblauch, 2005:334-340; Polanyi, 1967)。当预设或其他间接语用手段不存在或明显不同时,误解就会发生。笔者相信,通过共享预设和推断的意义,从而策略性地涵括或排斥他人,就是政治场域的权力游戏和实现个人目标的重要内容(参见 2.3;Jäger & Maier, 2009;以及以上所述,权力-知识)。在这方面,杰索普(Jessop, 2001: 2130)根据他的策略-关系路径强调:

> 在许多早期机构转向中的一个主要问题是,那些机构被视为理所当然的、被具体化的或自然化的。而策略-关系路径则表明,它们应该作为一个复杂的新兴现象加以分析,其再生产是未完成的、临时的和不稳定的,而且在与许多其他复杂新兴现象共同演化。机构必须被解构而非具体化。尤其是,它们有自己的历史。它们是有具体轨迹的新兴现象,经由具体的活动形式被反复地再生产。机构化不仅涉及主体的行为及其行动的条件,而且涉及主体、身份、利益及策略这些因素的构成本身。机构化构成机构,就像行动构成语境,以及行动者构成他们的机构性支持一样。

因此,我们需要用民族志的研究方法(Krzyżanowski & Oberhuber, 2007; Muntigl et al., 2000)来考察、观察和理解任何组织的内在逻辑,因为这种逻辑被常规和仪式不断地重构和重建(Couldry, 2004; Durkheim, 1938),也被结构与能动性间频繁出现的对抗性关系重构和重建。^⑭ 为进行这样的组织研究,笔者提出一种特别的话语分析路径,这种路径发展自语言学,更具体而言,发展自话语研究这一语言学次领域。这就是话语-历史路径(见2.2.3),它在社会互动过程中涉及的宏观和微观结构之间搭起一座桥梁。权力、霸权和意识形态的问题被重新定义为所有组织中社会和语言实践的核心,因为所有组织形式都可以转换为语言和交流,如迪兹(Deetz,1982:135)所总结的,言谈和书写"将每个感知与一种更大的取向和意义系统联系起来"。这种特点是有用的,因为它驱使我们远离对个体动机和行为的迷恋而转向话语实践,经由这种实践,组织活动以常规的方式实施,也以常新的方式实施。

在此,笔者对这点进行了简要概述,细节部分请参见2.4。在至今的组织研究中,有四个语言-话语路径被证明特别具有影响力:民族志学、会话分析、社会语言学分析和(批评)话语分析(详细

⑭ 参见吉登斯(Giddens,1984)以及阿切尔(Archer,1990)和杰索普(Jessop,2001)对吉登斯(Giddens)的相关批评。如杰索普(Jessop,2001:1222)总结的,"吉登斯拒绝承认将结构与能动性视为逻辑上互斥的二元对立,反而认为,它们是相辅相成的,因此,在某种意义上,它们是相似的"。因此,机构被视为一系列不断再造的、根深蒂固的规则与资源,它们限制和促进了社会行动,也整合了时空中的社会行动,以便(或多或少)逐渐生成和再造系统的行动模式(Giddens,1984:17-25)。这一观点存在的问题是,它阻止我们询问行事者的相对自由,因为他们的能动性于逻辑上捆绑于——但不可能在其中消除歧义——机构结构。但是,阿切尔认为,虽然结构与能动性在本体论上必然相关,但它们在分析上一定是可区分的,以便建立这一关系变化着的性质(Archer,1990),因此,这允许我们询问,行事者在何种环境下可以改变事物,何时不能改变(Jessop,2001:1225)。关于个体在机构中行事的相对自由,无论我们采取哪种本体论立场,很显然,当分析政治组织和个体或集体对政治决策的影响时,我们不能避免面对结构与能动性之间的张力。在第3章和第4章,两个维度都将被详细探讨。这必定将我们引向有关个体对政治及历史变化的影响的辩论(也参见 Edelman,1967;Weber,1976,2-3;以及本书第2章)。

综述参见 Kwon et al., 2009; Wodak, 1996)。⑮

在这方面较为突出的是批评话语分析,它通过汲取社会理论中的重要学说,将许多话语分析的路径、方法与理论关注整合在一起(Wodak & Meyer, 2009)。⑯ 批评话语分析已获得普及和发展,因为它为研究者观察个人的社会权力如何发展为伯格与卢克曼(Berger & Luckmann, 2002)在《现实的社会建构》(*The Social Construction of Reality*)中所特别提到的"习惯化"和"典型化"提供了必不可少的认识论和方法论动力。换言之,习惯化和典型化的过程赋予符号手段以"客观性",它通过组织中的等级关系、价值观念、符号、策略,以及话语实践和社会实践,为逻辑被调动起来、被情境化和再情景化,以及被明示提供基础。

例如,就会议情景而言,马姆比(Mumby, 1988)观察到权力通过一个组织的主导意识形态、规范和价值在被强化、讨论和争论的过程中展示出来。最近,怀特(Wright, 1994)曾指出,权力通过对日常生活中组织互动的微观过程的连续重申而获得(也参见Iedema, 2003; Muntigl et al., 2000)。因此,为了理解话语中表达的具体诉求或利益在组织中是如何获得或丧失的,探察意义如

---

⑮ 民族志学虽然技术上植根于社会学,但强调某些活动若要被公认为合法的,必须满足某些条件(Boden & Zimmerman, 1990; Garfinkel et al., 1981)。会话分析关注那些对表演和组织成员来说至关重要的成员间话轮转换策略的细节(Clayman & Heritage, 2002; Drew & Heritage, 1992; Heritage, 1984; Schegloff, 1987),并分析相对短的互动片段,以此揭示和代表组织间互动的原则。社会语言学分析的基础在于将社会参数(如年龄、阶级和性别)与组织话语中的变体(例如,参见Bernstein, 1987)关联在一起的传统。互动社会语言学源自符号互动主义(Goffman, 1959; Gumperz, 1982; Johnstone, 2007),并在话语研究的更广泛领域中有进一步的发展(Sarangi & Coulthard, 2000; Wodak, 1996; Wodak & Chilton, 2007[2005]);它还回应了对前一个路径未重视语境对组织话语影响的批评。

⑯ 也参见,例如,Fairclough & Wodak, 1997; Wodak, 2004a, 2008a。

何以及由谁通过话语的微观过程来建构和论争就非常关键,这影响到所感知到的社会实践的表现。在第 2 章,笔者将简述"话语-历史路径",并提及政治领域中的话语分析研究。[17]

1.4　政治(政治家)和媒体

1.4.1　媒体和危机:播放"快照"

许多媒体报道倾向于制造并鼓励大众形成这样一种非常不现实的期待,即政治或政治家能够以理性和有效的方式解决紧急问题。媒体,尤其是电视中的新闻播报,似乎将复杂的过程简单地凝缩成瞬间的聚焦、片段或"独家新闻"。[18]　实际上,斯雷特(Street,2001:58-59)强调,"记者之所以有忽视过程而青睐人物的倾向,不是因为记者和报社编辑有偏见"。他继续说,其原因"在于媒体的结构和组织,在于以有限的空间来报道事件的需要,在于严格的截稿时间要求"。

因此,标志性的形象常常象征了重要事件,它们在获得历史"转折点"意义的同时忽视了社会-政治及历史的情境,即事件的前因后果。欧洲所感知的此类看似突然的转捩点包括 1914 年(这个时间一般被视为一个新时代的开始或旧世界的结束)和 1945 年(这个时间被视为一种"零时")——在德国尤其如此。1956 年的匈牙利事件或 1962 年的古巴危机是复杂和旷日持久的国际冲突的浓缩版。类似地,1968 年 5 月被视为一般意义的欧洲(以及超

---

⑰　例如,参见 Duranti, 2006; Holly, 1990; Holzscheiter, 2005; Muntigl et al., 2000; Yanow, 1996。

⑱　例如,参见 Machin & Niblock, 2006; Reisigl, 2008a, 2008b; Stråth & Wodak, 2009; Wodak, 2008b。

越一般意义的欧洲)代际反抗的一个象征,1968 年 8 月的捷克斯洛伐克则被视为一种与西欧的五月革命极为不同的欧洲印象。与 1989 年 11 月 9 日"柏林墙倒塌"相关联的事件的浓缩也是这方面的一个例子(参见 Stråth & Wodak, 2009; Triandafyllidou et al., 2009; Wodak, 2006a)。我们所有人都仍记得"9·11"的图像(对纽约世贸中心的攻击),它已成为恐怖分子发动突然、恐怖的攻击的象征。1789 年的法国大革命、1848 年的匈牙利革命和 1917 年的俄国革命则是其他一些有着巨大的符号性或象征性价值之浓缩事件的例子。它们都通过其浓缩事件的程度与"政治危机"的概念和有争议的价值动员(正确—错误、好—坏、朋友—敌人等)紧密联系起来。因此,人们诉诸特定的价值观来调和其所经历的危机,这些价值观关涉"正确的还是错误的,好的还是坏的"等教条性和规范性概念(参见 Koselleck,1992[1959])。[19]

此类危机情境在各自的公共领域反映于媒体中,并为媒体所强化(Koller & Wodak, 2008:3-6)。复杂过程于是被简化为媒体中的某些形象;其他许多相随的、常常是矛盾的过程和立场不再被提及或被掩盖。因此,历史被浓缩成以图像呈现的静态事件,被简化为新闻行业设置新闻生产的议程(也参见 Chouliaraki,2006)。这样,社会中的几个领域便彼此相关,以复杂的方式连接起来,服务不同的(也是经济的)利益。

简言之,新闻记者(新闻领域)想要一个"好故事",依据报纸、电台或电视报道所各自针对的读者群,他们想要一个会吸引许多读者的故事("新闻价值"的标准在此起着很大作用)。政治家(政治领域)依赖于媒体的报道——否则他们的政治主张就得不到传

---

[19] 在第 6 届 EU STREP 计划 EMEDIATE,我们研究了欧洲媒体在 1956 至 2006 年这一危机时刻的发展(参见 Triandafyllidou et al., 2009)。

播——而媒体也依赖政治家获取信息/新闻故事。最后，媒体还具有这样的特点，社会中的其他许多群体在不停地游说，争取在新闻中得到再现。在这个意义上，媒体是异质性的，再现了社会中的多重"声音"（Lemke，1995），或者，用布迪厄的话说：

> 要理解新闻界发生的事情，知道谁资助出版、谁是广告商、谁为广告付钱、津贴来自哪里等是不够的。新闻界的部分产品是不能被理解的，除非人们将其理解为一个就是如此的微观世界，并努力去理解这一微观世界的从业者对其他行业从业者的影响。（Bourdieu，2005：33）

1.4.2　政治的幻灭：媒体对日常政治的虚构

虽然媒体主要关注以上所特指的并为爱德曼（Edelman，1967）所详述的那种"宏大政治"，但是，对名流的偏好尤其导致了对政治家私生活的极大兴趣（Talbot，2007）。因此，丑闻被认为具有新闻价值，并进入议程（Ekström & Johansson，2008；Kroon & Ekström，2009）。新闻故事也试图追溯相关决策的起源，宣称要使诡计和密谋大白于天下，尤其是在与某些决策有关的问题出现时（Machin & Niblock，2006）。而且，我们观察到，近年来由于名流和传统意义上的严肃政治家都急切地尽可能频繁地出现在电视上，两者之间的界线变得模糊不清。政治人物和名流似乎都仰赖相同的咨询资源，因为这两个群体都试图吸引广大受众。斯雷特（Street，2004：441）精练地总结道："政治家变成明星，政治变成一系列景观，民众变成旁观者。"但在许多情况下，新闻记者大多依赖二手（常常是匿名）的信息源，通常不太可能验证政治后台发生的故事。一般而言，新闻记者和媒体没有接触走廊政治的机会，也没有接触政治家及其顾问的日常生活的渠道；因此，谣言和猜测四起。

对丑闻和名流的这种普遍嗜好与民众参与政治的兴趣日渐衰减息息相关。民意调查探测到民众对政治的一种普遍幻灭感。我们在欧盟面临着一种所谓的"民主赤字",选举中投票人的数量在许多全国性大选中不断减少,这也似乎表明民众对政治议题的兴趣和参与日益减少。或者说,这种不满和失望可能实际上并不暗示着人们对政治不感兴趣,而是在全球化语境下,在其所蕴含的社会、经济和政治力量多样化的情况下,人们对政治家的权力在国家决策过程中是否发挥实际影响越来越怀疑(Hay,2007;参见欧洲议会的各种白皮书,2001,2005a,2005b,2006,这些文件都提出了一系列政策来抵制这种幻灭;Triandafyllidou et al.,2009)。

因此,我们政治制度中的两个关键概念——代议与合法正在发生变化并遭到挑战(Pollak,2007)。历史学家舒尔茨-福伯格和斯特拉丝曾总结道:"政治性欧洲合法性的危机在于修辞和机构覆盖面之间的紧张关系,在于对欧洲的期待和想象与欧洲在整体层面上协商的现实政治之间的张力。迫切地想为在某种程度上与布鲁塞尔的机构相关的欧洲理想预备一种万众一心的支持,并不是通向民主的道路。"(Schulz-Forberg & Stråth,2010:341)他们批评欧洲议会的政策,指出"努力通过后门民主加强合法性是试图在日益软化的欧洲公共领域聚焦一种强大的政治权力"(Schulz-Forberg & Stråth,2010:341)。但他们宣称"在缺乏政治意愿的情况下,这一步骤的支持者已经引发了一种由上及下的过程,一种在身份、文化、媒体和传播方面似乎为非政治性的议程,以便使得欧洲人共享价值和理想";他们继续说,这一由上及下的程序注定失败。同样地,纳瑞哲(Neunreither,1994:302)说:"欧洲议会非常重要的功能就是建立与民众间的联系,这一功能只有当欧洲议会获得更多权力并成为……欧盟的主要决策者时才能稳步发展。"这样的发展将保证更强的代议性和响应力,以及由此产生的合法性。它也将保证更高的透明度（参见 Pollak，2007：242ff.）。但是，在欧盟中进行的将更具代议性和合法性的权力分布加以制度化的努力又一次在爱尔兰被拒绝了（2008 年 6 月 12 日）[《改革条约》(*Reform Treaty*)，里斯本 2008]；自从在法国（2005 年 5 月 29日）和荷兰（2005 年 6 月 2 日）对《欧盟宪法条约草案》(*Draft Constitutional Treaty*)举行否定性公投以来（从 2003 年 7 月 8 日起），怀疑主义就一直盛行（见 3.2.1，3.2.2）。

民众对政治不再着迷，不被允许进入后台，以及对明星政治家及其个性的兴趣日渐浓厚，或许可以解释那些描述政治家的日常生活和纷繁复杂的政治决策过程的虚构作品越来越受欢迎的原因，这些作品包括：虚构电影，如《美国总统》(*American President*)；肥皂剧，如《白宫风云》(*The West Wing*)、《白宫女总统》(*Commander in Chief*)或《在总理府》(*Im Kanzleramt*)；讽刺剧，如《是，大臣》(*Yes Minister*)或《幕后危机》(*In the Thick of It*)。这些"大屏幕"剧和电视连续剧虽然彼此明显不同，但都吸引了大量观众：例如，自2000 年在美国哥伦比亚广播公司首映以来，连续剧《白宫风云》每周吸引了 1300 万到 1700 万名观众（Riegert，2007a）。这部连续剧展现了美国总统的职员在白宫的日常事件、日常工作和危机。是什么使得这类连续剧如此吸引人？它们触及并满足了广大受众的什么兴趣和需要？如罗林斯和奥康纳（Rollins & O'Connor，2003）所详述的，这些问题没有简单的答案。无论如何，动机包括纯粹的好奇和对"另类"政治的认同（参见本书 5.5，6.5）。

笔者以《白宫风云》的一个片段即第 3 集《地方保安队》(*Posse Comitatus*)第 4 场为例。乔希（Josh，下文中简称为"J"）和艾米（Amy，下文中简称为"A"）——两者都是美国总统的顾问（或者称舆论导向专家会更好）——一起吃午餐。他们刚刚要了蛋清煎蛋卷和烤吐司，讨论着即将来临的总统大选，巴特勒总统正寻求连任：

文本 1.3

J： 我们会赢得大选

A： 等着瞧吧

J： 我们一定会的。我们已经有 9 票的优势

A： 我认为你们会失去伯内特、布里斯托尔和基斯的
选票

J： 他们都在观望

A： 是的

J： 你知道我们无论如何都必须批准福利政策，你必须
每六年就得做一次……

A： 我做了什么让你觉得我傻的事情吗？

这一段文本展示了顾问和所谓的舆论导向专家中午吃快餐时
所引以为乐的某种充斥着快速且神秘(非透明)之战略性决策的闲
谈。我们也观察到与工作相关的言谈快速转换到暗示了乔希和艾
米之间特定关系的个人沟通。谈话在这些不同的言语框架间不断
切换，其间点缀着幽默及如莱恩(Lane，2003)详细考察的那些带
有性别特征的话语。在她所撰写的文章《新闻不能说的叙述》
("Narratives journalism can't tell"，2003：26-27)中，多纳林·坡
姆普尔(Donnalyn Pompper)实际上很好地总结了观众的某些
需求：

电视剧《白宫风云》的作者使观众得以偷听椭圆形办公室
的谈话，见到政策工作者们在工作中所面临的许多当今社会
议题和戏剧性复杂局面。例如，电视剧情节涉及白宫职员和
记者团之间爱恨交织的关系，涉及党派诽谤和个人为公共服
务所做出的牺牲，以及如药物滥用、跨种族约会和工作场所中
的性别问题等议题。剧中白宫职员被描述为既风趣、刻薄和

睿智，又脆弱、易受伤害的人，他们有时在假期骑自行车时会撞到树上，会虔诚地向上帝乞求指引，会与前妻争吵，即使忙碌不堪也仍会处理孩子的事宜，会饱受那使人日渐衰弱之疾病的困扰，会嫉妒配偶的前恋人，会在早上喝咖啡时做拼字游戏。

因此，政治家被描述为普通人，他们的顾问也是如此。然而，莱文（Levine，2003：62）正确地指出，"奇怪的是，它（《白宫风云》）对白宫中的职员政治和派系主义故事熟视无睹"。这表明，虽然政治家被描述为情感丰富、理性缺失和情绪矛盾的人，但他们似乎都很认同"崇高事业"，相互不争斗也不对立。莱文认为，对日常政治生活的这种再现与白宫职员或其他任何政治组织中职员的"真实"日常生活不符。

总之，关于"政治如何被'做出来'"，《白宫风云》为普通美国受众（并且因为这部连续剧以许多语言播出，也就为更广大的全球受众）提供了一个特定的视角（事件模型）。换言之，它提供了一种模型，使我们所有人都应该相信政治是这样被做出来的！然而，在观看这部连续剧（以及其他国家的类似剧作）的同时，我们或许会自问，电视剧呈现的是否是"做政治"唯一的方式或其中的一种方式，是否是处理重要政治决策唯一的方式或其中的一种方式。我们甚至会质疑这个故事（在如《白宫风云》等肥皂剧中对"做政治"的再现）是否真正代表了"真实的"日常（政治）生活？如果答案像一些作者所表明的那样是否定的，那么，我们则需要进一步提问："媒体"为何以这种方式再现政治？

如果我们观察与《白宫风云》相关的大量网页、剧方高明的市场推广手段，以及许多不同的接受模式，我们就会轻而易举地发现这类连续剧定位在政治领域和虚构媒体之间。这部电视剧的制作者曾经咨询过克林顿政府的顾问和职员。克林顿任美国总统时，演职人员至少每年会在白宫受到一次接待;但是,对这部电视剧的积极态度在乔治·沃克·布什当选总统后发生了急剧变化(O'Connor & Rollins, 2003)。在美国,大多数人认为这部电视剧是认同民主党而反对共和党的。由此,共和党执政期间观看《白宫风云》甚至可能被解释为期盼新一届政府上台。但是,一些批评家也指出了这部电视剧建构的许多神话:角色被描述和建构为"高尚的"人物,为"高尚的事业"而奋斗。以这种方式,一个"理想的世界"被建构起来。因此,另一种解读是这部电视剧体现了一种意愿,描绘了"政治应为何物"这样一个愿景,是对"真实"的(美国)日常政治生活的一种逃避。

1.5 日常政治研究的相关维度

来自普罗迪、汉斯及乔希和艾米的三段引述都与笔者过去 15 年以来一直从事的一项跨学科研究相关,即研究欧洲组织中议员、专家和官员如何决策;考察政策文件如何在委员会上被发起、生产和再语境化,以及它们在欧盟各成员国被如何实施;分析欧盟的重要政治家富于想象的演讲,以发现其具有的各种欧洲身份或那种具有霸权地位的欧洲身份;分析欧盟网站上的《欧洲公约》语料,或采用民族志方法对欧洲议会议员进行访谈,借此研究《欧洲公约》(试图为欧盟草拟一个宪法条约);追踪欧洲议会议员从早 8 点到晚 10 点的日常生活;最后,试图理解和解释欧洲议会议员、欧洲政治家和组织在工作中遇到的由不同语言和文化,以及由不同地域、区域和国家甚至不同性别引发的紧张关系(见第 3 章和第 4 章)。

当然,笔者无法在此呈现甚至总结所有这些研究及其结果,它们都已在别处发表。在此,笔者更想将来自许多民族志研究案例的看上去零散的发现整合为一个理论性、跨学科性的框架。这个框架有助于研究现实政治的话语建构和再现,研究后台及从后台到前台的转换模式这样一种"中间区域"。这个框架可以详细阐述和发展批评话语分析的话语-历史路径,尽管笔者与魏斯和赖西格尔在近期合作的著作中(Reisigl & Wodak, 2001, 2009; Wodak & Weiss, 2007[2005])对此已有所论述。为此,笔者提出将布迪厄的社会"微观世界"概念运用到政治领域,以厘清多个可以解释其复杂性的维度,并与以上所引介的"表演""实践社区"和"身份"等概念相结合。我们需要关注政治的后台,考察决策过程的复杂机制,观察政治领域内部的工作——这些研究由于访问途径方面的困难,迄今在社会科学研究中被极大地忽视(重要的例外包括Abélès, 1992; Fenno, 1996; Hitzler, 1991, 2002; Holzscheiter, 2005; Krzyżanowski & Oberhuber, 2007; Kutter, 2019;也参见第3章和第4章)。一旦我们因此对"做政治"有些领悟,便有可能更谨慎地将这些领悟与宏观理论命题联系起来,进而取得一个不同的成果,尽管仅是在类别上有所不同。由此,政治、媒体和经济在各自的领域中依循它们各自的逻辑,并且,笔者主张建构不同的(虚拟)现实,而这些(虚拟)现实与特定政治、媒体、经济的利益及(体裁、样式等的)形式限制相吻合。笔者通过聚焦于我们考察对象的以下维度来推进这项努力,以下这些维度系统化了以上引论部分所总结的政治的许多方面:

1)政治的上演/表演("政治场域"和政治家的"惯习"、前台);

2)政治家/政治的日常生活(后台、实践社区、走廊政治);

3)个体政治家的个性对他们"表演"的影响(积极/消极政治家、主动/被动政治家、魅力/吸引力/可信度/说服力);

4)政治和政治家的大规模生产(顾问、媒体、舆论导向专家等"制造政治家")——这一维度必然与前两个维度辩证性互动;

5)媒体中日常政治的再情境化(虚构作品);

6)"政治"的参与(权力、意识形态、守门、合法性、再现等议题)。

本书将详细阐述这六个维度之间的复杂关系,包括个性对政治和决策的影响,政治的上演及媒体中政治的建构与再现等问题。但是,以上所罗列的现象不可理解为单向的或甚至偶然的关联。相反,媒体也建构媒体人物。如今政治家之所以选择这项工作只是因为他们已是成功的媒体人物,政治的上演与信息渠道的范围以及对这些渠道的掌握紧密相关——因此与知识管理相关。考察谁选择去竞选议员,以及考察没有经验的政治家如何融入这个领域并融入那种相当紧张的工作,也是非常有趣的——这些也将在本书中展示。

政治职业领域中表面的混乱背后所隐含的秩序将变得明显,显示出跟其他社会领域相同的特点(Wodak, 1996)。而且,政治家的公众认知与形象制造之间的明显差异,以及其日常行为也会得到概念化阐释。媒体在日常政治具体建构的生产和再生产中的作用,尤其是在虚构电视剧中的作用,需要加以仔细考察;政治领域和新闻领域间的辩证关系迄今往往模糊不清。

笔者相信,将这种路径运用到政治领域,一方面会导致必要的去神秘化,另一方面,通过揭示当前欧盟国家及其他地方的民众对政治失去信心的多种原因,或许可以走出减少民主赤字的第一步。结合以上所列的六个维度,笔者决定关注与总体研究问题有关的三个一般领域,同时以对欧洲议会后台的一个个案研究作为起点展开研究。这三个领域如下:

1)后台,也就是政治家(欧洲议会议员)的日常生活包括什么?欧洲议会的议员如何获得其职业惯习? 由于他们兼有区域身份、国家身份和欧洲身份,他们如何处理其多重和多语言身份与意识形态困境？这些身份如何实现？

2)联系这些议题，笔者考虑了政治和政治家"大规模生产"的某些方面，以及这可能会怎样影响媒体对日常政治的再现。具体媒体再现起到什么作用？媒体中建构或再语境化的政治家的日常生活是什么样子？

3)最后，这种定性的跨学科研究对于理解政治、政治家和媒体间复杂的互动和相互依存有什么意义？哪种权力斗争变得明显？

这些焦点引导笔者在本研究语境中获得如下核心理论观点：与政治科学中主张政治协商和决策可产生预期和理性结果的主流理论相反，笔者认为"做政治"是高度依赖情境的，受到国家传统和政治制度的影响，受到政治家惯习、表演模式、众多具体的个性特征、组织结构及对抗性政治利益的影响。

而且，笔者坚信，在这种复杂无序中存在着秩序。认识这种秩序，除了借助"宏大"理论及与"宏大"理论相结合的理论外，必然需要定性的民族志研究，需要历史和跨学科研究，因为这种研究能探测和解释日常政治之微妙与复杂。笔者认为，建立秩序与"知识管理"相关联，这意味着实施涵括和排斥的权力，意味着组成联盟和同盟的权力。总之，要进行"政治博弈"。要研究知识管理，笔者提议通过分析预设(以及其他间接语用手段)的协商过程来完成，因为它们是"共享知识"的指示器，是将知识涵括于内或排除在外的晴雨表，那些"了解"的人也分享同样的假定、意义和预设。当然，知识的分布在组织机构中是一个等级和权力问题，也是一个能否获得的问题。

再者，笔者认为，日常政治在媒体中的再现发挥着重要功能，它建构和强化了有关"做政治"的神话，安抚公众并使其相信政治决策体现着理性和美好的意图；这反过来也会传达一种安全感和被保护感(在一个必然广泛的意义上)。总之，它能够让公众信任睿智的人能做出周全的决定。罗兰·巴特曾提出建构一个次级符号的"现实",在这个意义上理解这里的神话的概念,可以看到这个次级符号将矛盾、意识形态等都神秘化了(Barthes,1957;Edelman,1967:16)。

最后,笔者相信,作为政治科学和其他学科间一项跨学科的尝试,理解政治和决策的程序不仅具有理论上的意义,而且与理解日常政治、实践也有着显著相关性。政治似乎成了一种仅仅在顶层被决定的事务,常常被认为缺乏民众参与。这种状态在欧洲及世界其他地方已经引发了猛烈批评,人们认为其缺乏民主、代议性和合法性。因此,我们的分析也有助于使政治更透明,弥合"顶层人物"和"所有其他人"之间的鸿沟。

第 2 章　政治的(非)理性

知识一旦与权力联姻,就会呈现出真理的权威外观,而且拥有将自身变为真理的权力。(Hall,1997:49)

第 1 章提及的关于政治的建构和再现的六个维度表明,需要从人类学、媒体研究、政治科学、社会学和语言学(话语分析)等学科汲取理论及方法路径。这些学科的选择列出不是随机的;而且,这种学科的多样性表明研究对象的复杂性及研究日常政治所需的多种可能的角度。

因此,在对普罗迪演讲的例子进行释例性分析之后,笔者首先详述了批评话语分析对跨学科的总体关注,接着笔者对本书中运用的话语-历史路径做了简要介绍。尤其是,将"预设"的概念作为(政治)组织中一个体现权力和知识管理的语言-语用手段进行介绍。实际上,笔者认为,"预设"跟"暗讽(insinuations)""推论(inferences)"和"隐含意义(implicatures)"一起,是实现笔者的研究目的的最重要语用概念之一。①

　　在本章的 2.2,我将重点论述政治科学中研究"做政治"和做决策的不同路径,包括:认为并强调"理性"在政治中普遍存在的路径;宣称政治不符合既定和理性原则,而是由常常相互矛盾且冲突的因素与动机构成的复合体的路径。这种讨论引出政治领域中和对政治的科学研究中之"规范性和价值观念"的基本问题,也导致同样重要的有关"结构与行动"的辩论(Archer, 1990; Sayer, 2006)。笔者也简要地谈谈人物(政治家和/或他们的顾问)对政治行动的影响(Weber, 1976, 1978, 2003),在第 3 章和第 4 章笔者将更全面地阐述这一重要话题(参见 1.1),并对政治家日常生活进行实证分析。本章则首先回顾政治组织的那些可以解释其"组织内部"和"后台"运作复杂性的方方面面,然后得出相关结论。这些议题可以丰富我们对政治动态性的理解。

2.1　"做政治"的许多预设意义

　　让我们回到在本书开始所呈现的那段引语:"我们所面临的挑战是,我们要彻底重新思考我们‘做’欧洲——重塑欧洲——的方式。"(罗马诺·普罗迪;文本 1.1)这段引语及他的整篇演讲,激发笔者去探索"做欧洲"意味着什么,以及在一个更广泛的意义上,去探索"做政治"可能意味着什么。对于在欧洲议会当时的 15 个成员国议员们面前发出的这一呼吁,存在几种可能的解读。这几种解读可以表达为内嵌在这一引语中的下列预设表达:

　　1. 事情已经做错了;(我们)每个人都要共同努力,使情

―――――――――――

① 例如,参见 Chilton, 2004; Goffman, 1983; Schlencker, 2008; Simon-Vandenbergen et al., 2007; Wodak, 2007d; Wodak & Reisigl, 2002.

况变好。

2. 政治本质上与塑造、思考和行动相关联,这意味着物质动词和过程与心理动词和过程的结合。②

3. "做政治"是一个挑战;改变现状需要——如果我们依循修辞(欧洲知识社会和基于知识的经济体的其他文献中确立的修辞)的话——勇气、创新、创造性、技能和知识(参见 Fairclough & Wodak,2008)。

4. 在"做政治"之前,需要重新思考政治,这表明了一种清晰的线性时间序列。

普罗迪在同一篇演讲中也勾勒了他对欧洲的憧憬(参见文本1.1):

如果我们一起大胆、决然地行动,我们就能塑造我们民众想要的、我们要留给后代的新欧洲。

一个正义、仁慈、包容的欧洲。

一个激动人心、活力四射、富有进取心的欧洲。

每个人的欧洲。

让我们一起努力,使未来的十年成为取得杰出成果和成功的十年,一个将被历史铭记为属于欧洲的十年。

这段引述甚至更精确地表明了"做/建构/表演政治"蕴含何

---

② 在此,笔者引用了韩礼德的"及物性"概念(Halliday,1985:101ff.):"及物性明确了语言中识别出的不同类型的过程,以及它们的表达结构。"(Halliday,1985:101)韩礼德区分不同过程,其因小句中使用的动词不同而有异。例如,"物质过程"(或"做的过程")包括一个行事者和一个目标(可选的)。这些过程表达"某个实体'做'某事的观念,这个事情可以被做'给'其他实体"(Halliday,1985:103)。相反,"心理动词"实现"感知的过程",其中的一个参与者(感知者)总是人(像人),"被赋予意识"(Halliday,1985:108)。现象是被"感知"的事物,即感到、认为或看到(Halliday,1985,111)。

意:实际的"做",一个物质动词,将在空间和时间中干预并改变一
个可转变之客体的行为符号化了。因此,欧洲——一个跨国社会-
政治系统——充当了一个准静态、稳定实体的隐喻,这一实体可以
被为"他们"(欧洲民众和后代子孙,因此代表了每个人)工作的政
治家("我们")塑造和建构。换言之,我们可以将欧洲描述为一个
政治和经济"想象体"③;一个由话语构建的可治理的领地,将这片
从国家扩展到超国家的疆域作为做政治的主要场地。普罗迪因此
预设存在一个类似欧洲的物体,我们(或政治)能够或多或少很容
易地使这个被称为"欧洲"的物体从一个状态转变到下一个状态。
第二、三、四句是省略句,将"做"的程序留给听者去想象。实际上,
这些是一种典型修辞策略的例子,一种我们经常在广告语体中看
到的,并日益在所谓"推销政治"中得到运用的策略(对于其在新工
党话语中的运用,参见 Fairclough, 2000)。这一语言形式的运用
预设了交际双方对清晰明确、设计精良的技巧和活动都心知肚明
(在下文笔者将再回到预设概念)。而且,上面的那段引语预先制
止了有关"我们"接下来想要何种欧洲的民主辩论;"我们民众想要
的"欧洲已经被决定了,不需我们再讨论。玛尔德力格
(Mulderrig, 2007)对新工党话语中的这种修辞策略——对共享
意愿的假定——提供了详细分析。由于所使用描述语的积极语义
韵(positive semantic prosody),这种似乎理想的欧洲难以被人们
批评:试问,谁会认为他不想要一个"激动人心、活力四射、包容的
欧洲"! 最后,这些描述语将欧洲人格化,似乎它是理想欧洲民众
的一种转喻,他们应该拥有这些可取的品质。

---

③ 杰索普(Jessop, 2002)的"想象"概念凸显了话语在理解政治行动基本条件中的显
　要性。在政治语境中,玛尔德力格(Mulderrig, 2006:35)将想象界定为"论说性解
　释的……对政治-经济条件和特定时刻行动的可能性的理解"。

在普罗迪的演讲中,我们还见到了欧盟应该如何变化的建议。变化被视为一种挑战,暗示了存在障碍(这些障碍没有被叙述出来)——障碍是一个我们在欧盟文档中随处可见的部目(topos)[2],如《博诺尼亚宣言》(Bolona Declaration)(参见 Fairclough & Wodak, 2008)。④ 变化也暗示了一个"目标"、一种"憧憬",普罗迪对之进行了热情的呈现;变化还暗示某些信仰和意识形态,它们未被明确说出,但是可以隐约探测到——它们已被预设。另外,变化还暗示了实现这一憧憬的各种未确定的"政策",这些政策用含糊且具有积极意涵的标志词表述出来,就像使命宣言或广告中的那样。当然,部目是任何政治演讲都不可或缺的部分,当运用于这一语境时,令人感兴趣的是它们特定的说服功能。

另外,当详细分析这一演讲时,人们会有如下印象:政治话语变得具有说服性和推销性,与商业和企业话语有了关联,形成一种混合语体。这一说法来源于费尔克拉夫在汲取哈贝马斯的观点后而提出的公共领域市场化和私人领域殖民化的理论(Chouliaraki & Fairclough, 1999)。政治中的这种"推销转向"不仅包括推销政治思想和任务,而且包括推销理想的——因此是可选择的——社团和个人政治身份。我们可以根据政治和娱乐之间(参见第5章;Holly, 2008; Street, 2001,2004; Wodak, 2008b)及企业管理和政治治理之间(Mulderrig, 2006, 2007)越来越强的结盟来部分地理解这一趋势。

此类充满憧憬的正式演讲一般会吸引媒体的广泛报道(Weiss, 2002; Wodak & Weiss, 2004b,2007[2005]),它们被其

---

④ 我们将部目(topos,复数形式为 topoi)定义为"属于必要前提的论辩的一部分。它们是内容相关的根据或将论点与结论联系起来的'结论规则'"(Reisigl & Wodak, 2001:74-5)。"形式部目"提供了一种逻辑-句法性质的"捷径";内容取向的部目是主题和领域特定的,在论辩文本中提供标准化的"共同之处"(也参见脚注⑨)。

他演讲引述和重复,被再情景化,并随之——如果可能的话——被植入诸如政策文件、法律、国家规划和战略等诸多语体。它们在开放或封闭的会议和委员会上被讨论,它们在议会里变为动议、决议等。政治在公共领域中(即在电视新闻中)的再现,通常由各种官方形象建构:重要政治家发表演讲,与其他政治家握手和拥抱,走出飞机迈向红地毯,跟其他重要政治家说话,在新闻发布会或在访谈中宣称、许诺或提出政策(都是非常明确的言语行为),等等(Tolson, 2001; Wodak & Busch, 2004)。因此公众遭遇的只是爱德曼(Edelman, 1967)用极为精确的语言所描述的快照般的"符号和仪式",对此,迈克尔・比利希(Michael Billig)在其名著《平实民族主义》(Banal Nationalsim, 1995)中曾以多种方式加以详述;也参见 1.1.1,1.1.2。

　　因此,普通公众能接触到的政治绝大多数是第 1 章所描述的政治的"表演"或"上演"。因此,皮埃尔・布迪厄定义的"惯习"和戈夫曼定义的"自我的呈现"是分析政治家行为的两个关键概念,这两个概念,如第 1 章所详述的,与"身份(自我)"和"实践社区"等概念存在内在关联。因此,公众必然被排除在协商之外⑤,被排除在各类机构走廊里的谈话及电话、传真或电邮交流之外,被排除在相关决策实体之外,以及跟其他职业的情况一样,被排除在政治生活中必然出现的危机与压力之外。公众因此被排除在政治家幕后的日常生活之外(Wodak, 2000a, 2000b),无从接触作为职业的政治的许多方面。这可以说明为何媒体急切地抓住"后台"的任何见解——对政治"后台"的着迷在纸质和广电媒体中都能被普遍观察到(尤其是在"性与罪"的意义上;Talbot, 2007);政治家似乎

---

⑤　可能有例外,在许多国家语境中,议会频道(Parliament Channel)会播放几个小时的相当乏味的委员会议等的片段。

越来越具有名流的地位，实际上，政治家不得不成为媒体人物，如果他们想要吸引（媒体）受众的话（参见 1.4.2；Holly，2008；Riegert，2007a，2007b；Wodak，2008b）。

2.2 话语、政治和权力

2.2.1 交叉/跨/多学科性和"相关性"

对语言和政治(包括政治中的语言)的研究主要是交叉学科或跨学科研究。"理论"和"交叉学科"的概念指话语分析研究的概念性和学科性框架条件。自 20 世纪 90 年代兴起以来，批评话语分析作为一个研究计划，一直注重理论的建构，强调其研究的跨学科性质(Weiss & Wodak，2003b)，这体现在许多独特的研究路径上(Wodak，2004a；Wodak & Chilton，2007[2005])。

乔利亚拉基和费尔克拉夫(Chouliaraki & Fairclough，1999：16)将批评话语分析的这种兼收并蓄的性质描述如下：

> 我们把批评话语分析视为将各种理论带入对话之中——尤其是一方面将社会理论带入，另一方面将语言理论带入——因此它的理论是对其他理论的一种变化性综合，虽然它自己特别理论化的一部分是社会与语言之间的中介——"话语的秩序"，符号混合性(话语间性)的社会结构化。批评话语分析试图加以操作的话语理论建构可来自各种学科，而"操作化"这个概念则强调以跨学科的方式运作，这种情况下，一个学科(例如，社会学)的逻辑可以在另一个学科(例如，语言学)的发展中"投入使用"。

这一陈述强调了理论和批评话语分析所特有的交叉学科性或

跨学科性之间的直接联系。

社会学家诺沃特尼(Nowotny，1997：188)极为精确地将跨/超/多学科性(inter/trans/multidisciplinarity)的概念勾勒如下：

> 多学科性体现于不同学科保持独立这一事实。它没有造成学科和理论现有结构的变化。这种形式的学科协作包括从不同学科视角处理某个研究课题。跨学科性可以通过形成明显的、标准化的跨学科术语得到确认。这种形式的协作被用于在一个交叉学科或跨学科性设计的架构中处理不同的研究课题。超学科性得以体现，则需要一个共同的公理性理论和多个学科研究方法的相互渗透作为跨越学科领域的研究基础。这种协作导致植根于不同学科的问题解决路径的结合或聚集，并汲取了许多理论。

所有的作者在这一点上是意见一致的：多学科性和跨学科性的差异在于，理想中跨学科性研究整合理论路径，并由此创造能够跨越不同学科运作的新的整体路径(或"超学科性")，而多学科性研究并不修改个体学术分支的路径，而是将它们分别加以运用(参见 Weiss & Wodak，2003b)。然而，根据研究兴趣和"相关性"，学科整合可能触及研究理论与实践的好几个层面(参见 2.3)。

几十年前，舒尔茨重述了社会科学研究中社会问题、理论和相关性之间的相互关系(对舒尔茨路径的详细讨论，参见 Weiss & Wodak，2003b：4-5)。他区分了三种形式的相关性：1)主题相关性；2)解释相关性；3)动机相关性(Schutz & Luckmann，1973：186ff.)。"主题相关性"指这样的基本问题：要研究的问题是什么？根据舒尔茨，这一层次的相关性基本上体现为以下事实："问题—对象"一定总是根据一种"自然建立而毋庸置疑的秩序"(Voegelin，1987[1952]：56)的背景来加以考虑的。在这一方面，理论问题的相关性与日常问题的"实践相关性"没有区别。

"解释相关性"处理以下问题:我们知识中的哪些要素与所研究问题主体的解释相关? 在这一层面,需要决定具体方法的相关性。重点在于"……一种理想的(即从未完全发展起来的)方法可以对将要采取的解释步骤和用于解释的材料提供指导"(Voegelin, 1987[1952]: 57)。第三个相关性概念,即"动机相关性",它关注以下问题:问题应在什么程度上加以考察? 换言之,笔者在哪一点上对研究的发现表示满意,笔者在何时停止并宣称某一特定范围之外的事物为"非相关的"或至少与所研究的问题不相关?

这些不同形式的相关性并不彼此独立,而是直接关联的。这种相互关系决定了每一种理论研究。对于像批评话语分析这样的问题取向和反思性的跨学科研究,相关性在形式上的区分是不可避免的(Cicourel, 2006, 2007)。这些区分已经引导了笔者的许多研究,虽然这种引导并不总是非常明显(参见 Muntigl, Weiss & Wodak, 2000; Wodak, 1996);对于在每个步骤所做的决定和做出的选择,需要明确地申明合理性——否则,它们就不是透明的(retroductable)[3],而仍是直觉性的。在我们的案例中,研究"寻常政治"的主题相关性已在第 1 章详述。在下面——与解释相关性有关——笔者将把第 1 章中简要介绍的理论概念和话语-历史路径的理论与方法相关联。最后,在第 6 章的总结中,笔者将通过对本书取得的洞见和结果进行批判性自我反思,而重新回到动机相关性的探讨上面。

在批评话语分析中,不存在一种统一的、共同的理论形态。迈耶总结说:"在批评话语分析中不存在使用起来能够一成不变的指导性理论观点,批评话语分析的倡导者也不会在从理论领域到话语领域,再回到理论的过程中保持不变。"(Meyer, 2001: 18)迈耶正确地指出,这些认识论理论,还有一般性社会理论、中层理论、微观-社会理论、社会-心理理论、话语理论和语言理论,都可以在批评话语分析中找到。批评话语分析的不同代表在其各自路径中所强调的不同方面(参见 Wodak,2004a),或者重构这些路径的理论基础(Wodak & Meyer,2001,2009),都超出了本章探讨的范围。但是,了解迈耶提出的不同层次的理论类型非常必要,这是事实,应该予以重视。

2.2.2 权力和批评

如以上提到的,批评话语分析应被理解为一种理论框架和计划;其共享的批评话语分析视角与"批评""意识形态"和"权力"等概念相关。话语-历史路径遵守批评理论的社会-哲学取向,因此,它依循社会批评的概念。以下三个相关的方面在社会批评概念中被整合(详细的讨论参见 Reisigl & Wodak,2001:32-35):

1. "文本"或"话语固有的批评"致力于发现文本内部或话语内部结构的不一致性、(自我)矛盾、悖论和困境。

2. "社会-诊断批评"关注去神秘化话语实践或明显或隐晦的说服性或"操弄性"特点。在此,我们运用我们的语境知识,也借鉴社会理论和来自不同学科的其他理论模式,去解释话语事件。

3. 与将来相关的"前瞻性批评"试图促进传播的改善(例如,通过详述反对性别主义的语言行为的指南,或者通过消减医院、学校等场景中存在的"语言障碍")。

如此理解批评的话,话语-历史路径就应该使所考察的对象及分析者自己的立场透明,并且在理论上证明为何对话语事件的某些解释和解读似乎比其他解释和解读更令人信服。

语言自身没有权力;它通过权力人物对它的运用来获得权力。这解释了为何批评话语对分析涵括和排除的过程,以及分析进入我们社会相关领域的渠道特别感兴趣。文本常常被视为斗争的场域,因为它们显示了不同话语和意识形态(巴赫金所说的"声音",见 Bakhtin, 1981)斗争和争夺主导性的踪迹。批评话语分析的一个本质特征,是它对权力作为社会生活中核心条件的关注,以及它致力于发展一种将权力作为主要前提整合进来的语言理论。批评话语分析不仅关注对权力、进入渠道和控制权的争夺等概念,而且关注竞争性话语的互文性和再情境化(参见以下部分)。

本书试图区分政治领域内实施"话语中的权力"(power in discourse)和"凌驾于话语之上的权力"(power over discourse)的模式(Holzscheiter, 2005)。霍尔兹施特勒(Holzscheiter, 2005)将"话语中的权力"定义为行事者对意义诠释的争夺。这种对语义霸权的争夺与"具体语言代码、互动规则、参加重要论坛的人选规则、决策规则、话轮转换、会议的开始、发言和干预"的选择有关(Holzscheiter, 2005:69)。我们将在第4章讨论这样的斗争(也参见 Muntigl, 2000; Wodak, 2000a, 2000b, 2006b)。"凌驾于话语之上的权力"被定义为在宏观和微观语境中总体的"进入舞台的能力"(Holzscheiter, 2005:57),即涵括与排除的过程(Wodak, 2007b, 2007c)。最后,"话语的权力"(power of discourse)指"意义在历史中发展起来的宏观结构的影响,以及行事者发现其所处的语言游戏之规约的影响"(Wodak, 2007b, 2007c)。行事者的个体影响可能有助于改变这些宏观结构(这又将我们带回话语中的权力和行事者所可能做出的选择——这种选择虽然有结构的限制,但是取决于行事者的知识、其符号资本[名望]、其在等级中的地位及其人格)。权力斗争显然并不总是与可观察到的行为相关。卢克斯(Lukes, 2005[1974]:28)在其广受赞扬的著作《权力:一

个激进的观点》(*Power*:*A Radical View*)中强调权力也有着意识形态维度:

> 以一定的方式形塑人们的感知、认知和倾向,无论程度如何,以使其接受他们在现存事物秩序中的角色——或者使他们将其视为自然和不可改变之物,或者使他们将其珍视为神赋予的和有益的——而防止人们心怀怨恨,这不正是一种至高无上且最阴险的权力行使吗?

当然,分析权力的这一路径将我们引向布迪厄的"象征性暴力"观念(Bourdieu, 1991)和葛兰西的"霸权"观念(Gramsci, 1978)。在所有这些分析权力的路径中,隐含和隐藏权力之技巧和力量的重要性都被触及,它们可以经由话语分析而被解构(参见以下)。[6] 因此,通过运用各种交流模式和"权力技术"(Foucault, 1995[1974];参见以下),来实施以获得、控制和保留权力(通过知识)为目的的话语策略,前台和后台被内在地联系起来。而且,政治领域也内在地与媒体领域联系起来;新闻记者和政治家彼此依赖。他们一起建构普通人能获得的政治的特定意义和形象/符号(参见第 1 章)。

代议和合法依赖于这些被公开传达的建构(见本书 1.4.2;Koller & Wodak, 2008)。详细讨论政治科学和社会学中关于"合法和代议"概念(对于欧盟,参见,例如 Pollak, 2007;Schulz-Forberg & Strath, 2010;本书 1.4.2)的大量且延续至今的辩论,

---

[6] 意识形态的概念是一个受到广泛检验的概念,它以积极和消极的方式被加以不同的定义。为了避免与此概念有关的政治与理论的争议,笔者有意不在笔者的分析中使用这个概念,而是在合适的时候倾向于运用霸权、权力、权力-知识、议程、旨趣、憧憬等概念。对于这一议题的详细讨论,参见 Wodak & Meyer,2009。

不属于本书的范围。⑦ 但是,探究个体政治家的作用及其对决策、协商和议程设置的可能影响,却非常重要,例如,探究某个组织成员的权力如何发挥作用,尽管此人不一定处于特别重要的权威地位,如第 3、4 章中所考察的欧洲议会议员的案例。这些议员同时是某个组织中几个实践社区的成员,他们被许多规范、规则和仪式限制,却没有对政策提议的任何决定权。这种情况稍后将详细例示。

社会学家韦伯将合法性概念解释为与社会秩序捆绑在一起的社会事实(Weber, 1978: 31)。韦伯区分了三类不同的合法性权威:法律-理性型、魅力型和传统型。"法律-理性型的权威"是与本案例最相关的一种,它基于对法律秩序合法性的信仰(Weber, 1978: 217)。与此不同,"魅力型的权威"被定义为具有有别于普通人的,且拥有超乎寻常的权力或素质的人格。于是,权力在一个魅力型领导人的品性的基础上合法化。"传统型的权威"基于因继承而获得的权力,因此不依赖于领导者的魅力或能力。

在韦伯看来,法律-理性型权威是最稳定的系统,因为它基于理性和逻辑,基于对形式化和合法程序的基本信仰,根据这一程序,规则得以实施,决策得以达成(Weber, 1978: 279)。韦伯对主体相信合法权威有效性的强调尤其重要,因为由此合法性从它先

---

⑦ 哈贝马斯(Habermas, 1976)曾高调宣称,合法性的表面是社会秩序的功能性先决条件。他察觉到自由意识形态和制造所谓"合法性危机"的垄断资本主义之间的矛盾。他继续说,这使得自由国家不太有效,从而导致了合法化危机。对这种合法化危机的承认是(例如)提出欧盟政治系统改革的原因之一;这种改革将赋予欧洲议会这唯一通过当选代表而拥有合法性的欧洲机构以更多的权力。改革在2010年实施,是在爱尔兰第二次公投之后,当时多数爱尔兰人投了赞成票(第一次爱尔兰公投在2008年6月12日,其目的是拒绝改革;参见2.2.1、2.2.2和第6章)。要理解预定的规范、价值、信仰、实践和程序与特定、具体的行动情境的关系,"合法性"的概念是需要的(Zelditch, 2001:51)。

前规范性的理论中移除,以一种更为描述性的方式被看待(Steffek,2003)。这样,虽然个体可能不共享权威和社会秩序之下的规范,但由于内嵌的社会控制系统,他们仍相信它是合法的并具有约束性。因而韦伯认为,虽然这个秩序对于他们而言是外来的,但"个体行为变得适应现存的规范性秩序"(Zelditch,2001:49),他们被诱导去遵从,使得合法化是一个集体的和社会的过程,而不是个体层面上由规范和道德决定的事情(Zelditch,2001:49)。以同样的思路,摩根(Morgan,1997:159-160)强调,在机构组织中,"当人们坚持权力的行使依赖于形式规则和程序的正确运用时,官僚权威或法律-理性型权威就会崛起"。他认为,这一形式是机构组织中最常见的权威形式,虽然魅力型和传统型权威(例如,在家族继承的公司中)也可能起作用。而且,摩根正确地指出,权威只有从下而上合法化时才会有效(Morgan,1997)。

然而,爱德曼(Edelman,1967:76-77)在谈到参加竞选的候选人时指出,"判断政治有效性的线索,与其说要在从政治行为带来的可验证好坏的效果中发现,还不如说从在位者是否能继续无限制地传达一种*知道*要做什么的印象中获取"(书中斜体均为本书作者的强调)。这种观点暗示法律-理性型和魅力型权威都*不*重要;爱德曼(Edelman,1967)进一步强调,在"大型组织的环境中,我们散布大量抽象符号的媒体,我们从温馨人际关系的脱离,都提供了一种文化,这种文化产生了一种新的领导动态"。这就是为何第3、4章中的批评话语分析允许我们详细考察政治如何被表演,日常的政治活动可能有什么效果,政治家(欧洲议会的议员们)如何评估、评价自己的行为及为何做出这样的评价。这些研究为我们设想其他领导和参与的模式——其目的是将政治与那些自身利益被代表的民众拉得近些——提供了可能。

2.2.3　话语、文本和语境：批评话语分析中的话语-历史路径

发展自话语研究领域（van Dijk，2008）的话语-历史路径（DHA，参见 Reisigl & Wodak，2001，2009；Wodak，2001），整合并三分出关于历史来源及话语事件赖以存在的社会和政治领域背景的知识，从而提供了一种工具，以观察主体蕴含的潜在权力动态和潜力范围。而且，话语-历史路径区分了构成文本意义和结构的三个维度：所谈及或书写的话题（如第 4 章的会议议程）；所运用的话语策略（有意的或潜意识的，如图 2.2 所例示的以及下文将解释的）；用以实现话题和策略的语言手段（如运用一定的代词和预设，在会议中是言语的形式，在类似的会议记录、决议、党纲中则是书面语的形式）。

话语-历史路径中系统的定性分析考虑以下四层语境：

- 言谈、文本、语体和话语之间的互文性（intertextuality）和互语性（interdiscursivity）关系；
- 语言外的社会/社会学变量；
- 文本和组织的历史和考古学；
- 特定情境语境的机构性架构。

通过这种方式，我们能够探讨话语、语体和文本是如何因社会-政治语境而变化的。

话语在话语-历史路径中被定义为：

- 与宏观话题相关（而且与围绕正确性展开的论辩相关，辩论双方都声称自己一方在真实和规范性方面是正确的，这涉及有着不同观点的社会行事者）；
- 位于具体社会活动场域的，依赖语境的符号实践簇；

- 由社会构建并且构建社会；
- 整合各种彼此相异的立场和声音。

因此,我们将(a)宏观话题相关性,(b)与某个具体社会场域中的各种声音相关的多元视角性和(c)论辩性视为话语的构成要素(对于特定方面的详细讨论,参见 Reisigl & Wodak, 2009)。

另外,笔者认为话语与文本不同,话语暗示了知识和结构的模式和共性,而文本是某个话语的一种具体且独特的实现。文本与语体同类。因此,一个表示排除的话语可以由大量潜在的语体和文本体现,例如,可体现于有关国内政治的电视辩论,体现于有关移民限制的政治宣言,体现于专家有关移民事务的演讲,等等(Wodak, 2007a, 2007b, 2007c)。当一个人具有的关于世界的全面知识允许其理解文本的明显和隐含的意义(诸如隐含意义、预设、暗指)时,文本的完整意义才会被理解透彻。

互文性指所有文本与其他文本的联系,包括过去的和现在的文本。这样的联系可以不同方式建立:通过对话题及其主要行事者的连续指涉;通过指涉与其他文本一样的事件;或者通过一个文本的主要观点在其他文本中的重现。后一个过程也被称为再语境化。将一个观点从一个语境移出,并在一个新语境中重述时,我们便观察到"去语境化"的过程;接着,当这个元素在一个新语境中生效时,我们观察到再语境化的过程。这一要素于是获得了新的意义,因为,如维特根斯坦(Wittgenstein, 1967)所展示的,意义在使用中形成。因此,议会辩论、政治演讲或大众媒体中产生的论点,以一种适应语体的方式被再语境化,与具体的话语主题、语体或文本联系起来(参见第 4 章)。

与此不同,互语性指围绕不同话题的话语以各种方式彼此相关联;例如,关于社会排除的话语常常指涉其他话语(如教育话语或就业话语)的话题或次话题。话语具有开放性和混合性;新的次话题可以在任何时间点被创造出来,互文性和互语性也总是允许有新的行动场域出现(参见图2.1)。

语体可以描述为"与特定社会活动相关的一种社会许可的运用语言的方式"(Fairclough,1995:14)。因此,一个有关"扩大欧盟的具体政策"的建议根据社会规约体现了一定的规则和期待,在"话语社区"(Swales,1990)及与其相关的"实践社区"(参见1.2)中有着特定的功能。这一建议自身依循一定的文本手段;内容也依循由某个具体政治群体提出的意识形态或纲领。

行动场域(Girnth,1996)可以理解为与社会"现实"相对应的片段,即政治,它有助于建构和塑造立法、自我呈现、公众舆论的制造、发展党内合意、推销和获得选票、治理和执行、控制和表达(对立性)异议等功能的话语的"框架"(参见图2.1)。

与某个具体话题(失业/就业)相关的话语可以在一个行动场域中开始,并经由另一个行动场域展开。话语和话语话题扩散到不同场域和话语之中。它们跨越场域,重叠,彼此指涉,或以其他某种方式在社会功能上彼此关联。我们可以用政治场域中的例子再现行动场域、语体和话语话题之间的关系,例示于图2.1。

内群体(in-group)和外群体(out-group)身份的话语建构,必然需要运用积极自我呈现和消极他者呈现的策略。在此,笔者对五类话语策略特别感兴趣,它们都涉及积极自我和消极他者呈现,并支撑了涵括/排除和身份建构的合理性/合法性。策略一般指一种(或多或少精确的和有意的)实践计划,包括话语实践,实施这类计划是为了实现特定的社会、政治、心理或语言目标。[8]

---

[8]　限于版面,笔者无法呈现所有体现了这些策略的明显语言装置。不过,详细讨论可参见 Reisigl & Wodak,2001:31-90。

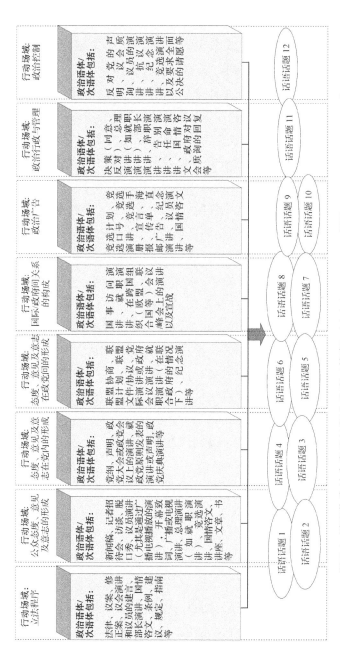

图 2.1　话语作为社会实践的部分维度（摘自Reisigl. 2007: 34-35；以及Reisigl & Wodak. 2009）

第一，指称性（或称命名性）策略，这一策略通过创造内群体和外群体来建构和再现社会行事者。这是经由许多范畴化手段完成的，包括隐喻、转喻和提喻，以部分代表整体（*pars pro toto*）或整体代表部分（*totum pro parte*）的形式。

第二，社会行事者通过语言学上的述谓结构（predications）被赋予了个体、群体成员或整个群体的特征。例如，这一述谓策略可以在语言形式上以显性或隐性形容词的方式表现为具有评价功能、表示消极和积极属性的述谓结构。这一策略致力于给社会行事者贴上某种或积极或消极的标签，因此与命名策略紧密相关。

第三，存在着论辩策略和大量部目，通过它们，积极和消极的属性得以确认。例如，它们可以表明，对人和政策在社会层面和政治层面的涵括与排除是否具有合法性。

第四，人们可以关注视角化、框架化或话语再现策略，通过这些策略，言说者表达出他们对话语的参与程度并且将自己的观点融入对相关事件或言谈的报道、描述、叙述或引述之中。

第五，一方面，存在着强化策略，另一方面，存在着弱化策略。两者通过强化或弱化言谈的言外之力，有助于限制和修改命题的认识论状态。这些策略可以是再现的重要方面，通过高调再现或低调再现来实现对再现的操纵。

积极自我和消极他者再现要求合理化和合法化策略作为"说服修辞"的要素。赖西格尔和沃达克（Reisigl & Wodak, 2001）将部目定义为论辩的一部分，认为其属于论点的必要前提，无论是明显的还是隐含的。部目是与内容相关的保障或"导致结论的规则"，它们将论点与结论或中心观点联系在一起。这样，从论点到结论的转化就可以合理化。或者通俗地说，部目是一个产生具体陈述或论点的普遍化的关键思想的水库（Richardson, 2004：230）。就此而论，部目是分析那些似乎令人信服的荒谬论点的核心，被广泛应用在所有政治辩论和政治语体之中(Kienpointner, 1996: 562)。[9]

在图 2.2 中,笔者列出了会议中协商具体议程时所使用的,或者试图用于说服受众接受某人的利益、观点或立场的最常见部目(Kwon et al., 2009)。这些部目至今已在许多有关选举(Pelinka & Wodak, 2002)、议会辩论(Wodak & van Dijk, 2000)、政策文件(Reisigl & Wodak, 2000)、"移民的声音"(Krzyżanowski & Wodak, 2008)、选举海报和标语中的视觉论辩(Richardson & Wodak, 2009)和媒体报道(Baker et al., 2008)的相关研究中被加以考察。而且,通过提供"共同之处",而不是实证性的证据(例如,"某事是负担、威胁,花费太大"等),它们中的多数被应用在对立场的合理化和合法化过程中。以这种方式,其他群体或立场被建构为替罪羊;它们被当作制造了麻烦或导致了潜在的失败或不满

---

[9]　当然,词语"策略"存在于各种学科和范式中与不同理论路径和认识论路径有关的不同意义、使用和定义中,如人工智能、博弈理论、哈贝马斯语言哲学、实践推理等。例如,哈贝马斯(Habermas, 1984: 85-86)将行动的策略模式定义为"当至少另一个有目的导向的主体的决策预期可以计入其成功考量时,行为的目的论模型就被扩展为策略模型"。因此,策略总是目标取向的,但不一定是如以上提及的在布迪厄的定义中那样有意计划的。在其最近研究"策略操弄"的路径中,范·爱默伦(van Eemeren, 2010: 45ff.)区分了在试图赢得论辩时以语境依赖的方式所运用的许多论辩策略。从话语-语言学的视点看,重要的是区分如沃达克等人(Wodak et al., 2009: 36-42)所提供的,建构国家与跨国身份的论说性宏观策略和积极自我与消极他者呈现的策略(参见 Reisigl & Wodak, 2001: 45-85),所有这些可以以语境依赖的方式经由许多语言的、语用的和论辩的装置实现。后者对于本书中的语言分析尤其重要。不同的意义也与详细描述的"部目"的定义和使用有关,例如,范·爱默伦(van Eemeren, 2010: 101-108)所描述的"部目"的定义与使用。如在本章脚注 4 中提及的,笔者依循克莱恩坡因特的建议(Kienpointner, 1996)使用部目(也参见 Reisigl & Wodak, 2009: 101-110)。因此,部目是场域特定的及内容相关的理由,有着底层结构"如果 X,那么 Y"。情况似乎是,部目的这种使用非常类似于 Fairclough & Fairclough(2010: 65-67)在对政治话语"实践推理"的分析中运用术语"手段-目标"的方式。

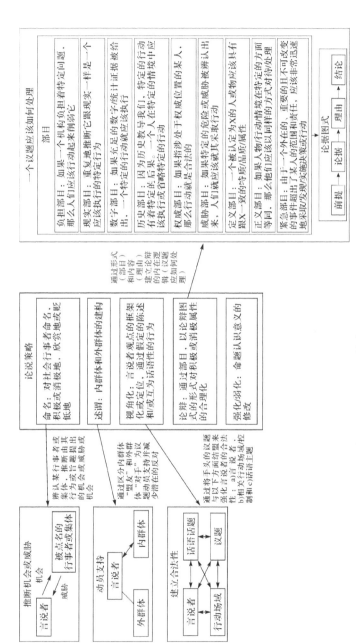

图 2.2 论说策略和部目（摘自Clarke, Kwon, Wodak, 2012）

(对政治或对欧盟的不满等)的始作俑者受到指责。

有意思的是,如维克(Weick, 1985:123)所详述的,这些部目与机构组织中"不确定的多变的情境的特点"极为相关。维克提供了机构组织中不确定性的十二种来源,笔者相信,它们可能既有积极的也有消极的效果:它们可以导致误解和冲突,也可以因共享知识而提供多种解释的空间。将维克的观察推进一步,笔者认为部目被用以增强此类典型的歧义,它们充当了准论辩捷径,将谈判、决策等中不明晰的举动联系起来。例如,维克的清单中,"缺乏时间、金钱或关注""目标不明确"和"多重矛盾的解释"作为歧义的来源,通常出现于互动中。维克继续指出,这些歧义来源在组织活动中被感知为潜在的干扰。因此,典型的"失序"是一个可能的结果:"因为歧义从未完全消除,它是组织行动中常规语境的一部分"(Weick, 1985;参见 Wodak, 1996)。在第 4 章分析欧洲议会议员的日常生活时,笔者将重返对此类歧义的探讨。

在提供一般常见谬论的清单时,赖西格尔和沃达克(Reisigl & Wodak, 2001)也汲取范·爱默伦与荷罗顿道斯特(van Eemeren & Grootendorst, 1992)和克莱恩坡因特(Kienpointner, 1996)的观点。这个清单包括以下极为常用的论辩手段:恐吓论据(*argumentum ad baculum*),即"以棍棒相威胁",试图施以恐吓而非提供看似合理的论点;人身攻击(*argumentum ad hominem*),可定义为对对手人格和人品(他的可靠、诚实、忠诚、专业知识、能力等)的言语攻击,而不是讨论论点的内容;急于概括的谬误(the fallacy of hasty generalization),即毫无证据地对某个群体的特点做出概括;最后,诉诸群众(*argumentum ad populum*)或情感谬误(pathetic fallacy),包括激发特定社会群体的有偏见的情感、观点和信念,或者诉诸民意,而非运用理性论点。这些谬误常常流行于右翼民粹分子的修辞之中(参见 Wodak, 2007c)。图 2.2 总结了以上定义的这些机构组织语境中的策略。

2.3 权力、知识和预设

在耶格尔和迈耶(Jäger & Maier, 2009)看来,"知识"指"各种组成人类意识的内容,换言之,人们用以解释和形塑其环境的各种意义"。人们从他们毕生所处的话语环境中获得这一知识。因此,知识是条件性的,即它的形式依赖于人们在历史、地理、阶级关系等中的位置。在研究"寻常政治"时,笔者运用话语分析去辨认话语和文本中所含有的知识,更重要的是,去分析这些知识如何在欧洲议会这种政治组织的权力-知识复合体中与权力关系联系到一起(Jäger, 2001 称此为"决定性的",他采用福柯的思想去捕捉权力和知识是如何相交以形成社会治理的特定机制的)。[⑩] 福柯作品中一个一以贯之的主题是:经由正规化,信仰系统获得动力,并因此获得权力,以使它们成为"常识",某些与之矛盾的思想或行为成为"异常"或"不可能"。因为这种形式的权力通过个体而隐蔽地发生作用,没有特定的位点,对这种权力的抵制实际上有助于界定这种权力,而且抵制本身也只有通过知识才成为可能(Foucault, 1995; Foucault & Rabinow, 1984)。话语-历史路径将权力-知识的这些运作都置于批判的范围。实际上,所有的知识都可加以分析(对于知识的范围,参见 van Dijk, 2007)。例如,这包括通过日常传播传递的日常知识;来自自然科学和社会科学的科学知识;由媒体、学校等传达的知识,以及组织知识。

于是,"知识管理"涉及群体或个体社会行事者的几个不同的

[⑩] 耶格尔和迈耶认为,决定性可以理解为论说实践的综合体(即在知识的基础上说和想),非论说性实践(即在知识的基础上行动)和物质化(即在知识基础上行动的物质产物)(Jäger & Maier,2009)。

知识维度,由习得的和内化的事件模式、语境模式和表达模式提供信息,因此也是养成职业惯习和进入人们所属的许多实践社区社会化过程的一部分(参见 1.2;van Dijk,2007)。首先,我们能区分有关进行中的事件与辩论的共享知识、有关规则和常规的共享知识,以及与互文性相关联的有关特定欧洲议会议员或政党的立场和观点的共享知识(参见以上)。而且,经验和对职业的社会化通过迅速指涉时间和空间(事件发生的地点,详述了重要话题的文件;参见第 3、4 章)而被指明。将这种形式的知识描述为或明或隐的组织知识,是可能的(Grene,1969)。其次,为了积极参与当前辩论和推动意识形态议程,特定议程的知识是必需的。如第 3、4 章将要例示的,欧洲议会议员专于特定的政策领域,例如,财政、农业和性别议题领域。没有这些领域中的共享预设和实质性知识,许多言谈、暗示和推断是不能被理解的。因此,这一维度可以界定为专家知识。最后,密集的政治工作是必要的和连续发生的,或多或少也是外显的:说服和劝说他人接受自己的观点,游说、辩论、宣称、斗争以赢得动议,形成联盟,建议(并劝说)外人接受自己的思想,准备和影响决策。这种知识可以称为政治知识(或"诀窍"),并预设了技巧与策略的知识、意识形态与立场的知识、同事的长处与弱点的知识;总之,人们不得不了解"游戏的规则"。在"寻常政治"中,这三个维度通常相互重合并与各种形式的权力相关联(参见以上)。如同将在本书中详细阐述的,欧洲议会议员同时扮演几个角色,同时在所有这三个维度运用知识。因此,依循耶格尔和迈耶(Jäger & Maier,2009:39)对话语、知识和权力之间相互依赖的过程与关系的总结,我们认为:

> 话语行使权力,因为它们传输集体和个体意识所运用的知识。这种知识是个体性和集体性、论说性和非论说性行为的基础,它反过来又形塑现实。

说服性交流中的许多语用手段都与共享知识的预设有关;例如,意义的影射或隐含(不同于字面意义的含蓄意义)以及推理都依赖于旁听者/观者/听者所共享的知识,否则,言谈都不可被理解,而且必然出现误解。

预设的概念是语言语用学的核心。言语行为理论中预设的分析始自奥斯汀(Austin,1962)和塞尔(Searle,1969),它使构成文本生产基础的隐含假定和互文关系变得明显(参见 Schiffrin, 1994:45-96)。

戈夫曼在其著名的论文《适切条件》("Felicity's condition",1983)中肯定了预设的重要性。在文中,他将"预设"(或假定、隐含意义和背景预期)非常宽泛地定义为"我们探寻活动的原因时视为理所当然的事情"(Goffman, 1983:1)。戈夫曼关注"社会预设","社会预设"即在互动中将某事视为理所当然(即共同基础)的,因此假定参与这一互动行为的另一方能够理解和诠释这一方的意图。在探讨了引入共同基础或共享知识时所使用的明显语言形式后,戈夫曼抛弃先前语言学中那些忽视互动语境的研究,因为这些互动语境对理解言谈很重要。在此,他提到了语言哲学家奥斯汀、塞尔和格莱斯的作品(Goffman, 1983:25ff.)。实际上,如施伦克尔(Schlenker, 2008)所观察到的(也参见 van Dijk, 2004, 2007),这种忽视文化和社会语境的趋势(即时互动场景之外的变量)是许多语用学研究中亟待解决的一个重要问题。这就是戈夫曼为何关注打破那伴随预设言谈之规则的原因;他提出"对预设进行预设",即他所称的"适切条件",也就是任何预设得以成功的基本条件:

> 如果言谈要得到解读,那么在说的时候考虑一下以下问题并非毫无意义:谁能够对谁说什么,在何种环境下能这样说,以什么开场白,以何种表达形式说。这是我们能说什么且仍能满足适切条件的问题……无论如何,我们的活动必须触

及他人的心灵,也即,触及他人解读我们的言辞和行动以获取我们的情感、思想和意图的证据的能力。这限制了我们的所言和所行,但它也允许我们对整个世界产生影响,而他人对这个世界仅能捕捉一些暗示。(Goffman,1983:48,50)

虽然戈夫曼通篇的详述都针对日常会话和互动,但笔者想发展戈夫曼的思想并将他的模式也应用到组织互动中:实际上,我们可以探询当预设没有被理解时会发生什么;或者当听者/读者/观者被预设为对特定的知识一无所知,而这样的预设知识又对理解有意表达的信息极为重要时,又会有什么反应。我们还可以探询,预设可能以何种方式在政治交流中被刻意运用以达到将某些人涵括在互动、协商或知识之中,而将另一部分人排除在外的目的——这显然将我们引向权力和等级的议题。借用福柯的说法(参见以上),笔者认为"组织权力即知识"。然而,由于某些边界被强加到个体权力之上,一个社会群体中的"常态化的"知识在另一个社会群体中不一定具有"常态化的"地位。从这一角度看,一个大型(政治)组织就是一个聚集了机构性确定的、合法知识的多元体,而且,重要的是,也聚集了机构性确定的、合法的多种抵制力量(Knorr-Cetina,2007)。这意味着,任何组织性(因此也包括政治性)场景中的权力是不均匀分布的,当各实践社区寻求确保自己的策略议程的霸权时,也容许竞争与协商(也参见 Kwon et al., 2009)。

政治中的通常情况是,各种意识形态信条的混合体由语言的"线索与轨迹"所触发,以便与特定系列的信仰相关联,因此通过修辞的、论辩的、隐喻的和语用的手段建构话语空间——无论这一话语空间的根源可能在哪里。⑪ 如果一个人不知道或看不出需要推断的和已经预设的意思,他就一定会被排除在交际之外。在这方面,齐尔顿(Chilton,2004:64)称,政治家运用预设去涵括或排除某些群体和受众,说"预设可以视为策略性'打包'信息的方式"。我们可以区分两类预设:一方面,会话含义(或预设意义)是语境依赖性的,由语境因素和"旨趣(interests)"(即组织/政治知识和策略)所触发;另一方面,规约含义不是语境依赖的,它们是由句子本身所触发的意义,基于逻辑规则,即如果 X 是真的,那么 Y 一定是真的(Kadmon,2001:207ff.)。在分析日常政治时,笔者主要关注那些本质上需要使用圈内知识解读的会话含义。

总之,"话语空间的知识"成为权力与权力关系的一种具体而显著的手段。如稍后将在第 4 章例示的,是被排除在日常工作、协商和对话、互动和参与之外,还是被涵括其中,依赖于具体的专家知识。因此,欧洲议会这种组织中的知识管理,在很大程度上与对隐含意义的理解相关,这些隐含意义则须借用语用手段推导出来。

有许多语言现象与预设相关。在此笔者将依循尤尔(Yule,1996)的调查,他呈现了六类预设(参见表 2.1;Wodak,2007d:213)。⑫

---

⑪ 参考话语空间的概念,使得在批评话语分析与弗科尼亚和特纳(Fauconnier & Turner)关于心智空间及融合的研究(1996)以及与隐喻理论之间可以产生一个非常有趣的语用界面,例如,Koller,2005、Lakoff & Johnson,1980、Musolff,2006 和 Wagner & Wodak,2006。

⑫ 采用更富有认知或语用色彩的表述,即预设是言说者发表言谈(断言、其他言语行为)时假定听者知道的事物。因此,预设和隐含/含意之间重要的(语用)差异是,预设是(假定是)在言语说出之前就知道的,而隐含/含意被假定是在言谈(文本、句子、子句等)说出之后知道的;隐言/含意是被正在断言的和由这一断言所暗示或暗指的,但预设是当前话语的诠释性条件。

表 2.1 预设类型

类型	例子	预设
存在性的	这个 X。(The X.)	〉〉X 存在。(X exists.)
事实性的	我后悔做那件事。(I regret having done that.)	〉〉我做了那件事。(I did it.)
非事实性的	他宣称是老师。(He claimed to be a teacher.)	〉〉他不是老师。(He was not a teacher.)
词汇性的	她设法逃跑。(She managed to escape.)	〉〉她试图逃跑。(She attempted to escape.)
结构性的	谁来了?(Who is coming?)	〉〉某人来了。(Someone is coming.)
反事实性的	如果我没有生病的话…… (If I were not ill...)	〉〉我病了。(I am ill.)

来源:改编自 Yule (1996:73)

　　为了进一步分析,有必要注意,预设在激发受众去认同所表达的信息方面也有着显著的优先性。在一般环境下,除非听者/读者/观者在理解上采取谨慎态度,预设的内容会被不加(太多)批判地接受,而宣称的内容和明显的隐含意义一般会受到某种评价。

　　例如,一个母亲知道她的孩子不太乐意去探访玛丽姑姑,为了促使孩子同意,她可能会说:"你想带哪一只泰迪熊去玛丽姑姑家?"在这里,她们确定要去探访玛丽姑姑这一事实被预设了,而不是简单地说"我们要去玛丽姑姑家"(参见 Wodak, 2007d)。就像在事情着手之前双方对某种事实达成共识一样,预设因而是"制造同意"的一种非常有效的方式。稍后笔者将在对材料的具体分析中回到这一点。

2.4 秩序和失序:组织机构日常规则分析

政治科学家包博科(Bauböck, 2008)对于"他的"学科,即政治科学中的主流研究,提出如下问题:

> 政治理论为何如此强烈地倾向于规范性判断而非理论性解释? 这只是 20 世纪 70 年代后崛起但最终会被扭转的正义论的一种新近偶然的发展? 或者是政治科学的某种东西在作祟,使得它难以将规范性问题留给道德哲学家,而把重点放在如何解释和诠释政治现实上,就像我们所发现的那样?

对于学科现状,他总结道:

> 然而,一些理论家仍然依赖假设论证,即使实证证据可以解决他们的问题;而另一些理论家则天真地诠释实证研究的数据和结果,丝毫不具备必要的批判性知识。

通读有关政治组织(如欧盟委员会或欧洲议会)中"理性决策"的文献(例如参见 Moser et al., 2000; Selck, 2004)或有关系统理论路径的文献时(Kappacher, 2002),人们通常会遇到抽象的数学模型,这些模型常常利用经济学,通过考虑参与决策的民族国家的喜好,考虑相关组织的倾向性,或更为偶然的,考虑被决策的主题,来预测决策程序的结果。

有趣但毫不令人意外的是,许多变量并不能加以考虑,因为这些模型会变得过于复杂:政治利益、辩论的社会-政治语境和所涉及的人物都被忽略了,更不用说维克(Weick, 1985)探测到的典型歧义(参见以上)了。虽然这样的研究当然能描述如比利时与荷兰之间的相似性(Selck, 2004),但博弈理论模式必然假定比利时或荷兰是同类实体,它们的利益、议程和倾向可以轻易地加以区分。

然而，如果我们观察决策的互动层面（微观层面），一目了然的是，在各个政党及其议程之间存在巨大矛盾，例如，相较于更大的欧洲政党或国家政党，荷兰欧洲议会的议员有着不同的政治议程。因此，塞尔克（Selck，2004：126）最终承认，因为政治发生在"关闭的门之后"，"在解释手头数据的政策结果时，程序模式表现得并不如预想的那样好"。

孔茨（Kunz，1997）提出了一个更具诠释性的路径，它处于以上提及的抽象模式和互动的微观层面之间：一个理性行动的理论。孔茨试图整合"以下方面的意义与研究：情境的主观诠释，社会结构、文化和理性选择之间的关系，以及决策隐含的语境依赖性——及信息过程"（Kunz，1997：7）。[4]

在这方面，认知感知和行事者的选择（他们自己的主观理性）必须加以考虑。孔茨因此拒绝社会人（_homo sociologicus_）和经济人（_homo oeconomicus_）的理想模式，因为两者都被认为是理性的，以技术的方式向明确的目标行动，总是在考虑被清楚界定的和明确的成本与收益以及一个可能的决策的成效（Kunz，1997：281）。他认为，理性选择理论只有在倾向系统协同一致时才运作。但是，如很多研究所显示的，决策依赖于许多常常互相矛盾的因素；单个人的动机也常常是矛盾和冲突的（Billig，1991）。孔茨的批评当然是合理的；不过，他没有将其路径运用于实证材料——因此提示了以上所引包博科的观察中强调的政治科学中的一个弱点（也参见Hay，2007 中所充分表述的批评）。

在其广受赞扬的著作《政策悖论：政治决策的艺术》（_Policy Paradox：The Art of Political Decision Making_）中，斯通区分了两种社会模式，她认为这是近年来政治科学研究的基础："市场模式"和"城邦模式"（Stone，2002：52ff.）。市场模式作为"理性计划"的一部分（Stone，2002：7），包含了将个体作为分析单元，将竞争视为集体活动的明显动机。它预设决策者有精确的、完全的和充分可得的信息，以及理性的成本-收益分析，并将某人自己福利的最大化作为变化的来源。如她以许多实证例子所展示的，这一模式注定失败。它既不能解释和说明决策过程中多重矛盾的动机，也不能解释和说明这一过程中依赖语境的、常常矛盾的价值观念。因此，对于个人来说任何算作理性的事物，对于其他参与行事者而言可能意味着非理性之物。于是，决策成为权力冲突的一部分；拥有更多资源和影响力的行事者或群体将最终胜出。而且，她成功地证明，信息从来不是充分可得或全面的；这一事实将在本书的材料分析中得到充分展示。

另一方面，在社会的"城邦模式"中，社区是分析单元，公众利益主导自我利益。斯通辨认了居于集体活动之核心的协作与竞争，用于决策的多重标准，如忠诚（对于人民、地方、组织和产品），自我利益的最大化，以及公众利益的推举。她进一步认为，信息总是含糊的、诠释性的、不完整的，且常常是被策略性操纵的。在市场模式中，"市场法则起作用"并使事务得以运作；与此相对，在城邦模式中"激情法则"被视为是显著的。最后，借助思想、说服和联盟等手段对权力、自身福利和公众利益的追求，被定义为变化之源（Stone，2002：53）。

换言之，斯通强调的是真实世界里的互动，而非抽象的（数学）模式，抽象模式必定简化复杂性，预设理想的信息流及独特的、非歧义且清晰界定的动机。当然，抽象模式之所以流行，原因在于以下事实：它们宣称提供稳定、可靠且可量度的人类行为模式。因此，"数字治理"固有的吸引力和缺陷在于以下事实：它们简化复杂性。另外，市场模式忽视了每个社会中都普遍存在的明显的价值冲突和权力斗争：

> 在一个延续的世界里，边界本来就是不稳定的。无论它

们是概念性的、物理性的或政治性的,边界都是随时要爆发战争的边境。在每个边界,都存在分类的困境:人或物属于哪一方呢? 在政策政治中,这些困境引发了强烈的热情,因为分类赋予了利与弊、犒赏与惩罚、允许与禁止,或权力与无权力。(Stone,2002:382)

笔者同意斯通的大部分分析和批评,她强调价值观念与规范条款在充满权力斗争的决策过程中具有语境依赖性,对这一点笔者尤其赞同。但是,笔者不认为社会模式的这种二元对立非常具有说服力。显然,经由新自由经济及其相关意识形态,市场模式的许多要素都获得了极为成功的实施;但同样明显的是,以上提及的有关充分信息和清晰动机的假定也是错误的。笔者相信,在斯通的案例中要区分几个层次,而这几个层次在她的书中好像被混淆了,这些层次包括:意识形态层次、构成理论模型的假设层次、乌托邦层次,以及真实世界经验、事件和示例性个案研究的层次。不过,大体而言,她透彻且富有说服力的分析对于政治科学中的许多研究似乎是有效的。

笔者想回到包博科的观点,他在其文章的总结中称:

政治理论对政治辩论的贡献不是解决争议而是厘清观点,以及凸显政治选择中所涉及的价值观。这样的理论应得到社会科学研究支持的主要原因,是确定那些真实世界中的条件及规范性建议所倡导的选择的后果。(Bauböck,2008)

对(政治)组织的实证研究明确表明,孔茨和斯通的许多批评是合理的,包博科的尖锐分析也是有效的。

如果我们进一步梳理来自管理科学的重要文献,我们会遇到以上描述政治科学时的类似问题。③ 在一个极端的情况下,微观层次的路径(Boden, 1994; Samra-Fredericks, 2000; Schwartzman, 1987, 1989)受到了会话分析(Sacks et al., 1974)和民族志学(Garfinkel, 1967)范式的强烈影响,而这些范式作为探询模式,通过长时间的参与性观察,产生了详细、真实的实证材料(也参见1.5)。这一精细路径的一个优点是,它为话语互动提供了洞见,在这些互动中,主体在行动场景中以实用的方式运用语言,并通过一系列"叠片状"(重叠的)会话(Boden, 1994)而非静态规则(Potter & Wetherell, 1987),建构起不同的话语。在另一个极端的情况下,宏观层次的路径采取了福柯的话语视角,而没有对材料进行具体分析。例如,赖特和摩根(Knight & Morgan, 1995)运用"谱系"路径去考察保险业中关于信息技术的不同话语对一个特定公司的影响。在这两个极端之间,是关注叙事在交际中作用的路径,如叙事是个体与群体之间关系的媒介(Heracleous, 2006; Laine & Vaara, 2007),叙事如何为了应对变化而随时间演化(Fairhurst et al., 2002),叙事如何被用以带来政治变化(Maguire et al., 2004),以及话语在机构化中的核心地位(Phillips et al., 2004)(对于这些路径的综述,参见 Kwon et al., 2009)。

然而,在这些不同层次的分析、概念和"话语"定义中出现了一些问题。离开了更宽泛的语境,"精细的"微观层次分析倾向于将会话描述得活灵活现,而忽视以下事实:"处于一定情境的社会互动总是内嵌于具有限制和塑造话语作用的日常生活社会-文化和认知/情感过程之中。"(Cicourel, 2007: 735)相反,宏观层次的研究则倾向于"跳过"社会语境推理中语言的使用(Samra-

③ 在这一点上,笔者想感谢伊恩·克拉克和温斯顿·权有关管理组织中权力与知识的富有启发性的讨论。能有机会跟他们一起工作,我心存感激。

Fredericks, 2003)。除了偶尔的例外(Barry & Elmes, 1997),微观和宏观分析仍然倾向于相对孤立地进行(Putnam & Fairhurst, 2001)。结果,权力被描述为技巧性的和地区化的,或者是弥散性且没有点位的,而研究也倾向于只观察正式的权威位置确定的关系,或者仅限于专业知识和权力成分十分清楚的语境,如医生与病人或教师与学生的语境(Oswick & Richards, 2004)。结果是两方面的:微观研究未能将需要对更广泛话语做出回应的行事者"语境化"(Reed, 2000);宏观研究则未能解释这些行事者对微观过程的影响(详细讨论参见 Kwon et al., 2009)。

这个有问题的两分法得到了克服。例如,在《话语的失序》(*Disorders of Discourse*, 1996)一书中,笔者例示了在医院、学校、危机干预中心以及媒体中日常经验和互动的复杂性。在这些研究中,制约不同职业组织互动的或明或暗的规范与规则在它们对行内人与客户的日常活动的影响中展露无遗。非常明显的是,失序成为常规,行内人一旦接受了其日常活动总会被打乱——而失序不是例外,恰好相反,是可预测的——他们便发展出独特的策略以应对日常生活中的这种复杂性(也参见 Weick, 1985)。

另外,前台和后台之间存在区别也是所有组织的特点,尽管因职业的不同这种区别以不同的方式存在,也有着不同的意涵。医生内化了的惯习就与教师的惯习不同。但前台和后台之间转换的明显性,以及在转换空间(例如,走廊)中所形成的联盟的显著性,似乎无处不在(政治场域中称为"政治走廊",参见第 3、4 章)。职业轨迹和权力关系在各职业和组织中也有不同。然而,所有的组织都具有结构性权力关系和权力斗争的特点。最重要的是,对于手头的案例来说,专家知识、预设和个体的个性都内在地与这样的权力斗争相关联,因此也与组织生活中各层次的涵括与排除相关联。这些结果进一步得到约亚(Gioia, 1986：50-65)的支持，他认为符号和脚本在组织中用于"意义制造"。他没有观察语言手段，但就组织符号(如标志、新建筑或新术语)和认知脚本(促进对情境进行自动理解的认知结构，参见 van Dijk, 2007)在复杂组织中如何促进意义制造和理解提供了丰富的例示：

> 有关组织的这种意义制造视角的主要意涵是，组织成员既创造也维持自身独特的现实……这一观点的实质是，人们只就对他们有意义的事物做出回应。(Gioia, 1986：67)

当然，组织研究中的这一"语言转向"与本书所呈现的研究相关。自从针对组织的第一个话语分析的批评性研究诞生以来，许多其他研究已经展开：爱德玛等人(Iedema et al., 2003)研究了悉尼一家教学医院中医生和管理者将医疗与管理并置，并建构了一个相应的组织实体的方法，此研究就是一个相关的好例子。他们的民族志路径凸显了医生群体结束专业话语，去处理跨宏观和微观层次的其他多重话语的微妙性和复杂性。然而，爱德玛及其他研究者对一个管理者的研究使他们错失了探讨话语互动在管理团队及跨管理团队中展开的机会。在这方面，门茨(Menz, 1999)对一家 IT 公司中一个小型"朋友"团队决策的长时研究就极为有用，该研究显示了闲谈和其他看似混乱的事件对决策的影响。不过，这一发现并不易于转换到政治语境，在政治语境中，层级要更为清晰。

近年来，一些对国家和跨国/国际组织及欧盟组织的研究已经开始触及这些不足，例如对竞争力咨询小组的研究(Wodak, 2000a, 2000b)，对联合国的研究(Holzscheiter, 2005)，对以色列社区中心的研究(Yanow, 1996)，以及对欧盟制宪会议的研究(Krzyżanowski & Oberhuber, 2007)。在这些结构非常正式的

(跨)国政治单位中,在语境限制方面留给个体能动性或变化的空间,似乎要比在医院或私营公司中的更少。这些少量研究整合起来,具有考察宏观、微观语境与话语策略所需要的方法成分,这些方法成分将提炼出生态学上的对权力效果的有效解释;然而,正是实践社区的语境、对话和会议的语境需要给予最多的关注。笔者建议——并会在下两章详述——政治家(在此指欧洲议会议员)可以概念化为许多交叉实践社区的成员(Lave & Wenger, 1991; Wenger et al., 2002),并且每个成员自身就代表了一个社区(他们的地方社区);因此,对欧洲议会中多重情境场景和语体里的"多重身份"及其建构与表征的分析,将为以上相当抽象的思考提供丰富的例示。

第3章 "欧洲舞台"上的"寻常政治"：建构和扮演"欧洲身份"

在结束辩论之后，我们为新生儿——"欧盟"洗礼。不论是联邦主义者、邦联主义者、反联邦主义者，或只是自由贸易区的支持者，我们都不十分清楚我们正在建立某种新的、与众不同的东西。从各民族国家间权力共享理论的角度来看，欧盟不是——也可能永远不会成为——一个我们所理解的联邦。我们过去不试图创造"欧洲合众国"，现在仍然不这样做。欧盟也不是邦联。它甚至一点也不像一个"统一国家"。然而，说欧盟不是什么，是不够的。我们需要定义它是什么，否则没人会理解我们。因此，就像好奇的孩子询问他们的父母一样，我们问自己——发明欧盟的先辈们：这是什么？（Gonzáles，1999：31）

位于斯特拉斯堡的欧洲议会是一个致力于欧洲发展的"活跃的"机构。它反映了政治宇宙的复杂性和矛盾性，这一政治宇宙试图超越国家边界。它是一个独特的政治语境，在那里，文化与语言

的冲突构成日常政治实践(Abélès, 1992：423)①

3.1 引论:欧洲,你往何处去?

自 20 世纪 50 年代诞生以来,现在所称的欧盟的形态在不断演化。最初的 6 个成员国发展为 27 个,官方语言有 23 种,经济、法律和政治联系已经扩大和加深。如西班牙前首相费利佩·冈萨雷斯(Felipe Gonzáles,他也是热衷于支持欧洲一体化的社会主义者)在欧洲议会上的一次著名演讲中所称,定义欧盟是什么已非常必要,我们不能满足于定义它不是什么。冈萨雷斯也明确表示,关于欧盟应该是什么,尚未发现一个共同的定义:欧盟组织的官方政府还没有达成共识。这就是为何"寻找欧洲的灵魂"已经进行了好几年;这也是在寻找"欧洲的身份",而且,由于身份从来不是静态的和固定的,这种寻找极可能在可预见的将来还会延续(参见Weiss, 2002, 2003; Wodak & Weiss, 2001, 2007[2005])。20世纪 80 年代末首次对欧洲议会和欧洲组织进行深度民族志学研究的法国人类学家阿伯勒非常正确地总结道,由于各成员国的国家传统、政治意识形态、文化差异和多种语言的巨大复杂性,欧洲组织独一无二且非同寻常(Abélès, 1992; Abélès et al., 1993)。阿伯勒是在 20 多年前考察欧洲议会的;自此以后,欧盟在语言上和文化上都扩大了,因此,复杂性大大增加了。因而,我们或许想知道,鉴于存在大量有时相互矛盾的因素,欧盟是以何种方式运作的,做出的决定又是如何及时贯彻下去的(也参见 Muntigl et al., 2000; Straehle et al., 1999)。

在欧洲组织中的具体工作人员强调,许多欧洲官僚对欧洲以

---

① 原文为法语,译者根据沃达克的英文翻译译为中文——译者。

及欧洲化过程所要实现的目标和目的具有强烈的认同感,并与一个建构的"欧洲之外"的"他者"相对。然而,同时他们也经历了"欧洲之内"的许多困境和身份冲突:他们是既得利益者,同时又在关乎国家利益的议事日程与那些驱动超国家的欧洲政治决策议程之间煎熬。

这种欧洲思想是如何开始的?爱尔兰社会学家和政治科学家拉芬(Laffan,2004:81)总结道:"对一种共享'价值社区'的渴望和对在欧洲有一种'公民地位'的渴望,孕育了建立欧盟的思想。"拉芬追溯到1951年的《巴黎条约》(The Treaty of Paris)的序言,在该条约中这种欲望被明确地表述了出来。她这样分析:

> 以根本利益的融合来取代古老的敌对;通过建立一个经济社区,为因流血冲突而分离的人们建立一个更宽泛和深远的社区而创造基础;给将为此后共享的命运指明方向的机构奠定基础。(Laffan,2004)

1950年5月9日的《舒曼宣言》(The Schuman Declaration)巩固了和平和和解的价值,也强调了人民社区和一种"事实性团结"的建构。阿伯勒甚至进一步回溯历史,以温斯顿·丘吉尔爵士的一篇演讲开始他有关欧盟和欧洲议会的故事。丘吉尔于1946年12月9日在苏黎世大学发表了这篇演讲,演讲中丘吉尔请求战后的民众寻找和建立一种新的欧洲爱国主义和欧洲公民社会。创始者们觉得这将有助于避免在欧洲爆发新的可怕战争和冲突(参见 Abélès,1992:16)。一年后,丘吉尔在海牙的一个重要会议上建立了欧洲运动组织,并开始构拟建立一个新的欧洲治下的和平(*pax europana*)的提案。有趣的是,早在那个时候,支持欧洲联邦的代表和其他认为欧洲邦联更有效的人就发生了争论——这种争论一直持续至今(也参见以上冈萨雷斯的引述)。这些早期的言谈受到了民族国家和欧盟之间紧张关系的影响,受到了国家传统、世界观和欧洲/跨国思想、策略和政策之间紧张关系的影响。这些紧张关系不仅远没有得到缓和,与 60 多年前那些最初的重要协商相比,反而是升级了。

当然,20 世纪 50 年代以来发生了许多变化。现在,欧盟实施"多重框架和许多欧洲"(Laffan,2004:96),包括"市场欧洲、社会欧洲、人权欧洲、种族主义欧洲、富裕欧洲、更贫穷的欧洲——东部和西部、北部和南部"。现在的欧盟,可以根据成员国的政治利益和倾向,通过多种方式在多种可能的操作中优先选择一个,各成员国中有申根和非申根国家(即 1997 年《阿姆斯特丹条约》以后加入规定边界控制协议的部分成员国)的区分,各种欧洲组织都有不同的议程,甚至还有"外界"的议程,如全球政治以及美国、印度及日本政治的议程(也参见 Wodak,2007a,2007c)。

土耳其、克罗地亚、塞尔维亚和乌克兰准备在未来 10 年加入欧盟,欧盟发展和扩大一直在持续,但以深度融合为代价,如欧盟政策制定的许多批评者所言(例如,参见 Pollak,2007;Schulz-Forberg & Ströth,2010)。事实上,情况似乎是这样的:欧洲实际上"从一个危机滑向下一个危机",例如,最近的主要危机之一是法国和荷兰相继在 2005 年 5 月和 6 月的全民公决中否决了《欧盟宪法条约草案》。[2] 在下文,笔者将回到对近来欧洲的某些发展和(典型)危机的探讨,但首先笔者将厘清笔者为何选择欧洲议会作为笔者的考察个案,并以它例示本书的主题——"寻常政治"。

欧洲的扩展与一体化在很大程度上是一个政治和经济过程,如上所述,在本质上,这一过程显然在规范性和符号性的层面上关

---

[2] 参见 Krzyżanowski & Oberhuber,2007;Ströth,2006;Triandafyllidou et al.,2009;Wodak,2007b。

注身份。欧盟不再仅是个体(在过去还常常相互敌对)的民族国家在地理意义上的凝聚,连接各欧盟成员国的关系网络似乎正在发展成为某种事物,这种事物超越了简单的部分之和。但这种事物看起来像什么? 欧盟如何界定? 我们已经能够谈单个欧洲身份或多重欧洲身份吗? 身为欧盟的一员意味着什么? 另外,与这些更一般性的问题相关的是:欧洲议会议员的工作包括哪些? 他们在欧洲议会的日常工作与他们的多重身份如何相关? 他们如何在前台(如在会议上)表演他们的议程,当他们与顾问谈话以及在非正式聚会上时,又如何在后台表演他们的议程? 国家的、组织的[③]和个体的身份如何在欧盟组织的话语以及那些代表它们的人的话语中被激活和导向?

简言之,日常政治在欧洲议会中看起来像什么? 欧洲议会的议员自己如何评估他们的日常活动? 自我评估与其他评估(诸如参与者通过观察和研究做出的评估)有何关联? 透过不同的场景,运用不同的方法,对政治中这些涉及身份的问题进行实证探究,是本书关注的核心,它既展示了一般的"寻常政治",也为第 1 章中的观点提供了证据。

在欧洲政治舞台上,我们开展了一段时期的深入的田野工作,其间,通过在布鲁塞尔对欧洲议会的代表、欧盟委员会的公务员、来自常驻代表委员会的代表们及其工作组,还有部长委员会的秘书们进行访谈,我们对这些问题进行了考察。在此呈现的访谈是

---

③ 本章利用了许多来自"话语、政治和身份"研究中心的研究(如 Straehle, 1998; Straehle et al., 1999,但我们只关注访谈材料的几个方面)。在此,笔者从新的视角,以其他研究问题为线索,对整个材料加以分析(也参见 Wodak, 2003, 2004b, 2005)。

一个更宏大的多学科研究①的一部分,这项研究考察了欧盟的多国、多语言和多文化组织中发生的有关就业政策的、对论说决策具有形塑作用的沟通过程(参见 Muntigl et al., 2000)。

在本章,笔者主要关注受访欧洲议会议员的身份建构;关于议题,如就业政策和社会事务,请读者参考已在别处发表的对整个访谈的详细分析(Straehle, 1998; Wodak, 2003, 2004b, 2005)。而且,笔者利用了可瑞兹诺维斯基和奥博哈勃(Krzyżanowski & Oberhuber, 2007)对 2002—2003 年欧洲制宪会议上所做访谈的分析结果,这使得笔者可以进行历时对比。⑤ 这样,依循在前一章所呈现的话语-历史路径,对几个语体进行比较就变得可能,这些语体包括:在不同时期和不同社会-政治语境中对欧洲议会议员的访谈、在欧洲议会期间的几天跟踪访谈里所获得的对某位欧洲议会议员日常生活的录音(见第 4 章)。

因此,对欧洲政治语境的分析将在本章(访谈)和第 4 章("某位欧洲议会议员一天的生活")中详细呈现。这一章较长,笔者将在 3.2,3.3,3.4 这三个小节进行分析,每个小节介绍分析的不同方面。3.2("欧洲议会中的多重身份")从讨论欧洲议会固有的政治动态及其对个人和集体身份的意涵开始,接着,提供有关个体和

---

① "欧盟组织中的失业话语"是维也纳大学"话语、政治和身份"研究中心开展的六个计划之一,这六个计划均由笔者荣获的"维特根斯坦优秀研究者奖金"提供资助。本章的一些方面是基于 Carolyn Straehle 进行的(主要与失业/就业议题相关的方面)详细的初步分析。她也在布鲁塞尔,跟 Gilbert Weiss, Peter Muntigl 和笔者一起,做了许多访谈。

⑤ 时不时,笔者也利用欧洲议会议员的简报,他们常常以之向"国内"公众汇报工作,因而合法化他们的决策并使他们的声音被公众听到。这些简报可以在欧洲议会议员各自的主页上下载,或者以纸质的形式发布(例如,Hannes Swoboda, 2006/7 的 *Tour d'Europe. Ein europäisches Tagebuch*)。这样的简报,主要被视为一种官方日记,也用以推举欧洲议会议员(的工作),因为多数圈外人较少了解或不了解"后台"和欧洲议会议员的艰难。

集体身份/差异的复杂概念的理论假设,同时对 1.2 中简要介绍过的某些方面进行详述。在 3.3("身为一个欧洲议会议员"),笔者将分析对欧洲议会议员的四个访谈(搜集于 1997 年),集中展现他们对于众多议题的观点。在这一节,笔者将考察这些材料,以找出他们的回答中与个体身份建构看似相关的一般模式。因而,笔者关注欧洲议会议员对其融入欧洲议会及其职业惯习的叙述,对其在各种实践社区中的日常生活经验的叙述,以及对其所遭遇的潜在身份与忠诚的冲突的叙述。在 3.4("身为欧洲人"),笔者采取了更为详细的话语分析方法,以观察在话语中建立和使用的特定身份。这一节尤其关注身为欧洲人——既作为个体也作为集体的身份——意味着什么这一问题。分析显示了对欧洲和"欧洲人"迥异的认识,因为这些认识因人而异。笔者将把这些发现与来自2002—2003 年的访谈材料对比,并结合欧洲议会议员的个人历史、国家身份和政治忠诚,以及他们作为政治家在日常工作中所遭遇的许多权力斗争,讨论这些模式的意义。

总之,本章将展示在欧洲议会工作的成员的自我评估,即在半结构化访谈中表达的对前台和后台的描述。笔者有意忽视议会辩论这一语体,因为这已在别处进行了详细分析(例如,参见 Ilie,2006;Muntigl,2000;Wodak & van Dijk,2000)。第 4 章将带领读者来到研究者记录的欧洲议会后台,以及前台与后台间的转换阶段(通常在匆忙穿过欧洲议会宽阔的走廊时能最好地捕捉到;也参见《白宫风云》中的"边走边谈"语体,第 5 章)。

3.2 欧洲议会中的多重身份

与 2.2.3 中引介的话语-历史路径的语境模式一致,在勾勒笔者对个体身份和集体身份以及它们在话语中的建构和表现的路径之前,笔者先对材料的社会-政治和组织语境的特点做一简要描述。

3.2.1 欧洲议会:欧洲制宪会议之后

欧洲的发展经历了代表性和合法性方面的危机,该危机的一个最明显的标记就是在欧洲议会选举中选民参与程度的降低:欧洲议会选举的参与程度在多数成员国家已下降到 30%—35%,不包括比利时,在那里投票是强制性的(投票率为 90%)(Laffan,2004:95; Pollak & Slominski, 2006:86ff., 169ff.)。

因此,合法性、回应性和代表性的议题持续主导着有关欧盟及其将来的辩论。只在近年来,有关欧盟方方面面的研究才转而承认那许许多多具有各自国家特点的,并可颠覆跨国政策的传统,研究议题也开始涵括语言,民族世界观,欧洲议会议员所属国家的社会交往模式,欧洲政策在各国的再情境化,种族、宗教和性别议题等。⑥ 实际上,具有霸权地位的"一个欧洲身份"和"一个欧洲公共领域"的看法正在遭到挑战,因为一项新的民意调查结果表明,在欧洲成员国中,对欧洲现状的满意和不满意方面存在巨大差异。

例如,就像 2002—2003 年对欧洲制宪会议代表的访谈中的那样,多种憧憬的存在,导致了意见的融合或分歧,这可以解释在欧洲组织中为何决策变得如此困难——如果决策仍有可能做出的话(参见 Krzyżanowski & Oberhuber, 2007; Wodak, 2007a, 2007b, 2007c)。在多数情况下,国家视角颠覆了跨国利益,权力斗争盛行。经济考虑是这一复杂性的核心,如同每个成员国的内部冲突一样。然而,分析、诠释和解释常常被去历史化。很多时候只有通过对成员国的多样历史轨迹的分析,我们才能理解在欧洲

⑥ 参见 Beetham & Lord, 1998; Falkner et al., 2005; Scully, 2005。

政治决策中发生作用的迥异的看法和利益。另一方面,每天发生的许多冲突和分裂,与其说源自意识形态差异,不如说源自完全可预测的且世俗的机构性权力博弈。斯库利(Scully, 2005)研究了英国欧洲议会议员的态度,以及他们对欧洲性与支持欧洲一体化的潜在倾向,发现即使英国的欧洲议会议员在仪式上习惯了欧洲议会及其所要求的规则与规范(因此获得了欧洲议会议员的"惯习"),他们中大多数仍与他们的英国社区保持一致(也参见Laffan, 2004:95; Wodak, 2004b:110)。

当然,所有的欧洲议会议员都在特定场景中经历过角色冲突和忠诚冲突,例如,当决策优先考虑欧洲维度时,或相反,当决策优先考虑各自的国家维度时(参见 Scully, 2005:71ff.)。实际上,斯库利的调查证明,在欧洲议会议员中不存在共同的价值;政治行事者不应该被视为"空空的容器",某些共同的欧洲经历(来自议会的实践社区)被"灌入"其中(Scully, 2005:146)。相反,这些行事者既形塑机构,也为机构所形塑(参见以下)。因此,国家的、地区的和地方的利益和价值都占据上风。在对欧洲制宪会议的程序进行历时研究时,可瑞兹诺维斯基和奥博哈勃(Krzyżanowski & Oberhuber, 2007)观察发现,来自当时加入国的代表迅速积聚了潜在的霸权期待,将主流话语调整进他们的价值体系。这主要是因为它们想作为正式会员加入这个"俱乐部",可瑞兹诺维斯基和奥博哈勃将这类现象称为"主流化"(也参见 Busch & Krzyżanowski, 2007)。然而,自从 2004 年欧盟扩大以来,在一段时期的转型之后,新成员国及它们的欧洲议会议员们已成功地稳固确立了他们的国家利益,开始经历与核心欧盟成员国相似的意识形态困境(Wodak, 2007b)。

在与制宪会议成员的访谈中,内嵌于对欧洲的憧憬或欧洲观念中的许多隐喻和符号,指出了欧盟在将来应该取得什么成就的概念框架和可能的乌托邦,以及它应该采用什么组织结构。例如,他们常常运用容器隐喻("欧洲的心脏、熔炉、居住区、堡垒")——当然,这些隐喻作为民族国家的表征已被运用了几个世纪了(参见 Musolff, 2004);战争和运动隐喻被压倒性地用以将一体化过程描述为(与全球的参与者)竞赛或打仗/斗争(参见 Straehle et al., 1999);组织、技术和经济隐喻(如"临界值"、"基准"等)触发了与经济理论和新自由意识形态有关的其他概念框架。最后,将欧洲称为"一幅拼布"使人联想起了一种将迥然不同且此前并不相关的事物编织在一起以形成一个新身份的形象。实际上,对于说德语的人来说,这尤其暗示了"组合家庭"(或者非传统家庭,例如通过非常规婚姻或第二次婚姻组合而成的家庭)的隐喻,在这种家庭中,此前无关系的人被联系起来。因此,作为一种显著的修辞比喻,隐喻似乎界定和促进了受访者的看法所建构的官方身份叙事的概念性和感知性框架。就此而言,此类隐喻对于受访者在其表演(访谈时)中建构价值和目标极为重要:

> 隐喻[……]不是预先存在的客观现实的纯粹反映,而是对现实的建构,通过蕴含了将某些特征选择为重要的而将其他特征选择为非重要的范畴化[……]隐喻可以有意识地用于建构[……]现实。(Goatly, 1997: 5)

因此,在当前话题性辩论中,我们遭遇了"老欧洲和新欧洲",遭遇了"核心和边缘",遭遇了地理性和宗教性论点,或遭遇了与"欧洲社会模式"相对的"新自由主义市场"的看法。一个"欧洲联邦"、一个"欧洲区"、一个"跨国实体"或一个"巨大的自由市场"——这些隐喻形象贯穿于媒体报道和访谈中。尽管存在如本章开始提到的以下事实:欧盟主要被视为"二战"后的一个和平计划——一种在 1989 年铁幕被移除(以及冷战结束)后又重焕生机的憧憬,但是,这样的规范性价值和目标经常被轻描淡写或者被视为次要因素,但官方演讲或文件中除外(参见 Stråth & Wodak, 2009)。原则常常被忽视,因为政治家的日常生活中需要特别的决策,如下文中对欧洲议会议员日常生活的详细分析所展示的(参见第4章)。

如以上提及的,近来的民意调查表明,在某些国家存在着对欧盟政策的极度失望,另一些国家则非常赞同这些政策(Eurobarometer 2006; http://ec. europa. eu/public_opinion/archives/eb/eb64/eb64_en. htm)。例如,在欧盟扩大和土耳其可能加入欧盟的问题上,奥地利的赞同票百分比最低(分别为21%和23%),但波罗的海三国和爱尔兰的赞同票百分比则较高(大约60%)。官方修辞和隐喻所体现的概念框架之间的差距显然拉大了,对欧洲政策与决策者的信任也在消失。情况似乎是这样,和欧盟制宪会议一样,政治再次闭门运作,在"后台"区域运作。分析这一区域所进行的活动正是本书的核心。回归"后台"这一令人吃惊的举动,必然会给欧盟的合法化、代表性和回应性提出新的重大问题。在呈现欧洲身份的多重话语建构和欧洲议会议员对欧洲身份的寻找之后,笔者将回到这些重要维度,并在笔者的结论部分(以下,及第6章)指出其对于一般政治运作以及具体的欧洲议会运作的建构性。

3.2.2 建构欧洲性:欧洲议会

欧洲议会是欧盟唯一直接选举的议会机构(Ginsberg, 2007: 192-199)。它与欧盟理事会一起,构成了欧盟的两院制立法机构,它也一直被描述为世界上最有权力的立法机关之一。议会与理事会构成欧盟的最高立法机构。但是,它们的权力限于成员国授予欧共体的权限。因此,这个机构对成员国所把持的政策领域以及欧盟三大支柱中另外两个所控制的政策领域没有什么控制权。议会由 785 个议员组成,他们服务于世界上第二大民主选民群体和最大的跨国民主选民群体(2004 年有 3 亿 4 千 2 百万合法投票者)。

表 3.1 欧洲议会的成员

欧洲议会议员席位的国家分配			
德国	99	奥地利	18
法国	78	保加利亚	18
意大利	78	芬兰	14
英国	78	丹麦	14
西班牙	54	斯洛伐克	14
波兰	54	爱尔兰	13
罗马尼亚	35	立陶宛	13
荷兰	27	拉脱维亚	9
比利时	24	斯洛文尼亚	7
捷克共和国	24	塞浦路斯	6
希腊	24	爱沙尼亚	6
匈牙利	24	卢森堡	6
葡萄牙	24	马耳他	5
瑞典	19		

来源:修改自 www. europarl. europa. eu/members/expert/groupandcountry

1979 年以来,欧洲议会每 5 年选举一次议员,由成人普选产生,并根据政治党派的划分座席;他们中大约三分之一是女性。在 1979 年前,他们由本国议会任命。各国议席是根据各国人口数量分配的,议员总数应该是 732 人;但自 2007 年 1 月 1 日以来议员总数为 785 名,这是由于罗马尼亚和保加利亚的加入,而最初分配席位时没有考虑中期加入的成员。在现有规则之下,议员的数量将在 2009 年选举后再次减少到 732 个;然而,这些规则将依据《里斯本条约》而改变[2008 年 6 月爱尔兰的"不"公投("No"Referendum)通过了该条约,并在 2009 年 11 月实施]。到时反而会有 751 个议员(不过由于当值主席不能投票,在任何时候都只有 750 个投票成员)。其目的在于,这个新体制,包括在选举前修订席位的体制,可以在不得不修订数量时避免"政治交易"(参见http://www. europarl. europa. eu/sides/getDoc. do? language=EN&type=IMPRESS&reference=20071001IPR11035;2008 年 7 月 24 日访问)。

当前,议员们得到的工资与他们国内议会的议员的一样。不过,到 2009 年,一个新的议员条例将生效,这个条例给予每个议员同等的 7000 欧元薪酬,这份薪水要扣社区税,在国内也要被扣税。欧洲议会议员将在 63 岁退休,从议会获得全部退休金。旅行费用也将根据实际花费报销,而不是像现在这样按统一的报销标准报销。

欧洲议会的议员属于 7 个不同的议会党团⑦,包括超过 30 个非依附成员,称为"不结盟议员"。两个最大的党团是欧洲人民党暨欧洲民主党党团(EPP-ED)和欧洲社会党党团(PES)。大多数情况下,议会由这两个党团控制,一直以来,50%—70%的席位都归这两个党团所有。没有一个党团曾在议会中掌控过半数以上的席位。党团常常以单个欧洲政党为基础,如社会党党团。但是,就像自由党党团一样,它们也可以包括不止一个欧洲政党以及国家政党和独立议员(Pollak & Slominski, 2006:135)。一个党团要获得认可,它需要由来自 6 个不同国家的 20 位欧洲议会议员组成

---

⑦　http://en. Wikipedia. org/wiki/European_Parliament,于 2008 年 7 月 24 日下载。

(从 2009 年 6 月起，将需要由来自 7 个不同国家的 25 位议员组成)。一旦得到承认，党团将获得来自议会的资金补贴，以及所允诺的委员会席位，从而为党团的形成创造动力。但是，随着"身份、传统、主权党团"的建立，出现了一些争议，原因在于其意识形态；此党团的成员是极右人士，因此人们对于公共资金流入这样的党团心存忧虑。

虽然欧洲议会拥有以上实体所不拥有的立法权，但它不拥有多数国家议会拥有的立法创制权。与欧洲议会相比，欧盟理事会在立法上拥有更大的权力，例如，议会并没有共同决策程序(平等修正案和否决权)。但是，欧洲议会自 20 世纪 70 年代以来控制着欧盟预算，对欧洲委员会的任命拥有否决权。图 3.1 和图 3.2 展示了欧洲机构中的决策过程，这些机构包括游说团体和国家利益团体，它们说服欧盟委员会发起动议，然后将其递交到欧洲议会和欧盟理事会。

这一程序被称为共同决策程序(参见图 3.2)，它正逐渐成为主流的程序，其实质是权力在议会和理事会之间平分。在这一程序之下，欧盟委员会向议会和理事会提出建议。它们接着向理事会提交修正案，理事会可以采纳带有这些修正案的文本，或者返回一个"共同立场"。这一提案或者被批准，或者由议会提出进一步的修正案。如果理事会没有批准，就会组成一个"协调委员会"。此委员会由理事会成员和同等数量的试图达成一个共同立场的欧洲议会议员构成。一旦一个立场得以达成，它将会由议会批准，同样的，它必须由绝对多数议员通过。⑧

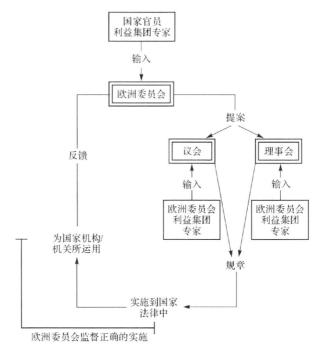

图 3.1　提案的组织流

来源：改编自 Pollak & Slominsky(2006：121)

---

⑧　http://www. civitas. org. uk/eufacts/download/CIT. 3. EU％ 20Political％ 20Parties. pdf，2008 年 7 月 24 日访问。欧洲人民党暨欧洲民主党党团（EPP-ED）：主要的中偏右党团。欧洲社会党党团（PES）：主要的中偏左和社会主义党团。欧洲自由民主联盟（ALDE）：主要的自由与中立党团，是欧洲自由民主和改革党与中立的欧洲民主党的联合。欧洲绿党-欧洲自由联盟（Greens-EFA）：环境主义者、地区主义者和民族主义者的混合党团。欧洲联合左派-北欧绿色左派（EUL/NGL）：一个极左的共产主义党团。欧洲民族联盟（UEN）：右翼和民族主义党团。认同、传统和主权（ITS）：右翼的联盟；在 2007 年 1 月被承认为一个欧洲政党。独立民主党党团（IND/DEM）：一个欧盟怀疑主义党团。独立议员（Non-attached）：当前有 32 个独立议员（Civitas Institute for the Study of Civil Society，2007；Gregory Lowe，Civitas；http://civitas. org. uk/eufacts/FSINST/CITS3. htm 05/2006）。

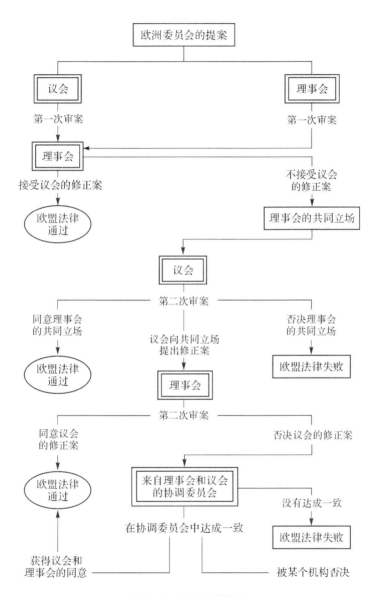

图 3.2 共同决策程序

来源:改编自 Pollak & Slominsky(2006:137)

其他程序包括:协作(理事会可以否决议会)、咨询(只要求议会的咨询)和赞同程序(议会有否决权)。欧盟委员会和理事会——或只是欧盟委员会——也可以完全独立于议会行事,但这些程序的使用是非常有限的。有大量书面语体用于实现多种多样的政治功能(也参见图2.1):最强有力的法案是章程,这种语体是一种可作为整体适用的法案或法律。接着,有指令语体,其将成员与某些必须达成的目标绑定起来。指令经由不同的法律而实现目标,因此在决定使用指令时有着操纵的空间。决定语体是针对特定人/团体的手段,可直接适用。机构也可以发布建议和主张,它们是不具约束力的宣言。还有一种文件不依循常规的程序:它采用书面宣言语体,与威斯敏斯特体系中使用的"早期动议"颇相似。这种文件由多达5个欧洲议会议员就欧盟活动中的事务提出来,用以发起对这一主题的辩论。宣言在那个半圆形建筑(全体会议室;参见图片3.3和3.4)入口外张贴出来后,议员们可以在上面签名,如果获得多数议员签名,它将被送给主席,并在转给其他机构前向全体会议宣布,还会在会议记录上被正式记录在案。多种多样的语体及其功能是组织知识的一部分;欧洲议会议员不得不学习何时可用何种语体,以及以何种方式使用,以达成他们的目标。他们也不得不学习必要的文本知识:这些该如何草拟,哪些形式应该被定型化,哪些可能成功。这样,在语体的选择中,组织知识与专家知识、政治知识整合在一起了。

图 3.3 直接选举产生的欧洲议会举行首次会议

说明:1979 年 7 月 20 日直接选举产生的欧洲议会在法国斯特拉斯堡举行首次会议。⑨

---

⑨ 欧洲议会曾两次运用较大的权力:1999 年,议会迫使桑特委员会全体辞职。由于该委员会被指控存在欺骗和管理不善的问题,议会拒绝批准该委员会的预算。在这次危机中,两大党团首次呈现出一种政府—反对派的动态,这一危机以委员会全体辞职告终,这是首个在即将面临议会指责时被迫辞职的委员会。2004 年,在历史上最大的跨国选举后,议会再次对委员会施压。在议会对所提名的专员举行听证会时,由于意大利政治家、富有争议的总理贝卢斯科尼的忠诚支持者布狄里奥内(Rocco Buttiglione)对同性恋持有负面且有偏见的观点,公民自由委员会拒绝他担任"正义、自由与安全"专员的职位,一些欧洲议会议员也对某些提名表示质疑。这是议会首次否决一位即将上任的专员,尽管委员会主席巴罗佐(Barroso)坚持任命布狄里奥内,议会仍迫使布狄里奥内退出。在议会允许巴罗佐委员会就职前,还有许多其他专员也被迫退出或辞职。议会通过非约束性的决议和委员会听证会而发挥着巨大的间接影响,因为驻布鲁塞尔的上千名记者总是易于散布相关新闻。随着每个新条约的实施,议会的权力也随之扩大(Dinan, 2004:233ff.)。

图 3.4　1993 年 11 月 1 日(《马斯特里赫特条约》通过之后)[⑩]**的欧洲议会监控室**

3.2.3　异域部落

　　如上文已提及的,法国人类学家阿贝尔斯是大约 25 年前首位从"内部"详细研究欧洲议会的社会科学家。同时,关于欧洲议会,阿贝尔斯也制作了一部富有激励性又激动人心的纪录片——他讥讽地称这部片为《异域部落》(*La tribu exotique*,即 *The Exotic Tribe*)。在这部时长为 1 小时的片子中,后台的几个主导性主题颇为明显,界定了这一政治机构的宏观和微观维度,使它明显不同于欧洲的国家议会。在下面,笔者列出几个与笔者对此部影片的

---

⑩　笔者非常感激詹姆斯·凯伊(James Kaye),在由我们负责的并由欧盟资助的第 6 期框架计划 EMEDIATE 研究项目中,他为我们建立的一个在线档案搜集了所有这些图片(也参见 Triandafyllidou et al., 2009)。在此项目完成后,这一档案仍为任何搜寻有关欧盟及其各个方面的图片的人所用。

理解最为相关的主题(当然,这部影片建构了阿伯勒自己对欧洲议会的感知和叙述;不过,他的观察和叙述非常生动、敏锐,富有幽默感、专家知识和同情心):

- 大楼的建筑有着巨大的几乎没有尽头的走廊,每个人步履匆匆地经过这些走廊,以各种语言交谈着。一般来说,欧洲议会对公众开放,人们只需出示身份证件就可出席。欧洲公民能出席全会辩论。

宽敞的全会会议室就像一个大教堂,有着玻璃天花板,阳光照亮这一巨大空间以及为每个欧洲议会议员及其顾问准备的舒适的小房间(办公室),而那些将全会会议室及较小的会议室与办公室连在一起的走廊似乎看不到尽头,这一反差非常明显。这部影片极好地捕捉到了明显可见的日常活动和活动的喧闹:许多欧洲议会议员和他们的助手及顾问匆忙走过走廊,带着厚厚的文档和文件,有时会短暂地驻足闲谈或和其他议员及顾问寒暄,接着又匆匆离去(下文叙述笔者在做民族志学研究时的观察时,笔者将详细地谈及这一方面)。

- 在众多地下室里,立着一排排复印机,它们不停地复印文档、新闻稿、条约等,一天 24 小时,一刻不停。这些材料总是要翻译为 23 种语言的。

这些地下室令人想起查理·卓别林的电影《摩登时代》(*Modern Times*),这部电影描述了高耸在渺小人类面前的巨大机器的宰制性。相反,在笔者看来,这些机器代表了"政治商业"和在欧洲议会(以及或许其他地方)实际上作为大规模生产的政治建构——它们生产文件和文档,没有这些,欧洲议会议员们将不能继续他们的工作。因此,那些环绕我们的新技术(电脑、个人笔记本、手机等)显然不能取代我们对文档和纸张的依赖。看起来,"无纸化办公室"对于欧洲议会来说仍是一个乌托邦(Sellen & Harper，2003)。

● 大堆文件的大量生产必然需要许多钢制容器：有专门的雇员把巨大的铁盒子装载到手推车上，里面装着每隔一定时间就要从布鲁塞尔运送到斯特拉斯堡，再运送到每个欧洲议会议员所在地方郡县的所有相关文档(每周送往布鲁塞尔和地方郡县；每两周送往斯特拉斯堡)。实际上，欧洲议会议员们似乎总是用大包带着许多文件，无论他们走到哪里。

● 欧洲议会议员的工作循环有着极大的流动性，经历起来颇为紧张——他们总是"在路上"，总是带着需要在旅行时仔细阅读的文档，总是处于从一个会议向下一个会议，从一个国家和会场向下一个国家和会场，从一拨受众向下一拨受众的转换中。阿伯勒用一个个案研究展示了欧洲议会议员的工作循环，并跟踪调查了一位爱尔兰女议员的整个工作阶段：包括她在她狭小的办公室里准备演讲，跟顾问讨论，为自己的提议游说，参加全会讨论以(向一小群受众)申明其提议的合理性，乘坐出租车奔向机场，在她的家乡社区跟(欧洲)民众交谈，在聆听地方民众关注的事情时也试图为自己的提议寻求支持。

自这部纪录片首次播出以来，由于欧盟扩大，欧洲议会已发生了显著变化：不得不扩建和重新装修建筑物，为新的语言修建新的翻译室，等等。少数欧洲议会议员出席全会辩论；他们较少做出回应，很多时候是在闲谈或阅读其他文件，而非聆听发言人的讲话。因此，这部纪录片至少表明了一种作为框架化次文本的明显的不协调关系：一方面是每个欧洲议会议员的工作，他们孤独地走过无尽的走廊，背负着大量沉重的文件，但出于对他们工作相关性的信仰又忠于这一努力；另一方面，则是"家乡"民众对他们所推选的欧洲议会议员们的期待，他们期待议员去影响重要的政治决策，这些决策可能会影响到他们自己的福祉。欧洲议会议员们显然需要尽量兼顾这两个世界；他们还需要相信他们有能力发挥政治影响，以便成功说服给予他们权力的选民——虽然这种权力是有限的。

图 3.5　走廊上等待被收集并送到布鲁塞尔的欧洲议会议员的箱子[11]

　　在这一点上，这部纪录片让观众思索它所提出的许多问题：为何有理性的且受过良好教育的人会申请做这样的工作？有什么回报？欧洲议会议员们仅仅是自我制造的幻象的牺牲者吗？他们不

---

[11]　版权为 Invision Images 所有；Credit：Ezequiel Scagnetti/In Vision Images.

能感知和理解他们所属的这一"奇怪"世界吗？他们误解了他们对政策决定(不)存在的影响吗？通过将欧洲议会议员呈现和建构为异域部落——他们受限于他们自己的(幻象)世界,远离有意义的现实,阿伯勒传达了一种时间错乱之感和幻觉。

除了"文件"的主题和政治的大量匿名生产,"时间"的主题在影片中也很突出:似乎无尽的时间花费在准备、讨论、游说、协商、介绍、书写、制定、修改、提议、投票、说服、旅行、语言的转换和翻译等事务上。所有这些活动和更多的活动,构成欧洲议会议员的职业,正如笔者在下面将详细展示的。总之,许多活动发挥四个明确功能,即决策制定、合法化、控制和代表——所有这些在将政治的复杂微观分析与明显宏观结构相联系时会加以讨论(参见图2.1和第6章)

图 3.6 搬运欧洲议会议员的盒子

说明:每个月,欧洲议会在斯特拉斯堡举行为期4天的最终全会投票;日常活动和其他的全会在布鲁塞尔进行。[12]

阿伯勒的纪录片为更加系统的研究奠定了基础,在这种系统研究中,以上提及的但未得到解决的问题可以得到探讨。阿伯勒从一个人类学家的视角捕捉到了欧盟组织的工作,将自己与"欧洲议会议员的异域部落"拉开距离,以民族志学、轶事性的叙述和参与者的观察构成考察的基础。由于语体、时间及技术的限制,该纪录片呈现的焦点和话题必然是有选择性的。这就是一个系统深入的个案研究允许有更多差异化的方面的原因,这也指向了一些有助于厘清以下问题的结果:哪些权力知识结构占了上风,欧洲议会议员在舞台上如何表演,各种活动可能有什么功能,以及个体欧洲议会议员如何管理这种多语言和多文化组织的复杂"混乱"(例如,通过哪些语言-语用装置管理),以及有何效果。在这一点上,笔者必然回到第 2 章中对组织知识的讨论:笔者假定,通过预设的协商/共享/涵括/排除(以及其他语用装置,如暗示、推断和隐含),知识管理构成了欧洲议会表面"无序"的权力和秩序建构的一种突出的语言装置。

3.2.4 个体/社会/集体身份

3.2.4.1 流动的身份

在欧洲一体化的语境中,人们越来越关注可能存在或出现的一种或多种欧洲身份,同时越来越关注对欧洲和欧盟身份的依恋以及对各自国家的身份的依恋这两种情感之间的互补与对立。[13]尽管人们对其重要性有越来越多的认识,但有关身份的现有研究却存在许多问题。事实上,有关身份的学术辩论听起来并不总跟日常言谈有很大的不同。例如,有种倾向将身份"是"什么或者它

---

[13] 参见以上;也参见 Herrmann et al., 2004;Malmborg & Stråth, 2002;Meinhof & Triandafyllidou, 2006;Mole, 2007;Wodak & Weiss, 2007。

的实际存在视为理所当然的,只去关注特定身份的表达或变化,而不考虑可能会受到影响的更广泛的理论议题(Jenkins,1996)。在用以考察集体身份的许多研究和方法中存在的另一个问题,是这种身份的具体化。集体身份有时被认为具有一种稳定且连贯的"性质",在某个既定时点体现了一个既定群体的特点。例如,一些学者倾向于忽视一个社区内民族或国家身份的内在不一致性、相互间的紧张关系,以及可能发生的再描述问题(对于这类概念的批判,参见 Wodak et al., 1999)。今天,比以往更甚的是,身份是动态且不断演化的,因为人们更频繁地暴露于新的刺激和挑战中,或许更需要一个身份或一系列身份,以在一个不断流动的世界中提供重要的"锚点"。因此身份是语境依赖性的,并在许多语境中经由各种前台和后台互动,以常新的方式进行话语建构(参见3.2.1)。因此,为了理解身份,我们必须分析身份建构和变化的过程。

在本章,身份被视为一个过程,即"是"或"成为"的条件,它在个体或集体层面被不断更新、确认或转换,无论它是否或多或少地稳定化,或多或少地机构化(参见 Laffan, 2004)。詹金斯(Jenkins,1996:4)为社会身份提供了一个基本充分的定义,笔者认可这一定义(也参见 Triandafyllidou & Wodak, 2003:210):

> 至少,这一表达指涉个体和集体在其与其他个体和集体的社会关系中被区分的方式。它是个体之间、集体之间、个体和集体之间相似与相异关系的系统化建立和表示。

在这一点上,我们还需要厘清个体身份和集体身份之间的关系。在社会学文献中,个体身份和集体身份常被假定为存在质上的不同。一种立场认为,个体身份是身份可以被观察、研究和视为"真实"的唯一具体形式。但是,另一种不同的视角认为,个体具有历史和文化偶然性,由社会性决定,并且具有不稳定性。相比之下,集体身份被视为是历史性定位的,比个体的生命更持久,因而被视为社会学分析的真正对象(关于这些议题的详细讨论,参见 Triandafyllidou & Wodak, 2003)。

然而,笔者相信,在个体身份和集体身份之间进行严格区分,有着将两者具体化的风险,而且,由此产生另一个风险,即认为身份是人"拥有"的本质属性,或者是他们所"属于"的具体事物。集体身份不能脱离个人而存在,就像有着物理指涉物和认知-心理指涉物——身体和精神/心智——的个体不能孤立于社会而存在一样。身份或"人"是通过个体之间和/或个体与群体之间的社会互动而社会性地建构的。同时通过个体对某个既定群体或社会范畴[14]产生认同感,并以其名义行事,集体身份被不断地协商、认可或改变。这两个层次是相互交织和相互构建的。

基于此,笔者认为"身份"(个体的和集体的)和它们所处的实践社区(正是在这里,身份被协商、构建和规定)之间存在联系。而且,笔者认为,集体身份可以被内化并成为潜意识,从而如同惯习的概念所表明的那样决定了我们的行为。换言之,身份是在特定语境中协商的,因此与实践社区相关联,在那里同样的价值被认可,行为规范被展示;即,在那里它们被规定和扮演。而且,在一个组织中,结构限制会施加干预,职业的规范和价值显露出来,新来者需要融入这些规范和价值中(Scully, 2005)。因此,职业惯习是

---

[14] 一个社会范畴由一群共享一套相同特征的个体构成,无论这些个体是否知道他们是这一范畴的成员,或甚至是否知道它的存在。相反,一个社会群体由一些自己意识到为这一群体的成员的个体组成。因此,社会群体概念与社会范畴概念之间的区分在于以下事实:前者为其成员所认识到而后者由观察者所界定。这似乎是一个认识论问题(也参见 Jenkins, 1996:81-82; Triandafyllidou & Wodak, 2003: 220)。

被习得和内化的,它又与组织内外的实践社区(某些社会或政治群体以及私人好友群体)相关联。然而,在所有这些语境中,个体仍然保留了他们自己个性的特点,并有意识或潜意识地或多或少地去适应所推荐的价值系统。至少三个价值系统——个体价值、实践社区价值和组织的职业价值——的重叠,必然蕴含着矛盾和忠诚困境⑮。对一个实践社区的归属感和认同现象,仅当与其并不归属的群体或类别相关联时,才可能产生;因此,个体欧洲议会议员感知他自己与具有相同背景的其他人一样("我们"是相同群体的成员或有着相同的社会身份),且不同于其他群体或范畴的成员("他们")。并且,记住这点很重要:甚至对于个体来说,身份也不是稳定的、单一的或没有矛盾的。在这方面,比利希等人引入了"意识形态困境"的概念(Billig et al., 1988),这一概念指出了以下事实:我们都可能有着在意识层面和潜意识层面相互矛盾的观点、态度和身份。阿伯勒(Abélès, 1992:184)极好地总结了欧洲议会议员们所经历的悖论,即他们被期待"做欧洲",去为欧洲考虑,并为欧洲工作,同时又是民族国家的代表:

> 欧洲议会是在与其他西方议会的关系中建立的;但是,它在一个重要方面有所不同。斯特拉斯堡的议会不是民族国家的一部分。这一议会持续地预期一个遥远的现实;机构性结构也远未准备好。代表和法律专家们在一种创造性过程中"做"欧洲。但是,他们不是欧洲。他们的合法性是国家性锚定的。⑯

---

⑮ 对一个群体或社会范畴产生认同感的现象,意味着个体感知到自己与构成同一群体、范畴或实践社区的一部分的其他人类似。相反,个人身份表明个体多么了解他跟其他人的差异。它指涉以下事实:个体感知自己在时间和空间上同一,因此不同于他者(参见 Triandafyllidou & Wodak, 2003:212)。

⑯ 原文为法文,原著中对应的英文文字是沃达克翻译的——译者。

3.2.4.2 分析欧洲议会议员身份的话语建构和表演/再现

如许多语言学家所表明的,身份是"内群体"和"外群体"的话语创造所建构的(参见以上);例如,一个特定的"我们"群体始终是根据它不是什么或不是谁来描述的(Reisigl & Wodak,2001)。除了积极自我呈现和消极他者呈现的话语策略(参见第 2 章,图2.2),在建构和再现身份时,经常要运用两种语言学过程:"立足点"和"叙事"。笔者将简要介绍这两个语言-话语装置。

"立足点"由戈夫曼(Goffman,1981)引介,并由布朗和列文森(Brown & Levinson,1987)及其他人详述,如他们所述,"立足点"实际上指言谈中状态的一些情况,如谈话中"参与者的结盟;或定位;或立场,或态度,或所投射的自己以某种方式处于待定之中"(Goffman,1981:128);换言之,立足点就是个体在言谈的某个既定时刻可能扮演的许多角色中的一个。并且:

> 立足点的变化暗示了我们与自己和在场他人的结盟中状态的变化,体现于我们管理言谈生产或接收的方式中。我们立足点的变化是谈论我们事件框架中变化的另一种方式。(Goffman,1981:128)

立足点的这两个方面可以通过参考坦能与瓦赖特(Tannen & Wallat,1993[1987])和戴维斯与哈瑞(Davies & Harré,1990)的观点来理解。一方面,立足点可以是特定互动框架的指示器,也即,"参与者对于正在参与什么活动的感知"(Tannen & Wallat,1993[1987]:60),这些活动可以是讲故事、开玩笑、发表一个专业观点等;另一方面,立足点指示了言说者的话语身份(Davies & Harré,1990),换言之,交谈者发展了他们的故事线,或以某种方式定位了自己或他人,例如在他们所讲述的故事中扮演主动的施动者或被动的受害者,等等。我们辨认立足点、指示互动框架或立场中的这些变化的方式,是对一系列语言特征中的模式进行标记,这些模式包括语境化暗示(如韵律、音高、重音上的变化)、语域(如正式的或随意的言谈)的转换、语言代码(如方言或标准语)、指示语的变化(如用涵括性的"咱们"表示团结一致)、语法位置(如作为主动动词的主语)等。

叙事[或者依循或不依循"经典"叙事形式的个人事例和轶事,"经典"叙述形式如拉博夫和瓦莱斯基(Labov & Waletzky, 1967)所描述的那样,由摘要、定向、复杂化行动、评价、尾声构成]对于跟身份建构相关的立足点变化来说,是特别富有成果的场域。例如希夫林(Schiffrin, 1996)和奥克斯(Ochs, 1997)已提到的,叙事也和其他方法一样,是"例示社会和个人身份的工具"(Ochs, 1997: 202)。希夫林还认为:

> 叙事可以提供……一个社会语言学的自我描述:一个语言棱镜,通过它可以发现人们对(处在一个进行中的交谈和一个更大的社会结构中的)自我及其经历的看法。既然言说者通过叙述创造的情境(由故事世界引发的经历转换)也在互动世界中受到评价,这些自我描述便可以创造一个互动场域,在这个场域里,言说者对自我和世界的看法可得到强化或受到挑战。(Schiffrin,1997: 42,斜体强调为原文所有)

希夫林所特别凸显的是身份建构在互动尤其是在叙事中的动态特征。然而,与本章的分析最相关的,只是叙事可以揭示立足点,立足点又为特定的自我建构指明方向。除了叙事,参与者的指示、代词的指称都受到关注,并成功地用以解释某个互动交流的动

态特征。[⑰] 例如,约翰·威尔逊(John Wilson)发现:

> 对各种各样的人称代词的选择,表明了个体政治家如何看待这个世界,如何操弄代词的意义,以便于呈现一个特定的意识形态视角。(1990:56)

在将范畴应用于下面的例子时,笔者将界定更多具体的语言范畴。

3.3 身为一个欧洲议会议员

3.3.1 与欧洲议会议员交谈

本分析的材料来自与 14 位欧洲议会议员的访谈,访谈共 28 次,这些议员全是就业和社会事务委员会的成员。其中包括 10 位委员会的官员——8 位来自总署中的负责就业政策的管理服务机构,1 位来自负责金融机构/公司法的部门,还有 1 位负责就业和社会议题的专员。其余 4 位是奥地利驻部长理事会的代表,其中 1 位是常驻代表委员会 II 的代表(大使级,常驻代表),1 位是常驻代表委员会 I 的代表(副大使级),1 位是负责就业和社会事务的委员会工作组成员。如上文已提到的,在本章笔者只关注欧洲议会议员的访谈(对全部访谈的详细分析,参见 Straehle,1998;

[⑰] 参见 Chilton,2004;Wilson & Millar,2007。

Wodak，2003，2004b，2005)。⑱

　　这些访谈集中关注四个一般性话题领域，这意味着虽然全部访谈一般会含有与某些话题相关的问题，但这些话题被松散地组织在一起，以便受访者有相当的自由去随意发展话题和控制会话。访谈大纲包括四个主要话题群，每个话题群都由几个潜在问题的子类构成。这些话题群包括：1)失业，包括制定当前就业相关政策的原因、可能的解决办法和视角；2)受访者所在的欧盟组织的作用，包括与其他欧盟组织的关系，受访者自己在组织中的作用，他的"接入点"或与"普通"欧盟民众的接触；3)日常工作生活，包括多文化议题，以及诸如报告、观点文章这些文件的产生过程；4)受访者的个人历史(如职业发展历史)，以及对"身为欧洲人"的定义。通过这种方式，有可能搜集到与受访者的视角、意识形态、观点和日常经历有关的信息。

3.3.1.1　"人们愿意聆听你的话，愿意了解新思想"：话语话题的分析

　　以下谈及的要点与本书总主题——"寻常政治"相关，这些要点作为必要的语境知识和欧洲议会议员自我评估的一部分非常有用，它们包括：1)描述作为欧盟组织的欧洲议会的方式；2)欧洲议会议员谈论自己及其工作的各种视角，如作为个体的且透过他们在欧洲议会内部的政治群体或委员会的视角；3)欧洲议会与其他

---

⑱　所有参与本研究的人都是自愿的，他们对我们的书面和/或电话的采访请求做出了回应。10 位欧洲议员来自 3 个基本左倾的政治党团：欧洲社会党、欧洲联合左翼和绿党。另外 4 位欧洲议会议员来自欧洲人民党。所有采访都被录音并在之后被转写。总之，我们基于大量适于深度定性分析但不适于统计分析的材料进行研究。但是，当将这些材料与其他材料样本比较时(Krzyżanowski & Oberhuber，2007；Scully，2005)，比较明显的是，自我评估的具体行为与模式在所有样本中都是相同的，这极可能是由于组织性的限制。

两个主要欧盟组织即欧洲委员会和部长理事会的关系;4)他们自己的职业和专业轨迹,即他们为何选择成为欧洲议会议员。

欧洲议会的作用。有 12 位议员对有关欧洲议会作用的问题做出回应,这些回应相当一致。表 3.2 呈现了一个简单的内容分析的结果。欧洲议会议员的回应被改述并编排入主题群,每个群表达了欧洲议会的某个特点(例如,首先,它在推动社会变化的过程中所扮演的协商和决策作用)。

表 3.2 欧洲议会议员眼中的欧洲议会的特点

提及的次数	欧洲议会的特点
5/12	提出/收集、讨论新思想;不仅是言谈的制造者,而且积极地促成决策的筹备;在维持和推动社会的不断变化中发挥明显作用
4/12	激进的、雄心勃勃的,"时刻留心着";领先于国家政府、议会;比欧盟委员会更雄心勃勃;"搭起桥梁"
4/12	试图成为欧盟委员会的伙伴;与欧盟委员会保持一致
4/12	自签订《阿姆斯特丹条约》以来,作用与权力已有改善
4/12	仅是一个立法机构,权力有限,需要更多的协同决定权

从这些最常提及的特点中,我们可以总结,受访的欧洲议会议员认为,他们所服务的组织相对于其他欧盟组织而言,在总体决策制定过程中的权力有限,但目前情况有所改善;同时,欧洲议会议员们将该组织描述为一个重要的、进步的组织,总的来说是欧盟委员会的伙伴,但与欧盟理事会又有着冲突。而且,议员们认为,自己与各自国家的议会的联系比较明显;欧洲议会议员常常将自己视为变化的传达者,即将欧洲观点和价值传达到国家政治领域的人。一些欧洲议会议员也提到,各国政治家们"说着不同的语言",对欧洲议题没有足够的理解,因此,欧洲议会议员们需要将欧洲议

题"翻译"为国家需求。欧洲议会议员们所叙述的许多印象和经历,为我们描绘"寻常政治"的画面,为我们理解政治组织中的日常生活和必要的组织知识增添了重要的细节。

欧洲议会议员们倾向于以各种方式谈论在欧洲议会中的工作。例如,一些欧洲议会议员将自己定位为积极推动特定政治议程的个体,如欧洲议会议员2:

文本3.1

人们愿意聆听你的话,愿意了解新思想。我所做的就是提出我的一些新思想,例如有关养老金的想法,我现在是就业和社会事务委员会补充养老金的调查员。

议员8也强调了她在应对各种高级别成员国的政治家和那些来自欧盟委员会的高级别政治家时所发挥的积极作用。策略性操弄(在政治策略的意义上)[19]和游说当然也是日常活动的一部分;一个人必须知道谁"可接近"和谁"对议会不悦"。这极好地显示了"政治知识":

文本3.2[5]

对,对的,你可以要求欧盟委员会做某事……我们也做的一件事情,当然,是与我们就业委员会的部长谈话,嗯,部里的领导,部长自己……如果可能的话——然后——于是——你/你:/你将有可能致力于同一议题线的工作/致力于两/两条线,当在委员会中时,我们将之带到欧洲议会……也极/有可能与部长/部长(××)说话,去说我有个好主意:我能跟你谈一会吗……这是有可能的/社:/社区的多数公务员也都非常

---

⑲　在此,笔者没用范·爱默伦和荷罗顿道斯特定义的语用论辩(van Eemeren & Grootendorst, 1992)。

好接近。是的，有时他们对议会组织的方式不满，他们中有一些……这因人而异，你知道的……

其他欧洲议会议员，如议员 7，谈到他们的委员会时非常积极：

> 文本 3.3
>
> ……我们会在委员会继续我们的讨论，因为就如我们看到的，欧洲的整个程序……他们没有考虑就业的可能后果，我们非常具有批判性……关于那一点我们将向经济委员会表达看法。

然而其他人谈到了他们的政治群体——一种意识形态实践社区，同时强调"我们"，例如议员 10：

> 文本 3.4
>
> ……与我在国家议会中的党[绿党]，我们有着联系——他们参与了我们[欧洲绿党]正在为此次会议撰写的议程和所做的事情。

受访议员们常常明确地从特定的国家立场出发来谈论。在此，例如，议员 7 总体上强烈认同英国：

> 文本 3.5
>
> ……以英国为例……在英国我们致力于依循一种相似的模式，在这种模式中我们关注长期的失业，尤其是青年失业。

当然，考虑到欧洲议会是通过委员和政治群体来实施其具体工作的，议员们所采取视角(或身份)的多样性就不令人意外了；鉴于欧洲议员实际上是特定成员国的当选代表，他们对国家身份的指涉也不令人意外。而且，在某些情况下，欧洲议会议员们对采访者明确探询委员会和政治群体工作的回应，也是对有关政治知识问题的回应。许多欧洲议会议员看起来非常明确地反映了他们的多重身份，包括从地方到欧洲层次的身份，从他们的国家政党到欧洲政党的身份，这表明他们了解自己的多重身份，以及与此相关的意识形态困境及忠诚上的冲突。

几位欧洲议会议员指出，他们与欧盟委员会的关系是相当具有合作性的（如欧洲议会是欧盟委员会的"伙伴"；当欧洲议会议员们前来拜访时，欧盟委员会的公务员们则"洗耳恭听"），但是，欧洲议会议员们谈及代表着成员国利益和议程的部长理事会时，其方式更具争议性和批判性。在 5 位提及部长理事会的议员中，他们都提到了个体成员国实际上实施阻挠某些计划或政策通过的行为；这样，部长理事会被论说性地建构为"他者"并充当了替罪羊的角色（即批评的矛头转向了部长理事会，而这可能是个错误的看法）。

文本 3.6

……第二点是避免——这对议会造成的影响最小——全体投赞同票。换言之，在此我们不得不采取特定多数决策，[以便]当大多数做决定时，没有一个国家能阻止[这一决定]，因为他们不是坐在那里的统治者……（原文为德语，见本书 p. 281）

尤其是，他们表明部长理事会倾向于抵制变化，因此，应该通过确保部长理事会根据有效多数投票（如果不是全体投赞同票）运作的方式，降低个体国家阻止决定的权力。这种辩论曾经是——当然现在仍是——基于可能的欧洲宪法条约的主要讨论形式（参见 Krzyżanowski & Oberhuber, 2007）。议员 7 详细描述了国家议会与国家政治家跟欧洲议会之间的这种难以实现的"平衡"；他将国家议会和国家政治视为"头脑风暴"，视为替欧洲决策者们"收集思想"，相信人们不得不接受"差异"，而不是根据某个范畴将所有事务标准化。下面的段落里强调了"差异主题"，以申明只能间接地表达、预设的异议和冲突的合理性：

文本 3.7

我明白议会的作用/当然是发表观点，因为这种政治主要不得不从属于：成员国和国家议会。我认为，重要的是与国家议会共事，看他们有什么，我的确将这视为收集思想的一种方式，因为没有解决办法，你不得不采集各种提出的想法，收集它们，考虑它们，可能还要建立一个目录，因为没有单一的解决办法……这就是我如何看待我的作用，说那不/不让我们有这一种解决方式……然而，欧盟是不同的，成员国是不同的，困难也如此不同。因此我们不得不为不同的国家寻找不同的解决办法，我的意思是，这取决于成员国决定他们选择哪种办法……

其他人表明欧洲议会和欧盟理事会之间的关系似乎在发生变化，尤其是自《阿姆斯特丹条约》签署以来。议员 9 以相当矛盾的说法表示，理事会似乎丧失了权力；因此，这一段话也可以解释为他通过提供轶事性证据和通过建构一种非真实的情境，试图安慰采访者（及自己）：欧洲议会和部长理事会越来越相互依赖。

文本 3.8

我现在从各种部长理事会人员那里听到"好的，我们愿意跟你有更多的接触"，等等，这在以前是完全听不到的。因此，在《阿姆斯特丹条约》后，在机构间的权力平衡上有一个基本变化——因此我认为部长理事会是最有权力的机构，但他们的权力没有大到可以没有我们而走很远的程度，他们发现在自己中间达成妥协是极为困难的，因此，如果我们妥协，对于他们也更为容易。他们当然可以说"老傻瓜"，但对于他们仍较为容易。

因此,部长理事会看起来正在改变他们对欧洲议会的态度,现在正寻求在政策议题上更为经常的接触,尽管其成员是一种传统上更疏远关系的先驱;这在部长理事会一方或许带有屈尊的意味("他们当然可以说'老傻瓜'……")。权力斗争被明确地标记出来了。

总体上,在这些访谈中,欧洲议会议员们对有关欧盟三大组织之间关系性质问题的回应所表明的趋势,反映了先前对欧盟组织的研究——常常是零星的——所宣称的看法(Ginsberg, 2007)。然而,就欧洲议会议员们增长的权力看,这种关系似乎在变化。虽然部长理事会曾经被视为独立于欧洲议会而运作的机构,但它现在不得不对欧洲议会议员的工作和看法给予严肃且经常的关注(参见文本 3.8)。

对欧盟委员会官员访谈的分析不在本章范围内(可参见Straehle, 1998; Wodak, 2004b)。然而有必要强调,欧洲议会议员和欧盟委员会官员都凸显了欧盟委员会与欧洲议会在达成共识和制定政策过程中的"伙伴"关系(参见图 3.1 和 3.2)。因此,通过结盟,这两个实体能够"说服"成员国接受特定的政策指示。当然,将欧盟委员会与议会之间的关系定义为完全和谐的,将部长理事会和欧盟委员会之间的关系定义为内在敌对的,这也会显得太过天真,因为这些组织之间互动的性质极其复杂。尤其是,若没有相当的协作性,欧盟委员会、欧洲议会和部长理事会将不可能完成他们所从事的立法工作(参见上文所描述的共同决策程序)。然而,有趣的是,在他们各自对这些组织的描述中,受访者常常将欧洲议会和欧盟委员会的结盟作为部长理事会的对立面而加以凸显。欧盟理事会的受访成员也一致强调欧盟委员会作为政策发起者的角色。但在第 4 章,这种关系以一种更具敌对性的方式被描述和表现。因此,自我评估和他人评估显然相互矛盾,当然,这要视特定社会政治语境和具体议程而定。

3. 3. 1. 2 "我是一个地方政治家":欧洲议会议员的职业轨迹

在受访人中,那些曾在政治组织和政党内工作的人和那些来自"圈外"的人数量对等;这些"圈外"人的职业极为不同,包括大学讲师、社会工作者、中小学教师,或公关业和商业领域的从业人员。因此,就成为一位欧洲议会议员而言,不存在明显的标准职业轨迹。他们中的多数人之所以选择成为欧洲议会议员,是因为他们认为这是一种极大的提升,是在职业阶梯上更进一步,是实现其政治议程和愿望的机会:总之,是人生中重要的个人进步。在另一方面,一些人只是为其政党所派遣,他们自己并没有申请这一岗位。但如前文提及的,如果不是对这项工作抱有热情并真正相信他们个人及政党活动的重要性,没有人会选择这一工作。这是因为这种工作压力很大:经常在"议会圈"和他们的祖国之间奔波,长时间工作,频繁旅行,必须阅读和评论大量文档,多数时候远离家庭。

例如,议员 1 以一种非常清晰的时间叙事结构描述他长期且成功的策略轨迹,同时也强调他以前作为地方政治家的角色及其成就:

> 文本 3.9
>
> 我是一个地方政治家。啊——是的,在 20 世纪 70 年代我就涉足/在 80 年代我在家乡是——主席——啊,负责老年人、孩子和毒品政策等社会问题的地方主席。1990 年我当选瑞士议会议员,我们经历了三个任期。我在瑞士议会经历了两个任期……当时我们举行了公投。还有公投宣称活动。在我的党,我们有两派[笑]是的,我知道。我们有两个组织。在公投前。我在(×××)派很积极。我是此项活动的南部领导人,在 11 月公投后,那是一个非常快的过程……当时我们在

群体中有一个选举,我当选了,此后,我在真正的选举中被提名。一年后我甚至在名单上……

他也描述了这种工作的问题,如:

文本 3.10

花费太多时间旅行——这是一个问题。尤其是到斯特拉斯堡。这很不方便……但坐飞机也不容易。

议员 8 来自公关业,讨论了推销和经济话语的原则和策略如何在政治中再语境化;实际上,在阐明那些参加欧洲教育计划的年轻人的无限可能性时,他运用了来自体育和商业的类比和隐喻:

文本 3.11

我来自广告业,在那个行业里我们[被]质量原则[引导],尊重顾客和雇员,等等。这些是我们需要的原则,[而且]有必要朝这些原则奋进。我现在跟某些企业家一起从事这方面的工作,他们是为了实现愿望而真正奉献的人。他们不会,例如,时不时收买某个得分的足球运动员,或给予一点帮助。相反,最好是以下方式做这项工作:给年轻人机会,以便他们能有一天成为成员/以便他们能获得列奥纳多计划的资助,甚至得到资助,在其他欧洲国家获得一段时间的教育[……]我们拥有欧洲的剩余价值。协调、协作,我们能实现的模式计划和作为深入的对话[……]做这些的一个重要伙伴当然是欧洲议会。(德语为原文,见本书 pp.281-282)

与许多社会民主党欧洲议会议员形成鲜明对比,作为德国保守党议员的议员 8 强调民族国家和"祖国"的显著性(如多数绿党欧洲议会议员那样)。然而,我们采访的多数社会民主党欧洲议会议员则希望看到民族国家作为和平的维护者和社会福利、成就的

保护者能表现出超越性，这是他们对欧洲的憧憬。（参见下文和第4章）

议员 11 强调欧洲所面对的失业和贫困等大量问题，并将她的作用定义为与失业做斗争，致力于在欧洲舞台上实现她的全民就业的愿望。在成为欧洲议会议员之前，她曾是一名社会工作者，因此她试图将她的两种"热情"整合：与贫困做斗争，并实现社会民主原则和政策。她也极为详细地叙述了她的轨迹（有一部分引述在下面），因为她非常骄傲能在铁幕和柏林墙倒塌之后"做到这些"。她 1989 年前生活在民主德国，现在终于得到机会积极从事政治，在政治舞台上表现自己：

> 文本 3.12
>
> 嗯，我认为，失业问题影响到这里的每个人，无论他们的政治取向如何。我只从事了几年。我来自法兰克福，以前是社会工作者，因此，积极从政对于我来说，只在柏林墙倒了之后才成为可能，但对我来说非常明确的是，在评价失业问题时，主要原因，嗯，是结构问题……（原文为德语，见本书 p.282）

她将其对政治计划的憧憬融合到故事中，并解释为何应对失业问题如此艰难：简单的解决办法——她认为——如给穷人发更多的钱，不会解决任何问题；她的修辞风格明显表现出她对政治和政治辩论的丰富经验，以及她在扮演欧洲议会议员及社会事务委员会成员等这些角色上非常清晰的定位；总之，她极为满意她的新岗位和角色，传达了一种明确的成就感和自豪感；她也以极大的热情展示了她的专家知识：

> 文本 3.13
>
> 嗯，我可以，呃，谈论应对失业问题的不同模式，如这种模式，你也会注意到，因不同的政治看法，一些人会决定用某些

模式,但我不能说问题能通过发放更多津贴而得到解决,不能说只要给穷人更多的钱和必需品,任何事情都会得到解决。在我看来,我们最终可能会犯大错。当然,人们必须将这个问题与穷人的问题区分开,当谈论穷人和考虑穷人时——他们需要我们的帮助——极为明显的是,这将总是必要的,但这不是应对失业问题的路径。换言之,这要求两种完全不同的路径。(原文为德语,见本书 pp.282-283)

议员12,也来自德国,曾经积极参加天主教青年运动,致力于应对贫穷和核电厂之类的议题,也是和平运动的一分子。他的职业轨迹不同于议员11;他向来善于组织社交网络,仍与从前的某个青年组织保持密切联系,在辩论和参加大型会议与集会方面具有丰富的经验。他享受作为欧洲议会议员的工作,在这个工作中他继续丰富经验和强化优势:

文本 3.14

我们那儿有900人,包括各种各样的人,不仅在政党-政治层面如此,而且还有来自反对大规模失业的欧洲游行的人,等等,以及有着各种其他工会的欧洲工会联合会,包括那些不是德国工会联合会成员的人,包括来自教会——天主教和新教——和来自不同省的相对突出的代表。呃,因此这里的兴趣,是告诉那些来自意大利的知道规则和期望的朋友和同事,要一起创造推进如欧洲运动这样事务的动力,因为单凭一个人不能组织一场社会运动。(原文为德语,见本书 p.283)

议员12相信,欧洲议会不能积极转换和改变政策;欧洲议会只是"建构某种架构,人们或许可以利用这个架构"去支持更大的社会运动。他积极地参与,试图将尽可能多的人和集体拉到他这一边。因此,即使身为欧洲议会议员,他仍继续他所喜爱的政治活

动,即与他能认同的人构筑联盟:

> 文本 3.15
>
> 我们基本上想试着终止这一点,在这种语境下我也想更努力地让这些行政权力真正成为这一行动联盟的一部分。我将这视为我作为欧洲议会议员的任务的重要部分。这,呃,造成了这种情景,在我看来,在这些情况下欧洲议会不是立法机构。我们不应制造这种幻象,而是相反,我们就像——非常牵强地说,一个模拟真实世界的准游乐场——那就是我想说的——实际上,一个欧洲公共[空间]。(原文为德语,见本书 pp.283-284)

在这一简短引述中,他清楚地定义了他对欧洲议会以及对他作为欧洲议会议员的工作的憧憬:构筑网络,致力于欧洲公共空间的建立。他说他对欧洲议会的权力不抱幻想——他将欧洲议会视为一个与真实世界既相仿又隔绝的准"游乐场"。

这些片段清楚展示了欧洲议会议员的背景、经历、从前的职业对他们的信仰系统的影响,以及他们定义自己的欧洲议会议员角色的方式——这种影响和方式独立于对任何党派的依附或忠诚。这一事实暗示了对于不同的政治家和欧洲议会议员而言,"寻常政治"意味着极为不同的过程和实践。但一般而言,他们都能制定他们的目标并实施他们的议程(或在可行的范围内定义它们);在其日常政治"事务"中,他们都将欧洲议会作为实现其愿望和目标——表演"寻常政治"的舞台和平台。

3.3.1.3 "寻常事务":欧洲议会中的日常生活

所有欧洲议会议员都强调一点:即使压力很大,他们仍享受自己的工作,多语言环境并没有给他们造成任何困难;恰恰相反,多数议员欢迎这种与多语言环境相关的多样性。对于作为采访者的我们来说,这令我们有些意外,因为我们常常有一种印象,认为源自语言多样性的各种误解会常常出现(也参见 Bellier,2002;本书第4章)。议员7总结了多语言环境不是障碍这一普遍持有的观点。当然,当言说者运用许多弱化装置、免责声明,以及明确宣称"没有真正问题"时(如我们在以下片段所看到的),这可能表明和暗示了次文本的相反含意;不过,这种诠释必然是推测性的。

文本 3.16

没有真正的语言问题/当然/我的意思是不存在/存在一种极佳的语言,当然,但是——就整个欧盟的实际情况来说,我没有发现一个——如果你喜欢这样表达的话——不能完全表达自己的人,当我试图说法语或其他什么语言时打断我就是了。

然而,许多议员告诉笔者一些他们在工作中遇到的或大或小的日常问题。在整个访谈对话中,议员9叫苦不迭,几乎不停地谈到官僚主义、糟糕的技术设备、不透明的沟通渠道,反复说到——贯穿于整个访谈——欧洲议员应当掌握的大量组织知识:关于规则、程序、人员和机构责任的分配,没有这些知识,他们将被排除在重要事件和信息之外。权力和知识之间的关联在以下片段中非常明显:

文本 3.17

有时,我只是,啊:对这里的官僚主义感到精疲力竭。我认为我们也需要获得信息。有时,因为我认为——当然存在这个问题——缺乏公开性,而且/而且/而且有时你获得所有的信息,有时/某些/非常难以得到某些文件,是的;但是例如从——啊:欧洲委员会或/或理事会。当然/我对/例如/与电脑之类有关的设施非常吃惊。这对于欧洲议会议员们可能很好。但现在似乎更好，但是，例如，我们不能直接进入系统，例如在议会系统中为你所用的政治组织的秘书们，但是现在它将改变，但是有一些和——啊例如，当我们，啊，你总是知道——有一些/一些专门的女士或先生，他们将做好那和那和那［笑］。我/我习惯了有一些文件，你总能找到谁在负责保管它，但它不在那里。我认为那/那和/和——当然，仍在继续：旅行是——有些难。但当然，最有趣的是你身处对欧洲政治的讨论之中。

尽管有这些不适和障碍，在这段陈述结尾，议员 9 提到了似乎能弥补先前所列问题的事情：对于她来说，身为欧洲议会议员意味着身处中央，处于欧洲辩论的核心——当然，也能够参与其中。

议员 10 栩栩如生地叙述了欧洲议会议员被安排旅行的次数，这些常常记录在议员的日志里，或印在手册上，这些手册包含有访问外国的许多记录和这类访问的精确时间表[20]：

文本 3.18

我的意思是，我的下一个工作和我同事的工作，是到人们所在的地方，你知道，而不是坐在这里看——为了这一目的，我花了三天时间在布鲁塞尔，每月有一周在斯特拉斯堡，其他时间我则致力于与我的选民接触，跑来跑去以参加会议，访问学校，以便：——做报告等之类的事情，并试图发出手册，那是我的一个有关欧洲什么最重要的小册子……

欧洲议会中"寻常事务"的一个更重要的方面，是决议和其他文档的草拟过程、后续的修正案、需要加以整合的欧盟委员会的修

⑳ 参见 Hannes Swoboda，*Newsletter* 2007，2.

订和建议,以及随后要运用的各种决策程序(参见 3.4.2)。所有这些讨论暗示了妥协、协商、策略化、重新草拟、游说等许多阶段,如议员 7 所表明的:

文本 3. 19

我认为最困难的是你不能自由地说你想说的话,因为那时你知道没有人……其他人不会对你的报告投票,因为你不得不妥协/从一开始,否则你可能没有这些这/是——例如,如果你,呃,做报告或发表观点,你真正想提出一种新想法和新选择,于是你知道他们可以修正,于是你不得不改变整个事情——那就是为何你想适应并尝试并敏锐地知道,我如何能写这[……]这不是我将要说的吗,等等。[……]嗯,有时也发生这样的事情,某位调查员写了一种看法,说好了,我再也不能忍受这些了,因为你把它改得如此之多,它已经不是我的了,我/我不得不将它交给其他人……

议员 7 安慰采访者说,这从未发生在他身上,但它确实发生在"主要群体的同事身上",这意味着"一种令人沮丧的过程"。这一文本明确指明了训练技巧:显然存在"做"和"不做"的事项,欧洲议会议员们常常被迫做出妥协。也表明了抵制:议员 7 显然也拒绝决议,如果它们不再符合其立场的话。议员 10 总结了草拟决议的步骤,同时提供了许多背景信息:

文本 3. 20

我们是否采纳这一主题,但一般来说这由我们负责,因为我们是来自雇员/有时是主席的一个委员会;因此它摆在我们的桌面上,因此我们/我们聚集起来作为协调员,我们说,好的,我们就它做个报告,于是我们决定那个小组应该提议调查员;有时当事情非常微妙时,我们甚至谈论调查员其人……于是那个人到委员会秘书那里,亲自询问各种事情;这当然极大地依赖于你们小组的报告。官方来讲,是调查员写报告,但实际上常常或者是他自己的秘书或委员会的秘书来写……一般来说是委员会的秘书,于是它被提交或者经历两轮讨论,或者有一个投票,接着有一个修正案,那时,只有那时,各小组通读报告,做出修正——啊:他们一般任命——啊:一个人密切关注这一事务,我们称之为影子调查员,影子调查员和调查员一起说;因此,有 4 个人试图一起就哪些修正案可接受,哪些不可接受而协商。于是我们投票,如果进展顺利,我们/必须是一致通过。如果不是,我们会有问题,就不得不在另一场全体会议上处理。这就是制度/如果这很困难,当然,帮助影子调查员是协调员的任务……当这根本不必要时,影子调查员将找到一个解决办法,我们说——我们都非常高兴,于是提案提交到全体会议,每个人都很高兴——那是一种简单的办法,但有时很困难……

这些引述展示了日常决策的循环性以及对信息和好装备的依赖性。从草案的最初讨论到与负责书面决议或建议的调查员协商——但如已提到的,他常常并不亲自撰写——涉及许多阶段(对欧洲议会中决议草拟的详细分析,参见 Muntigl,2000)。于是,当需要补充时,可能要求做出修正案。一位影子调查员帮助正式调查员。因此,决策是非常复杂的,任务要分配给担任正式或非正式角色的许多人,这需要许多准备、策略、技巧和协商。这一点也变得明显:在漫长的工作日,在被许多障碍、错误沟通、误导信息,以及许多其他同时而来的压力的包围下,大量时间被花费在讨论、游说、协商、草拟、阅读、撰写等上面。而且,受访者证实,一位议员要经历很长时间才有足够的政治知识和专家知识去采取策略性行动,以达成自己的目标。在第 4 章,在呈现那位允许我们对他跟踪调查的议员的一整天时,笔者将回到这些议题中的某个问题上。

议员10也详细解释了用以在文本生产过程中解决冲突的策略,这些冲突来自意识形态上的歧见以及语言上的不相容。后者在以下片段中得到了详细描述。笔者决定重复整个引述,因为多语言的沟通或误解很少以如此生动和清晰的细节呈现(与以上议员7的陈述相对照);尤其是谈到翻译的突出作用,以及在翻译中所犯的许多错误。议员10因此描述了欧洲议会议员日常生活中最棘手的一些议题:翻译错误引发的是否清楚的问题,这进而导致在内容方面的冲突,这些冲突实际上是由——如议员10所认为的——翻译造成的。

文本 3.21

在议会自身中常常存在困难,因为文本的外语版本来得太迟,于是你只能站在那里,只能看英语和法语版。一般来说,芬兰人和瑞士人最受苦。他们不断碰到翻译问题,其他人也一样,当/当我应该直接用一个文本作为对应文本或(×××)时,我想保留一个以我的母语写的文本。其他人也同样这样想,因为技术性常常太重要了,不是,(×××)也在这些翻译中时不时有严重的错误出现,这在一种外语中又有着全然不同的意义,这就是为何总是必须以自己的母语工作,再检查其他版本,(××××)这总是导致某些错误。常常是些小错误,但有时也有大错误。[我们]在委员会争论了一小时,一个小时,直到一个同事进来说:伙计们,有一个翻译错误,看这儿,接着所有人都意识到了:老天,一个翻译错误(××××),就出在那一点上,事情完结了。自(××××)以来,就是这么复杂。

议员 12 说,与国家场域相比,欧洲议会中的冲突不太戏剧化,议员们被要求清晰陈述自己的观点和立场,即使这与官方政党路线相矛盾。

文本 3.22

于是有人也告诉你,这与我们在德国说的完全相反,但,呃,没有人对其大惊小怪,因为我们在这里是独立的,德国的观点或国家的观点对此非常清楚,当我们有自己的观点时就表达出来,于是,这是……(原文为德语,见本书 pp.284-285)

而且,议员 12 采用了家庭隐喻——欧洲议会被比作"房子"(即"容器"),所有的议员和欧洲人被比作一个"家庭"——这暗示了一些共同目标和努力:

文本 3.23

甚至(激发)(×××)对这一事实展开更多讨论,因为无论它关涉到谁,重要的是不要沉溺于自己的想法,而是说:他们属于家庭,但他们想得不一样,[而且]为什么会这样? 换言之,人们回到最本质的方面,说,我们不能讨论这和那吗? 或许从观点的这种差异来说,能发展出一些事情,以便出现完全不同的观点。(原文为德语,见本书 p.285)

在访谈中与议员相关的许多故事和经历,都极好地阐明了我们对"寻常政治"的某些假设,以及在这一复杂组织中生存所应具有的和必备的不同形式的知识:跟其他多数组织中一样,信息是基于权力而分配的。一个人必须知道问谁以及何时间。这可能涉及与技术装备有关的看似寻常的信息,或文本生产的非常微妙和复杂的细节。而且,议员的日常生活极为忙碌,常常被出行打断,他们不仅需要奔波于国家之间,甚至还需要奔波于议会大厦之间。他们不得不在巨大建筑中奔波——常常是跑步前进——跑许多公里;同时还带着大堆文件(参见 3.2.3)。他们需要拥有语言能力和专家知识,以利于协商和文本的定稿。最重要的是,议员们不得不学着制定策略、协商和妥协;他们有时依赖于自己国家的社交方式,但常常不得不形成新的策略联盟。议员之间的差异也非常明显,这些差异体现在他们的履历、职业轨迹、经验、自我评估和目标等方面——所有这些都在许多方面影响到他们的日常决策和表演。

3.4　身为欧洲人

3.4.1　"'欧洲人'对你意味着什么?"

在本节,笔者通过分析欧洲议会议员对以下问题的回应来考察欧洲议会议员身份的话语建构,这些问题包括:受访者是否将自己视为欧洲人? 如果是,"身为欧洲人"具有哪些特点? 如在以上章节中提到的,欧洲议会议员的憧憬与目标显然在许多方面影响到他们的日常工作和他们对欧洲进程与欧洲议会的期待。因此,根据第 2 章讨论的探究间接性问题的语用语言手段来加以分析,本节解构每日例行程序的意识形态基底、所需的相关知识,以及使这些问题变得明显的方式。

在此我们所问的问题是:"你认为自己是欧洲人吗? 如果是,身为欧洲人有哪些特点?"表 3.3 总结了议员们的回应,同时列出了议员们的多重归属;宏观话题也再次成为分析对象(参见Krzyżanowski,2008)。

表 3.3　欧洲议会议员的区域认同、国家认同和其他身份认同

议员	欧洲人	欧洲的地区，如斯堪的纳维亚	国家/民族	国家中的地区，如巴伐利亚	城市，城镇	世界公民；不仅仅包括欧盟	不依据国籍而定	视比较对象而定
议员 1	√				√			
议员 2	√	√	√					
议员 3	(√)[1]							
议员 4	√				√	√		
议员 5	√			√				
议员 6	√							
议员 7	√		√			√		
议员 8	N/A		√					
议员 9	√	√	√					
议员 10	N/A	√	√		√	√		
议员 11	N/A							
议员 12	N/A							
议员 13				√			√	
议员 14	(√)[2]		(√)		(√)	√		√
	9/13	3/13	5/13	2/13	3/13	4/13	1/13	1/13
	(10)/13				(4)/13			

[1] 议员说她既是欧洲人，也不是欧洲人，视人们如何看待欧洲人而定。

[2] 对于这一位议员来说，其特点只在与其他国家的对比中存在，如，当任美国时感觉是欧洲人、等等。

N/A：这些议员应给出了何为欧洲人的特点；但没有明确称他们自己认为是欧洲人。

3.4.1.1 欧洲议会议员的自我定义

观察表 3.3,我们可以看到,对问题的第一部分"你认为自己是欧洲人吗"做出回应时,多数欧洲议会议员明确表明了"我是欧洲人"(1 位议员只说"是"),其中 5 位议员进一步补充了他们对其在议会所代表的国家的自我认同,如"我是欧洲人,我是荷兰人",因此,他们通过多重立足点来建构多重归属。同时,人物的其他特点也是相关的,例如,自称来自特定的地区、超国家或国家,如斯堪的纳维亚或黑森州,或称自己来自某个特定城市,如柏林;以这种方式,运用述谓策略,以转喻的方式将城市或地区用作具体身份特征的指示。4 位议员明确提到,"身为欧洲人"不仅涉及欧盟,而且是蕴含了身为"世界公民"或"全球主义者"之意。有意思的是,将这一点补充到他们自我定义中的 4 位议员都附属于绿党[21]。议员10 通过这些特征的几个"层次"来界定自己:

> **文本 3.24**
>
> 首先,我感到我来自瑞典北部的西博滕。我感觉我是西博滕人。我不住在那儿,但我感觉我是那里的人。我感觉我是一个瑞典人。我感觉我是一个斯堪的纳维亚人。我感觉我是一个欧洲人,我感觉我是一个世界公民。

欧洲议会议员因此表达了"欧洲性",但与其他受访官员相比,他们倾向于更加强调地区性和地方身份,以及——更具体地说——国家身份(细节参见 Wodak,2004b),这也极好地与斯库利(Scully,2005)所做调查的结果相关联。在这一语境中,欧洲议会议员们所提及的更广泛的身份显然反映了议会选举制度的性质,

---

[21] 尼克和佩林卡(Nick & Pelinka,1993)的一项研究中曾有同样的观察。他们的研究表明,绿党成员倾向于比其他政党代表更具世界取向。

这种制度在欧盟尚未统一。虽然一些国家遵守选区代表制度(如英国),但其他国家实行了比例代表制,在后一种情况整个国家充当了选区(参见 Corbett et al., 1995:13-29)。就此而言,议员们在他们的自我定义中可能倾向于强调与其特定选举情形相关的因素,由此程度不一地强调国家、地区或其他此类身份(参见以上议员 10)。回应中的差异也与他们角色的界定相关:议员们对他们的地方社区和/或对他们的国家政党负责;他们既忠诚于——可以说——"家乡",也忠诚于欧洲议会;忠诚于欧洲政党,也忠诚于他们的国家政党和他们的地区。这样,他们了解他们的多重归属,尽管因语境的不同,一个角色往往必然在某既定时刻得到凸显。

在表 3.4 中,我们发现了构成"欧洲人"的特征。这里的特征和性质代表了所有受访欧洲议会议员最常提到的那些特征和性质。在议员中,没有一簇特征特别显著;然而,多数议员提到,成员国共同享有某种将其凝聚起来的文化、历史和语言的丰富性,尽管在细节上各有不同;这种多样性部日(topos of diversity)(在以下意义上来说是一种理由:"即使我们有些不同,但由于共同的丰富性而成为一体")出现在多数官方演讲中(Weiss, 2002)。在受访者所运用的述谓策略中,我们看到对共同文化和过去的反复指涉[历史部日(topos of history),即共享的文化、历史和语言传统;相似的社会模式]和共同的现在与未来(即欧洲社会模式;统一的"额外价值";将来的出路)。另外,如果身份在某种程度上是"基于相似性和差异性的组合"(建立独一无二性的策略;Wodak et al., 1999:36-42),那么我们在对欧洲的反复指涉中看到了这一点,尤其是在其社会模式方面,欧洲跟美国或亚洲不同(尤其不同于日本)。

表 3.4　感觉自己是"欧洲人"的特点

特点	欧洲议会议员
思考方式;交流思想;关心自己和他人的问题	4/13
拥有不同但共享的文化、传统、历史、语言	5/13
处理社会、环境问题的方式;不同于美国、日本的社会模式	4/13
地理地图的一部分,不仅仅是欧盟	4/13
全球竞争性,与美国和日本方向相反的	2/13
整体要比部分大;在同一屋顶下;欧盟的额外价值;多样性中的优势	3/13
对未来的憧憬及未来的出路、方向	4/13
和平模式	1/13

3.4.2　"建构欧洲性":访谈序列选段的话语分析

现在,让我们来更仔细地观察不同类型的话语身份建构和表演。很明显的一点是,在向采访者叙述经历时,受访者也在访谈中表演他们的身份(Wagner & Wodak, 2006)。由于这个原因,对访谈片段的分析为我们提供了一个在准公共舞台上"自我呈现"的极好例示(参见 1.2)。开始,笔者关注代词"我"(I)和"我们"(we),但在这一具体案例中,它们之间的相互替换尤其令人感兴趣。与讨论最相关的部分已在例子中用斜体标记。[22]

欧盟委员会官员倾向于用"我们"来谈论自己,进而指涉欧盟委员会,并将之等同于欧盟。与其相反,欧洲议会议员们建构和表演了包括职业身份和个人身份在内的多种身份(Wodak, 2004b)。

---

[22]　与本脚注对应的原文尾注是对访谈的转写规则的解释,为方便查阅,现已根据实际情况将其放在本书尾注部分,请参见本译著尾注[5]——译者。

这些职业身份类型中,通常与具体实践社区和功能相关联的有:欧洲议会组织(的具体)成员、欧洲议会委员会成员、调查员、某个国家的政党成员、来自特定成员国家的代表等。但很多时候,许多相当个人的(私人的)身份和归属也涌现出来,包括社会工作者、家庭里的男/女人,或祖母等身份,以及更为抽象的个人或道德立场的呈现,如宽容、积极、外交或实用。这些"自我呈现"中,有许多体现于简短的个人轶事或者更长的叙述中,用作观点例证(*argumentum ad exemplum*),即某个普遍化的事件(参见 2.2.3)。

如以上讨论的,叙述是特别能揭示身份的指标,因为它们提供了一种"窗口",通过这个窗口,可了解个体如何评估他们过去的经历,以及如何在其世界中定位自己。例 1 是议员 2 谈论其首次担任调查员的经历(笔者已在别处分析了议员们自我呈现的特定性别化方面;参见 Wodak, 2003, 2004b, 2005)。

例 1(文本 3.25)

指向(第 1—3 行)

1　　当我——进入议会——

2　　我的第一份报告是有关列奥纳多的

3　　我不知道您是否知道:

活动复杂化(第 4—14 行)

4　　((微笑))嗯——我说"我将跟专员讲话"

5　　我——/我知道——他只讲非常糟糕的法语

6　　我的,啊,我的法语也非常糟糕

7　　因此,我说"我想要翻译"

8　　因此——我去专员那儿

9　　和一位非常好的翻/翻/翻译

10　　我/我/我跟他谈了一个多小时

11 因为我们所谈的一样

12 最后,他说——

13 "好的:我现在有我的:公务员提出的建议,但是
    我——同意你的意见:"

14 这/这/这就是整个过程——

评价(第15—20行)

15 因此你不得不:——啊:——)

16 我不知道/我们如何用英语称呼在/我

17 在荷兰我们说(不留情面)

18 因此你不得不:((笑))礼貌

19 但你不得不——你:你不能/

20 你不能<u>坐</u>在你的—/你的<u>桌</u>后。——

21 因为那无济于事。((笑))

尾声(第22—31行)

22 但那时你有最糟糕的体制

23 我曾试过几次

24 那时你有委员会。——

25 和——难以,啊:

26 与理事会协商是我的:——/啊:是我的经验:

27 有可能做:——

28 但是——现在他们有自己的策略:

29 他们自己的——理由:

30 啊:他们不喜欢议会的权力

31 因此:这/这/那是——/那是最困难的部分

以上例子根据拉博夫和瓦莱斯基(Labov & Waletzky, 1967)
的模式标记了基本叙事结构,在这个例子中,我们观察到,议员的

故事从表面上看,是她担任一份有关列奥纳多计划③的报告的调查员时跟专员进行的一场成功会见。在第 4—14 行(活动复杂化),通过将框架和立足点转换到直接言语并重现对话,她表明了她是如何带着一位翻译到专员那里的,因为她和专员对所涉议题有着相同的理解("因为我们所谈的一致"),他愿意支持她,尽管他的"公务员"就相关事件提出了相反建议。从议员 2 的角度看,这一故事的要点是展示一点,即作为一位欧洲议会议员,要把事情搞定,你必须积极自信,而"不是坐在你的桌后"——这是用隐喻性和转喻性手法描述的一个被动消极的官僚形象,与一个积极的政治家的形象形成鲜明对比。议员 2 感到自己法语水平有限,这给交流造成了阻碍,但她通过一位翻译的帮助,在专员面前主张了自己的看法——并成功了。因此,在这一叙述中,议员 2 将自己定位为一个积极的议员,愿意做应该做的事情,包括直接跟专员们争论,以确保她的声音和观点被听到。她也将自己的功能定位为在委员会中承担某种责任的调查员(第 2 行),她还将自己定位为荷兰人(第 17 行);虽然后一种身份只是被引以描述她的工作风格(在荷兰是"不留情面",或"自信"的,她将其预设为一种国家属性,因此运用、再造/制造了一种刻板印象)。

虽然她将自己呈现为一个积极的议员,而且不止一次地担任调查员(这预设了她有丰富的专家知识和组织知识),但她也以一种与其他许多语料中的议员(以及欧盟委员会官员)对各自组织的观察相一致的方式,描绘了一幅欧盟委员会和理事会的画面。在此,我们碰到了一位和善的专员,他愿意聆听一个议员的话,并根

---

③ 成立于 1995 年的与欧盟青年与教育相关的三个计划之一。这三个计划分别是苏格拉底(Socrates)计划、列奥纳多(Leonardo)计划与欧洲青年(Youth for Europe)计划。列奥纳多计划为职业发展和工作培训提供资金支持。

据理性和自己的信念做出了决定,即使这意味着偶尔背离其直接领导人或内阁的建议("好的:我现在有我的:公务员提出的建议,但是我——同意你的意见,这/这/这就是整个过程"),这一片段也表明了日常权力行使的存在。这既是针对不太有权力的议员而言,也关涉到欧盟委员会中存在的层级,这允许专员们否决自己顾问的意见。在故事的尾声,议员2将专员的亲和性与协作精神跟理事会的难打交道和不协作相比较[比较部目(topos of comparison);"难以跟理事会打交道……他们有自己的策略和自己的理由"]。这样,通过呈现积极自我和消极他者的策略,她建构了两个群体,包括内群体(议员和欧盟委员会)和外群体(理事会)。因此,议员2的叙述建构了一个世界,在那里议会和欧盟委员会可作为伙伴一起工作,而议会与理事会常常不一致;然而,这种协作只有某人以她所描述和表演的方式行事时才会达成。总之,这一叙述可以归纳为一个成功案例,用以凸显她的专家知识、组织知识和政治知识,展示了她是如何履行她作为欧洲议会议员的职责的。

以下例子来自对议员10的访谈,这一访谈关注失业的原因。在这个例子里,我们看到国家身份和政党身份如何同时表现,这也有助于理解和诠释特定政治、经济和社会议题(在这一个案中是失业)的语境。

例 2(文本 3.26)

1　这/这非常简单——我们为何有这么——高的——失业率,不

2　这是因为我们正在改变社/社会

3　我的意思是我们曾有一个——高度工/工业化的社会,现在我们正在改变

4　因此——因此:啊——这对于我们来说完全是新的

5　而且——/而且,于是,我们在试图——修补那

6　和试图——啊:帮助那

7　以——/以——一种旧的——/旧的结构:和——旧
　　的——答案。——

8　啊:而且——我们不想面对我们实际上不得不——

9　调整许多——思维

10　我的意思是那/那是——/它所关于的。——而
　　且——/而且

11　我们不得不——重新考虑——

12　啊,什么是充分就业和什么是

13　什么是啊:——/有一个啊/啊——赚薪水的工作:

14　有许多种/种事情。——

15　因为我不认为那——我们将会——

16　会有所称为——

17　通常在瑞典/充分就业((笑))/

18　和——/和——/和我对那儿的解决办法和/和

19　绿党当然

20　首先您不得不明白:——

21　我们有一个/曾经有一个——/啊有另一个——啊,
　　啊,另一个,啊——方法

22　充分就业的——另一个——观点。——

23　只是说——OK。——这是——1990 年。——

24　——/我们曾经有许多/人/失业。

25　因此,我们应该做的头一件事情:——当然是减
　　少:——工作时间。

26　因为——啊,40 小时:

27　如现在我们在瑞典一周所工作的时间

28　它不是——啊,神的制度。——

29　它/它——决定于/我们((笑))/

30　这/这时间……当我们——/当我们<u>需要许多人工</u>
　　<u>作</u>时

31　因此——减/减少工作时间当然

32　而且<u>也</u>——改变社会中的态度,反对

33　<u>有</u>工作和<u>没有</u>工作的人
　　……

34　我假设它是———啊——在欧盟中仍然如此

35　但是在瑞典——啊我/当然最了解(笑)/

36　在西北部

37　在那里啊——/那里我们有——<u>实际上高的</u>

38　百分比的税<u>对</u>——劳动力。

39　那应该:<u>转换</u>和<u>改变</u>

40　当然,因此你说——因为我是绿党——

41　啊欧洲议会议员——关于能源:

42　非资源性的——

43　啊:啊:——非

44　<u>可再生资源</u>和能源,等等

45　因此——这:应该<u>转变</u>,当然

在这一例子中,议员 10 既以她的国家(瑞典)也以她的政治背景(绿党)为导向。因此,她在第 17 行和第 27 行以及在第 19—25 行提到了她的国家——这几行里她还表达了对属于绿党的归属感——她显然将这种双重身份用作一种资源[在安泰克和韦迪科姆(Antaki & Widdicomb,1998)的意义上],用以理解她所主张的举措:重新诠释对"充分就业"的传统理解,并减少每周的标准工作时间。在第 35 行,她再次提及她的国家身份,甚至提及一个更具地方性的身份(瑞典西北部),充当她关于高额劳动力税所做宣

称的一种框架。她来自瑞典西北部，在那里劳动力税相当高，因此在这方面她可作为权威发言；通过以合适的技术语言和专业语言为其观点（解决失业的一个特定方法）提供多重保证，她展示了她的政治知识和专家知识。总之，她了解她所谈论的事务。她强调她的"政治身份"并指向她的政治背景，以作为她的意识形态和政治立场的进一步证据，她预设采访者会知道并理解她所暗示的意义。关于如何降低失业率和应对能源问题，她提出了两点看法，并提供了证据，这些证据显然来自她作为绿党成员的意识形态立场：她倾向于将征劳动税改为征能源税和不可再生资源税，这种立场与其作为来自欧洲绿党的欧洲议会议员的身份完全一致。

在这个例子中，我们看到国家身份和政治身份怎样被明确地提及并被间接地预设为一种显著语境，这种语境有助于理解某个特定的角度或呈现某种生态及经济知识的框架。在本案例中，她的表演是论辩性的，她似乎在试图说服采访者接受她的立场。通过以一种非常泛化的方式将现状作为"旧结构"和"旧答案"引入（这引发了一种"稻草人谬误"，是一种明显的夸张），她为其详细说明的新政策观点提供了一个一般性框架。以这种方式，她在贯穿于其陈述的一般宣称和特定新知识之间建构了一种论辩性对比，对比中她预设"旧结构和答案"对于其听众来说是显而易见的。几乎所有受访的瑞典人和芬兰人都颇为明确地提到他们的国家身份和地区身份，并对"一种斯堪的纳维亚思维方式"的影响做出评论，这应该——准转喻性地——为特定立场、政策和观点充当了被预设的证据。

本节的第三个例子展示了一种极为不同的女性惯习类型。议员 3 在访谈中谈论——因此也表演了——一种特定范围的身份（左翼、女性、瑞典人、母亲、政治圈外人等）。最吸引人的，是她反复将自己定位和建构为"非典型性欧洲议会议员"的方式，她还运用了极为独特的创造差异的策略。下面是其中的一个场合。

例 3（文本 3.27）

1　我想这里最普遍的职业——呃,民间——工作——对于欧洲议会议员来说

2　是,呃,律师

3　我,我自己,我远非如此

4　我的工作在斯堪的纳维亚之外甚至不存在

5　因此:——是一种社会教师——因此

6　因此我是/我是非常/一只:/一只非常特殊的鸟,在这里,啊:

7　如果,嗯,嗯,因此现在你觉得你不——符合某种典型的欧洲议会议员的标准,呃

8　我,不。不:不:我不是。我是左翼,我是一个女人,我是瑞典人,我也是

9　每件事——/每件事都错了。（笑）

在例 3 中,议员 3 将自己与她所认为的欧洲议会议员的典型情况(职业是律师)做对比,强调她格格不入的程度（"我远非如此……我是……一只非常特殊的鸟……每件事情都错了"）,因此,她通过运用鸟的隐喻为自己描述了一幅特别的形象,因为鸟象征自由、移动性和积极性。她也指出了与她有关的许多身份,也指出了她将自己标榜为不同于传统、保守、父权主义的欧洲人所设立之规范的人,如社会主义者、教师、左派、女性、瑞典人,采用了单一化策略（Wodak et al., 1999: 38）。这一片段是一位努力接受自身所有差异的成功妇女的极好示例,这些差异将她边缘化,并以积极的方式被再三强调。她的话像是在说"扭转了局面",实际上策略性地将传统上消极的含义变成了积极的属性。"她是一只非常特殊的鸟",这种自我呈现昭示了她的成功。冲突的意识形态问题和困境似乎通过自我嘲讽、自我反思和自信而得以解决。

在同一访谈的另外一些节点上,议员 3 强调,她不仅不是一位典型的欧洲议会议员,而且也不是一位典型政治家；以这种方式,她继续着其作为一种"独特"、特殊的政治家的表演。见例 4。因此,她没有依循"游戏的规则和组织的规则",而是设立了自己的规则；这也是一个人试图设想以其他方式实施日常政治的极好例子——她故意想要"与众不同"并由此设立新规则。

例 4（文本 3.28）

1　我的意思是我知道——甚至在/在,啊：国家的层面

2　我的意思是,在所有政党中存在许多政治家,各种——

3　他们倾向于/见到/这——呃/民众,通过——媒体。

4　呃——/因此我知道我不是那一类。

5　因此我倾向于与人民见面。——

6　这/这可能很难,但更有意思。

7　这就是我同时了解到的方式——许多

8　……还有一种（××）——/我遇到如此多的政治家——在我的——45

9　年生涯里

10　（（笑））因此：——这是——/

11　我的意思是你真的——当你看到行动中的他们时

12　当你还是个孩子或

13　这些年来——你说,哦——多么令人厌恶和

14　他们做了什么呀,相反,我——/

15　可以肯定我将不是那种我总是鄙视的人

16　这意味着,如果你去开会

17　你简直不想去。

18　你不想谈上 45 分钟

19　告诉每个人情况实际上如何

20　于是你离开——

21　通常是坐飞机,首先是豪华轿车,接着是飞机和

22　那是——不是一种无聊的生活

　　就在这个片段开始前,议员 3 和采访者已经谈论了欧洲议会议员与其选民接触的方式(或者他们应该采取的接触方式)。在这一语境下,议员 3 将自己的行为与被她视为典型(男性)政治家的行为相对比,因此提供了一种刻板印象式的泛化,并设立了一个"稻草人谬误"。在第 1—3 行,她将典型的政治家描述为喜欢通过媒体间接地与民众见面。或者,典型的政治家可能只是简短地"拜访"选民,以屈尊的、恩赐的("告诉每个人情况实际如何")和精英主义("于是你离开——通常是飞机,首先是豪华轿车,接着是飞机")的方式。在这些句子里,她转换立足点,突然假定了一个更直接的场景叙述模式,这种模式——她相当明显地暗示——更具说服力。在第 11—15 行,她以更多证据和对这类政治家的情感反应详细阐述了她的观点,强调她对政治家的"典型"行为的看法是基于多年来(45 年来)的观察,对于她来说,这些行为是"令人厌恶的"。她也"鄙视"这样的政治家,这是非常强烈的评价。在此,"指示"是极为显著的:典型的政治家只停留 45 分钟(原文如此),接着就再次"离开";空间维度一直很含糊。在此,她运用了几个部目、策略和谬误:与急于概括的谬误相结合,历史部目指涉她的经验,以作为一种更具普遍性之宣称的证据;急迫部目(topos of urgency)刻板地描述了政治家的生活和自我呈现,单一化的论说策略将她自己建构为独一无二的。"豪华轿车"和"飞机"也典型地与此类政治家相关联;这些都是预设地位、声望、移动性的词汇,且表明了对外观的关注。而且,这些交通模式暗示了跟"民众"的遥远距离。通过讽刺和非常明显的批评,她将自己标记为不同于其他(男性)欧洲议会议员,并以此建构了一个消极的外群体。所有

这些述谓策略和视角化策略建构了她的身份。另外,她甚至在与其他女性欧洲议会议员的对比中继续建构其独特性:她没有与某些群体结盟,没有用涵括性的"咱们"使自己归属于任何一个群体。她将自己建构为无数"离经叛道性"群体(从一个规范视角看是离经叛道的)的一员,因此反复强调她的独特性和与众不同。在第 4 行和第 15 行,她明确将自己与"那种人"相区分,预设了采访者应该知道她特指的是什么以及是谁。换言之,我们被鼓励去推断出(通过隐含意义)这一点:她身为一名欧洲议会议员,那么严格说来她就是一个"政治家",但她不是人们想象的那种政治家。因此,这暗示了对"典型主流男政治家"的刻板印象,他们被建构为实际上对政治的内容或对民众及其需要不感兴趣,而主要对说服性修辞和选票抽样感兴趣。然而,她也不是属于某个群体的典型女性政治家。总之,她愿意被看作是特立独行的。

3.4.3　对欧洲的憧憬

在本章开头(3.2.1),笔者讨论了 2002/2003 年欧盟制宪大会的代表在描述他们对欧洲的憧憬时所唤起的一些隐喻性场景。现在,让我们最后探讨我们的 14 位欧洲议会议员在 1997 年的采访中所表达的憧憬,接着将之与对制宪大会代表描述的研究发现相比较。这种比较应该可以让我们确定,那些关于欧盟扩张的辩论以及一部欧洲宪法是否会影响欧洲议会议员的意识形态和憧憬。在 2002/2003 年,几个隐喻被反复使用,如"核心和边缘""欧洲市场""全球博弈"和"全球博弈者"。事实证明,在讨论欧盟扩大以及与外交政策、新欧洲目标和身份有关的议题时,这些隐喻显得非常突出(Wodak,2007a,2007b,2007c)。"拼布"隐喻被用于表征一个扩大后的欧洲的分裂性。其他场景和概念均被背景化,如容器隐喻和家庭隐喻。

1997 年,用于描述欧洲的形象和作为"欧洲人"的感觉略有不同,尽管一定存在着某些重叠。所有的欧洲议会议员一致将他们的国家/国籍与其欧洲性相关联,例如"我感到既是欧洲人也是法国人"或"我首先来自勃兰登堡"或"我感觉是欧洲人;我是瑞典人,我是一个来自(×××)的人……但我是一个欧洲人"。因此,以在一段较长陈述之前冠以一个框架化序言的形式,所有的欧洲议会议员都强调他们的多重身份和归属。这些身份也用于预设某种暗示的世界观或国家信仰、传统和立场,这些世界观或国家信仰、传统和立场又框定和解释了后续的陈述。

有四个场景在欧洲议会议员的憧憬中最为突出。第一个场景涉及相对动态的隐喻和情感描述,以捕捉"欧洲的开放性和多样性"。这个场景强调的是运动、变化、可能性和意想中的未来。在这一场景中,"欧洲"既是一种情感也是一个实体,对其的描述多种多样,如"文化开放与开放性的情感"和"蜂箱"。这些常常出现在法语修辞中的隐喻(参见 Weiss, 2002)让我们想到了一条"开放道路"("道路"隐喻;Musolff, 2004)。它们也描述了朝向一个未知将来的主要社会变化和演变,这被视为"对欧洲和欧洲机构的试验和挑战";注意对流行词"挑战"的反复使用,这个词贯穿于许多欧盟的官方修辞(参见文本 3.29):

文本 3.29

1　我假定,对于每个人,他——

2　主要以历史维度思考,并

3　拥有一些憧憬,这/这,呃

4　我们正在做的试验——或正在创造——一种欧洲

5　联盟,从未完成的

6　在不久的将来,它是一个疯狂的

7　挑战。相较于国家

8　　结构,有许多创造性的空间

9　　因为/因为某些新的事务总是跳出来,而且(议员 5)

　　(原文为德语,见本书 pp. 285-286)

第二个重要场景与"容器"隐喻相关,如统一的欧洲家庭和欧洲屋顶;这是修辞中常用的强调民族国家的概念隐喻。与这一形象相关联的,还有小国和大国之间区别的问题。一些欧洲议员强调,小国家应该特别能感受到在欧洲屋顶下得到了保护,其他议员则认为在布鲁塞尔感觉自在(使用布鲁塞尔转喻性地暗示欧盟),并在那里建立了他们自己的"巢",这实际上包含于欧洲家庭和空间之中。在这一样本中,我们没有发现碎片化的或"核心与边缘"的形象或憧憬,因为在 1997 年,欧盟仍只有 15 个核心成员国;因此,一种与历史和空间都相关的整体观曾非常盛行:

文本 3.30

或者,瑞士人会经常问我这个问题,于是我答道,没有比欧盟更安全和更有保障的地方了,如果你愿意,在那里一个人理性的或文化的或其他传统的身份能得到保护。我们可以在卢森堡看到这一点,我们可以在更小[国家]的基础上看到这一点,这就像我们特里维斯,呃,对少数族群非常好,我们互相尊重,生活在一起。在爱尔兰也是……但,也明确地说,如果,如果,如果我们认为某事,呃,进行得不好。我认为,尤其是欧洲,特别是这一机构,欧洲组织,是一种绝对的保障,较小的文化,将能维持其传统,也保证让它们安全地整合的可能性。这就是为何当这些小国家,呃,反对时,我就不太理解,就像列支敦士登,或者,呃,冰岛,等。(议员 7)(原文为德语,见本书 p. 286)

第三个场景中,我们发现"欧洲社会模式"转喻性地代表一种与美国不同的就业与社会政策路径——这是在访谈中反复出现的话题(参见以上)。这一场景与某些体育隐喻相关联,因为在面临全球市场经济挑战的同时维持这一模式并保持竞争性,意味着涉及斗争与竞赛(也参见 Delanty, 1995: 149; Straehle et al., 1999)。因此,虽然运用了新自由和经济术语,但着重点在于通过教育和尊重维护欧洲社会模式(也参见以上,例2)。

> 文本 3.31
>
> 我现在跟某些企业家一起从事这方面的工作,他们是为了实现愿望而真正奉献的人。他们不会,例如,时不时收买某个得分的足球运动员,或给予一点帮助。相反,最好是以以下方式做这项工作:给年轻人机会,以便他们能有一天成为成员/以便他们能获得列奥纳多计划的资助,甚至得到资助,在其他欧洲国家获得一段时间的教育确保你得到的训练超过所需要的,确保在你的圈子里,你也帮助促进进一步的教育和再教育。如果我们做到这一点,那么通往这一憧憬的道路肯定不会太远。(议员8)(原文为德语,见本书 pp.286-287,也参见文本 3.11)

第三个场景强调与美国模式不同的欧盟模式,这也与一种更具联邦性的观点相关——如几位(总是)害怕一体化的英国欧洲议会议员所表达的。这表明欧洲议会中存在着一种紧张关系,一方面要超越民族国家的目标,另一方面却害怕融入一个更大的欧洲国家:

> 文本 3.32
>
> 这意味着有你自己的——国家地区的观点,但是,啊嗯——愿意接受和——诠释和——推广其他人的想法——嗯,在15个成员国及以外的地方——朝着一个方向——对于

整个欧洲来说能取得积极结果的方向。（议员 4）

最后，我们发现了一种"健康欧洲"的形象，这里运用了概念隐喻，将欧洲视为人和身体，在这个隐喻中各民族国家（而非它们的政府）之间像人一样相竞争。一种对平等和人权的憧憬暗示了"健康欧洲"的定义：

文本 3.33

在我看来，这是唯一的方式去，啊——保持一个——/一个宽容和，啊嗯——啊：——健康的：——欧洲——啊：——在那里国家不因其差异而竞争，这——/这对于我很重要。（议员 6）

当然，议员们也使用了其他形象和概念隐喻，但这些并不是经常出现且较具有语体意义的样本。当比较这两套采访语料时，我们发现了某些令人吃惊的差异：在 1997 年，仍存在强烈的统一和整体主义，尚未有分裂或文化不协调的危险之感。而且，不存在有关欧洲地理（地理的、想象的、价值取向的）边界的辩论，这在有关土耳其可能加入欧盟的论辩中逐渐成为一个关键议题（参见Wodak，2007b）。

笔者以一段来自瑞典的欧洲女议员 3 的引述来做总结，她通过自我呈现和表演来争取独特性和与众不同性（文本 3.27，3.28）。当问及她对欧洲的憧憬及她对"欧洲人"的定义时，她毫不意外地提出了一个非常不同的说明，带有讥讽和幽默，这将她与样本中的其他人区分开来。首先，她预设"欧洲人"暗示着一种刻板印象式的基督徒白人男性，其次，她暗示欧洲对许多灾难负有责任，而不是其多数议员同事所骄傲地提到的积极"欧洲价值"（历史部日）。事实上，此类"离经叛道的"观察与她在欧洲议会的工作完全一致，并且对于她的工作非常重要，在那里她从事一些富有争议

性的和不受欢迎的事务,以便打破禁忌,支持少数族群:

文本 3.34

> 议员: 因此我认为,啊:/一个真正的欧洲人应该是,啊:——/一个白种男人。——
>
> ……大约 50 岁。受过良好教育,愿意随时与日本、美国竞争,一天 24 小时如此。——
>
> 采访者:啊哈。
>
> 议员: 嗯,在那件事上,啊——/而且/而且,也是/相信/当然是基督徒。
>
> 采访者:嗯:嗯——
>
> 议员: 在/在/在/在那个意义上,不:我不是欧洲人。((笑))
>
> 采访者:对,对。
>
> 议员: 但我是欧洲人。
>
> 采访者:啊——OK。——
>
> 议员: 但我也认为——/我没有信,啊——/没有信心,我也不想说——哇/欧洲人干的事情——几百年来,没有——什么值得骄傲的。
>
> 采访者:嗯——是,是。
>
> 议员: 实际上在世界各地都是如此。

3.5 一些总结性想法

本章侧重于观察对欧洲议会议员的访谈,去弄明白他们建构和表演了何种身份,他们在欧洲议会的日常工作中有哪些经历,他们如何界定"寻常政治"。首先,笔者考察了受访者对有关其在欧洲议会经历的问题的回应,有关他们的职业选择和决定的回应,以及身份建构的方方面面。

与欧洲有关的许多评价、隐喻和标准部目(standard topoi)极为显著地出现于这些采访回应中:欧盟成员国在历史上和文化上是紧紧相连的;作为欧盟的一部分会具有额外的价值;欧盟是通往未来的途径;将欧洲与其他政治/地理实体区分开来的是其社会特点。最后的一个特点——欧洲以其社会模式闻名,重要的是在将来也要保持这一点——也反复在关于就业议题的问题中提及。甚至更具体的,这个"社会欧洲"是一个将自己明确地,几乎是绝对地与美国和日本相对比的欧洲。实质上,这一系列特征与沃达克等人(Wodak et al.,1999:55)对国家身份所做的以下观察非常相似:国家身份是"共同或相似信仰或观点的复合体……也包括某些与全国性的'我们'群体相区分的外群体"。换言之,虽然我们在此谈论的是特定的超国家身份,但关于何为欧洲,这些受访者看起来拥有一种相同的核心信仰,这一核心涉及共同的过去、现在和将来。同时,我们发现有各种"外群体"被建构起来:欧洲不同于美国和诸如日本等亚洲国家;其政党也不同;理事会被建构为内部的"他者"。

语言学的分析部分表明,虽然在这些材料中,欧洲议会议员们扮演并从属于集体身份,如作为欧洲议会的一部分,但在他们的"身份制造"中,考虑到他们所归属的群体(如欧洲议会、绿党、瑞典人、德国人、法国人)和他们为自己创造个体化身份的方式(积极的、非典型的、独特的),他们在所表演的经验以及在所依赖的知识中存在很多不同。尤其是,国家身份被常规地视为对于欧洲议会议员来说是指示性的、刻板印象式的和一般性的,常常作为一种方式框架和预设了某些议题的特定观点或诠释,因此,这些身份也构成支撑安娜塔基和温迪康姆(Anataki & Widdicombe,1998)以下观点的极好例子:身份可以用作话语中的资源和论辩性观点的证据。最后,在我们的整个材料和叙述中,受访个体构建了一个世界,在那里欧洲作为一个具有社会良知的经济实体而发展着,尤其是与美国和日本相对而言。

在某些方面,欧洲议会议员们取向的多样性看起来对欧洲议会运作的方式发挥着作用。在上文中,笔者描述了欧洲议会议员们所面临的工作压力(欧洲议会议员们的"声音"也得到详细呈现)和他们可以突破的方向。虽然许多欧洲委员会官员无疑也到各地旅行,但他们基本上驻扎于布鲁塞尔。由于欧洲议会紧张的四周活动周期,欧洲议会议员们必须在巨大的时间和空间压力下工作(如参加在布鲁塞尔的会议、在斯特拉斯堡为期一周的全会,定期回国出差,作为内部议会代表成员拜访其他国家,等等)。同时,欧洲议会议员们参与他们的政治组织(在议会中的,也可能是在国内的),出席几个委员会和其他实践社区的会议,被要求作为专家在会议上及其他公关事件中讲话,他们也作为主人招待来自国内或其他国家的访问团。简言之,不存在对欧洲议会议员的工作的简单描述,不存在一种一般性的职业轨迹。根据欧洲议会议员个体如何安排其工作优先级的不同,我们发现了各种截然不同的角色/工作定义、各种动机和议程、不同的憧憬,以及与欧洲议会议员相关的多种身份(包括集体身份和个体身份)。然而,我们也发现了他们所融入的程序化工作的方式,以及一种职业惯习,这种惯习根据语境的不同而被规定和表演出来。因此,我们在与欧洲议会议员访谈中所发现的各种多样性,如他们所扮演的"我们"和"我"的身份的多样性、自我和他者呈现的话语策略的多样性,以及所叙述的经历类型的多样性,似乎不仅不具偶然性,而且还具有高度功能性,这极大地反映了欧洲议会自身的各种特点。

第 4 章　欧洲议会议员生活中的一天

4.1　漫长的日子和成堆的文件

在所谓的欧洲议会议员的日常生活"移动圈"中,经过他们穷年累月在欧洲议会的工作,欧洲议会议员们融入并习得了一种与某些常规有关的职业惯习,就如我们在第 3 章看到的。他们习惯于在斯特拉斯堡待一周,在布鲁塞尔待两周,在"国内"待一周,因此必然要应对以下事实:他们很少看到他们的伴侣和家人。而且,他们总是带着大量文件旅行。阿伯勒(Abélès, 1992: 208)曾引述欧洲议会议员伯纳德·梭罗(Bernard Thareau)的例子,他清晰地记得 1981 年到欧洲议会时,曾在一天之内收到了 11.3 公斤的文件:"仅仅工作了一天,我就如此沮丧:文件,更多的文件,不断出现的文件。"这种状况甚至在互联网时代和使用更薄的笔记本电脑、"黑莓"和"苹果"手机等移动高科技产品的时代仍未改变。所有的报告、决议和会议记录仍需要翻译为(当前的)23 种语言和副本,并打印出来,分发给每个欧洲议会议员及职员。因此,在旅行时,每个议员不得不为下次会议携带大袋相关文件,更不用说已经收在行李中的那些不太重要的文件。除此之外,还有用以向下一会场运送文档的巨大钢制箱子(参见第3章图3.6,3.7)。

不仅文件数量是个显著问题,而且议员们在被要求阅读、评论或批准重要文件时也很少得到提醒。实际上,笔者清楚地记得,在田野工作期间(参见下文),在不同会议上,许多议员都曾抱怨他们常常直到前一天深夜才收到第二天早晨的会议的相关文件。因此,他们面临两种选择:好好睡一觉,但准备得极为糟糕或没有准备;或者睡得很少(或根本没有睡觉),以读完所有文件。当然,这样的情况并非偶然,而是有意为之的结果,与第2章讨论的权力的层级分布与策略性知识管理有关。做好充足的准备,需要获得相关事实,以及对批评、干预及修正案的充分准备,这样,议员们可以按照他们自己的政治旨趣设置议程,或者形塑观点和草拟文件。通过直到最后一刻才将重要文件发给议员,官僚们缩短了议员们的准备时间,妨碍了其有效参与决策的能力。由此观之,议员们的"文件追逐"远不是一桩小事;它极大地影响到民主过程,是政治策略化和策略在日常政治中运用的极好例子(参见政治知识,2.3)。因此,"寻常政治"的第一个主题(一个主导性的、反复出现的主题)是以下事实:在欧洲议会的每个地方都会遇到大量文件。①

每周的工作都有例行安排,并成为常规和惯例,然而这些例行

---

① 国家议会和政治机构或官僚也如此。2007年12月,奥地利媒体报道了一则丑闻:司法部长没有阅读相关文件就投票赞成了一项有关移民和寻求避难的法律。这遭到NGO和反对党的极大批评,因为这条新法律严重干预传统、自由的惯例。部长申辩说她每时每刻要处理、评论、修正、讨论和批判海量文件——她无法全部做到。但是,在这次丑闻后变得明朗的一点是,这条法律的制定是为反移民游说团体所推动的,那实际上是他们所用的一个策略,故意将这一新法律递交得很晚,以使相关的多数政治家没有时间足够仔细地阅读提议——或根本就不读!更多的信息参见http://diestandard.at/? id=3327773andsap=2and_pid=9432818(2008年8月12日查阅)。

安排必定且常常被临时的、计划外的事件以一种不可预知的——但并非真正令人意外的——方式所打扰(参见 Weick，1985；2.4)。它们并不令人意外，是因为——如我们从访谈所提到的许多轶事中了解到的——每个议员都要学会预计到各种突发事件和干扰:机器故障;技术员不在;重要文件找不到;翻译具有误导性;信息被身份不明的特殊人物保管着;代表和游说团体前来打扰、寻求建议或帮助;决议和决定不得不被迅速修正和重新草拟——还有许多其他可能出现的事件，会渗入这些本已精心安排、满满当当的日程中。举一个典型例子，2008 年 5 月 20 日，6 个常委会(包括环境委员会、运输与旅游委员会、法律事务委员会和就业与社会事务委员会②)提出的 17 个不同事项在全会中被讨论并发起动议，会议早上 9 点开始，计划在午夜结束。当然，多数议员并不将时间主要花在参加全会辩论上;他们只在讨论他们自己的委员会提出的议程时才出席。相反，他们都有自己的日程，这日程可能会周期性地与官方议程重叠，或者平行进行。如下文，当我们全程跟踪一位议员的一天工作时，我们会遇到许多约会和小会议，其数量之多，一般会"溢出"体现"寻常政治"或"作为事务的政治"或"寻常政治事务"(后者或许更精确)特点的紧张日程。

议员的生活是忙碌的:为了跟上日程，他快速行动，有时甚至跑步穿过巨大的议会大厦，上下长长的楼梯，从一个会议室到下一个会议室，偶然驻足与熟人或同事说几句话，同时听取私人助手的简报，不断地打电话。除了得到好的顾问的帮助外，所有这些都要求议员们有一定的同时处理多种任务的能力，要求他们身体健康，

---

② 参见 http://www.europarl.europa.eu/sides/getDoc.do? pubRef=-EPTEXT+AGENDA+20080521+SIT+DOC+XML+V0//ENandlanguage=EN(2008 年 5 月 1 日查阅)。

自信,有足够的策略去应对压力,有能力对临时的、未预计到的决策要求做出快速反应。

实际上,如阿伯勒展示的,一些议员将他们在议会大厦通常每日所走的 10 公里或更多路程视为他们的日常健身计划的一部分(1992:108)。这种表面的混乱其实依循着自己的逻辑——或者理性或者非理性,因视角的不同而有异。一天中常常会涌现出很多事件,这些事件对所预设的共享知识的依赖使得它们具有歧义,有时会造成误解,因此要厘清这些误解。当然,这对于所有组织而言都多少具有典型性,虽然并非总是以如此极端的形式出现。协调这一疯狂的组织环境需要良好的时间管理技巧和专家知识,这种知识可以帮助议员在面对大量紧迫请求或行动呼吁时进行优先级排序。因此,日常政治的第二个主题是"时间的缺乏"。

时间不足或只有少量时间,处于压力之下,感到紧张,这营造了一种明确的总是身处"别处"的感觉,所有这些似乎是特定机构惯习和职业惯习的一部分——不仅是政治家的,也是医生、教授和其他组织雇员的惯习的一部分。被需要必定是成功、重要的专业人士的一个特点。实际上,20 世纪 70 年代末,我们在维也纳一家大型医院开展田野工作期间,我们能够观察到医生总是奔跑着穿过医院的走廊。但是,这种行为只出现在公共区域,在那里病人或病人亲属可能停下来与他们打招呼。他们一旦脱离人们的视线,离开公众视线可及的走廊,他们就停止奔跑并有时间聊天,这表明忙碌和"被需要"至少是一种在前台的公共表演,以便体现"成功的专业人士"的惯习(参见 Lalouschek et al., 1990 和 Wodak, 1996,书中对备受医生认可的"时间神话"进行了详述)。因此,与时间缺乏这一主题相关的是第三个主题"敏捷与灵活"。

有趣的是,经理或政治家越有权力,他们在职业"前台"(例如,在媒体中)表演时越少感到紧张。即使经过整夜的飞行,他们也从不疲惫,而且总是面带微笑,衣着整洁,在高尔夫球场或宴会上顺利地避开商务与娱乐。总之,无论何时接受采访或"被镜头所捕捉",他们总是给人一种享受密集安排的日程,享受不尽的会议、协商和社会活动的印象。实际上,它使人相信,当出现于前台的聚光灯下时,这些重要人物带着"面具",此时极为重要的政治家、经理和所谓名流之间的区分变得模糊或甚至完全消失③(参见 1.1.1和 1.1.2)。"其他的、普通的、日常的脸"只在后台可见;当然,每个人在幕后也表演,但这通常是以不太仪式化的方式,因为没有公共受众。我们可以将这描述为一个连续统一体,它的一端是高度仪式化的表演,另一端则是非常不正式的随意的表演。在下文及笔者的总结中,笔者将回到"仪式"的重要性上(参见 Edelman,1967;Manley,1998)。因此,第四个主题可称为"连续的仪式化表演"。

在访谈中,议员们通常建立因果颠倒的"存在的连贯性",常常通过包含一系列仪式化事件的叙述,试图为采访者或其他听众建构一种连贯且准理性化的事件。以这种方式,矛盾、干扰和破坏都得以调停,意识形态困境得以避免或被压制(参见议员的叙述,3.3.1;Duranti,2006)。由于这个原因,研究者的民族志学经验和知识在理解政治的真实事务方面至关重要。没有这样明智且批

---

③　如果人们将法国总统萨科奇或意大利总理贝卢斯科尼的媒体形象与几十年前更为传统的政治家的形象相比较,这一点甚至更加明显。这种发展不是没有误区和矛盾的:一方面,如近来法国的民意调查所示,许多法国人对他们的"明星总统"不满;另一方面,整个英国似乎都对关于政治家和皇室的私密故事乐此不疲,尤其是这些故事涉及性或腐败时(参见 Hay,2007;Paxman,2003)。笔者感激在厄勒布鲁大学媒体系的同事,尤其是马特·埃尔斯托姆(Mat Elström)和比吉特·赫耶尔(Birgitte Hoijer),在笔者于 2008 年 4 月作为瑞典议会的克斯汀·海斯尔格林主席在该大学停留期间,他们在讨论政治与媒体间的相互依赖性时向笔者指出了这些现象。

判性的洞见,我们只能获得对政治生活完全曲解的、"经消毒处理的"个人叙述。反过来,这些对"寻常政治"的主观再现会成为被建构的、被人相信的,并最终实质化为政治家的典型日常生活。实际上,西尔弗曼(Silverman,1993:49)清楚地讲道,"相反,民族志学跟社会科学研究计划一样,生产与人类组织有关的一般性的甚至可能是类似法律的陈述"。在第 5 章比较政治家"日常生活"的虚构化再现(在电影和电视中)和我们对"寻常政治"的实证观察时,我们将详细地谈及这一方面。

在这一点上,议员助手的重要性需要加以强调(参见 1.1 和 1.5)。没有私人助手的帮助,议员们可能会完全失去方向,不知所措。助手通常是年轻的女孩或男孩(大约 25 岁),他们刚刚完成硕士学业,一般在欧盟委员会中作为"私人助手"在布鲁塞尔待 6 个月,希望通过担任欧洲议会议员私人助手的经历获得更加光明的职业前景(也参见 Abélès,1992:295ff.;Duranti,2002)。他们获得的报酬不高,这份工作也极度没有保障,完全依赖于与各自议员的私人关系;这意味着他们完全由议员雇佣,无论何时,如果议员回归到以前的工作,或者对助手的工作不满意,他们的雇佣关系就结束了。在记录"欧洲议会议员生活中的一天"时,我们可以观察到在那一天的繁忙日程中交给议员助手的许多任务(Fröschl et al.,2007;Wolf,2007)。

让我们以一个典型案例展示议员助手的作用:"M"(因研究目的而采用化名)是一位研究法律的奥地利籍斯洛文尼亚年轻男士。他陪伴议员参加所有会议;安排与访问者的见面;负责所有的旅行安排,以及迅速组织跟议员的委员会或政党同事(也即,1.2 中讨论的"实践社区")临时举行的小型会议;就将来的会议或重要文档向议员做简报;以这种方式,他管理了许多组织知识和政治知识。

　　所有这些任务暗示着,每个助手被要求管理相当高层次的技术知识和组织知识,并不断被要求决定什么信息对其雇主可能是重要的,什么是不太紧急的,什么是可以完全忽略的。在我们对欧洲议会"日常政治"的研究中,遭遇到了几个知识与话语的关联点,它们在议员的日常生活中(通过控制知识的获取渠道)使权力关系(Scollon & Scollon, 2004)结构化了。首先是核心秘书,他收集、保存跟每日及每周决策有关的所有复杂信息,管理日程表、技术员和整个组织的基础设施(组织知识)。处于这个层级体系的一个较低层次的是私人助手,他与核心秘书对接,根据议员的特定议程对要求和输出进行灵活处理,同时在真正意义上体现其雇主的日志和记忆。换言之,助手通过选择性地管理从"中心"来的信息流而获得知识(并因此获得权力),故而议员们极为依赖他们;同时,助手依赖议员得到雇佣。赛耶(Sayer, 1992:35)从批判现实主义的角度精炼地解释了这种相互依赖的形式:

　　　　宰制系统无一例外地利用两类依赖性。它们不仅通过宰制性阶级、种族或性别对重要物质要求的占用、控制和分配来得到维持,而且通过支持它们的特定意义形式的再生产来得到维持。

　　接下来,笔者分析了一位奥地利欧洲议会议员——我们称他为汉斯——的一天中的系列片段,这位议员是社会民主党人,是工会和社会事务方面的专家。有些片段相当长,因此我们不得不根据它们所展示的显著的宏观-话语策略或论辩语步,来对其进行总结。因此,笔者分析了这一整天的记录,但适时省略了言谈较长的段落(如委员会中的陈述或演讲),因为这时的基本活动(和语体)

在很长时间内延续而未被打断。①

当然，尽管民族志学有很多宝贵的洞见，但说它（即观察）是通向与分析对象有关的某种"真理"的方法路径，或者是了解"整个实证世界"的窗口，也是错误的。事实恰好相反，如丹纳马克等人（Danermark et al.，2002：57）所正确指出的：

> 做实证观察是不够的；它们很少成功捕捉到生产现象的底层机制……权力和机制可以在底层存在和运作，而我们却不能立即感知到它们和其所产生的效果之间的任何联系。

实际上，没有理论思考，不试图解释过程以及使所观察的事件成为可能的生成机制与动因，我们的研究结果将只能停留在纯粹的选择性描述上面。这当然不符合批判性和反思性社会科学的标准，这只能为科学知识提供一个前提条件（实证观察）。

当我们询问汉斯是否介意让我们的团队或某个研究者对他进行跟踪观察时，他立刻同意了，并选择了团队中的社会学家吉尔伯特·魏斯"陪伴"他（参见 Muntigl et al.，2000）。这样，吉尔伯特被允许连续三天跟踪汉斯，从早上 8 点一直到汉斯工作中的官方和半官方部分结束时的深夜。汉斯在夹克上别着一个小麦克风，口袋里装着一个录音机。他邀请吉尔伯特跟着他参加欧洲议会内外的会议，在他待在他的小办公室里做准备、打电话或与他的私人助手 M 或其他来访者及同事谈话时，让吉尔伯特坐在一旁观察。另外，他常常对遭遇到的事情做出评论，解释他对其他欧洲议会议员的行为或详细阐述他在委员会上做出的陈述。以这种方式，我

---

① 这是合理的选择，因为笔者在本章不关注演讲或陈述语体，而是关注当天以各种语体出现的整个会话"流"。笔者对探测框架转换和欧洲议会议员在日常生活中使用的话题、语体或体现的角色等感兴趣，它们可以泛化为更一般的"寻常政治"模式。因此，一场演讲、对话或冗长独白中的许多纷繁复杂之处不是本案例考察的主要焦点。

们了解到了各种实践社区的许多潜在规范、功能和规则,了解到了秘密的和共享的知识,了解到了存在于许多会话中的一般情况下难以获得的次文本。吉尔伯特在晚上撰写详细的田野笔记,之后把"寻常政治"的日常世界解释给整个团队听。⑤ 虽然民族志学显然关注独特的个案,但我们应仍能够从结果中推断出考察对象的范式和规范。当然,民族志学应该超越轶事,从个别走向一般(参见以上)。在下一节,笔者将概述笔者所用的概念装置,以便从民族志学材料中得到一个普遍化的诠释。

4.2 认知方式:分析民族志学材料

在对所记录和转写⑥的文本例子的分析中,笔者首先关注主题,这些主题以各种方式体现为正当化和合法化的策略、组织会话和言谈的规则,或是在体现"寻常政治"特点的语义场中反复出现的词汇项目。这些词汇也称作为"锚点"(Hoijer,2010),它用于将各种现象互文性地联系起来,或者触发被预设所指涉或间接引发的知识形式。另外,依据 2.3 中所勾勒的组织知识、专家知识和政

---

⑤ 在这一点上,笔者想感谢吉尔伯特·魏斯的协作和他在我们合作研究的这些年所给予的富有启发性的评论。吉尔伯特此后转到了学术领域之外的其他职业;但笔者仍有机会跟他讨论这一分析,厘清某些片段的意义。笔者在欧洲议会和欧盟委员会的各种委员会的几类会议上花费了大量时间,因此充分利用了笔者的观察、田野笔记和经历(参见 Wodak,2000a,2000b;2003)。而且,团队的两个其他成员,社会语言学家施特雷勒和蒙提阁在访谈和对欧洲议会书面文件的分析中提供了帮助(详情参见 Muntigl et al.,2000;Strachle et al.,1999)。录音记录由社会学家、兰卡斯特大学博士生凯提尔依循惯例(参见第 3 章,注脚㉒,见本译著尾注[5]——译者)转写。考虑到易读性和可理解性,笔者不得不翻译了一些重要片段,逐行列出了原始德语对话。笔者非常感激恩格尔将之翻译为英语。当然,笔者所分析的是原始德语文本而不是翻译版。因此,在一些情况下,笔者也在括号中以德语引述了明显的短句或话轮。

⑥ 转写惯例参见第 3 章,注㉒。(已提前,参见本译著尾注[5]——译者。)

治知识三个维度,笔者还对"知识管理"加以分析,它在一天中似乎以错综复杂的方式引导汉斯和 M 安排表面无序的事务,组织政治议程,以便最终有选择地优先处理事务和做出决定。

在开始定性分析以前,笔者先简要总结笔者在前两章已界定和详述过的那些语用的、话语的和语言的观测点。在下面几小节中笔者将在这几方面为与"寻常政治"话语建构有关的三条总体性观点提供证据(已在 2.2.3 中较为详细地叙述)。

首先,在日常生活,包括后台和前台活动中,以及在表演模式之间的过渡阶段的表面无序中存在着秩序。然而,这种秩序并不依循"理性决策"的抽象规则,而是依循一种强烈的语境依赖逻辑,依循政治游戏的规则。其次,有序化原则是通过特定的议程和各种形式的专家知识建构的,与管理行动和决策程序的预设相关联。再次,管理知识暗示了不同形式的建构性、运用性、协商性和分配性权力,以及对与特定意识形态议程相关的霸权的争夺。

因此,为了对在第 2 和 3 章中引介的各种语言资源进行小结,笔者关注在材料中比较突出的预设、暗示和隐含,以及建构互文性的方式(即"锚点"),它们指明共享知识和实践社区,形塑各种话题、利益群体或策略联盟的涵括与排除。积极自我呈现和消极他者呈现的策略实现了群体身份和——如果在说服行动中必要的话——替罪羊"他者"的建构。另外,会话风格体现了汉斯在特定语境中选择的公共和半公共表演的类型、情境角色(作为政治同事,作为专家,作为朋友,等等)的类型,以及对语体或语体混合的选择。与角色表演相关的是代词的运用和职业语言的运用(即立足点;参见 3.4.1 和 3.4.2)。当一位政治家推进一个特定议程时,我们还可以预测说服性修辞的运用,包括论辩、部目和谬误以及其他修辞比喻(转喻、隐喻、人格化等)。最后,在辩论和讨论中,

不仅有典型的打断、临时干预和评论,还会有重要的话轮转换程序
发生。当然,许多语言-语用手段内在地、必然地与特定语体相关
(因此,例如,不令人意外的是,修辞手段应该出现于主要为说服性
的语体中,像混合着职业语言的演讲和陈述,但在更为随意的跟朋
友和同事的见面中,往往大量使用标示了共享知识的预设、暗示和
隐含)。在笔者分析的某些语料中,笔者选取了特定句子或片段进
行分析。这些片段被相应地标记了序号。

4.3　一天的开始

早上 8 点,议员们通常开始工作了。汉斯 H 与他的助手 M
在他的小办公室里(一个 8～10 平方米的办公室,有一张桌子、一
台电脑、几个书架和一部电话)见面,对即将要做的事件进行简短
的通报和安排。M 已经准备好了当天所有的相关文档,并将它们
整齐地放在特定的架子里。汉斯主要提出一些简单问题;对话采
取一种断断续续的形式;迅速,常常为省略句,且突然——快速的
询问与回答序列传达了急迫感与压力。如果我们将一整天视为一
个完整的插曲,那么这个"早会"便是所有后续事件的一个引子,同
时为这些事件设置了结构装置与框架:

文本4.1

H：嗨,把社会保障制度纳入进来

M：我已经联系了(×××)

H：我们还没收到任何答复吗(啊)?

M：显然没有,我很高兴我将信寄出去了

H：在周五?

M：不是,不是,我上周寄出的

　　不,我是在周日寄出的

H：周日

M：是的

H：它们要来了

M：周日，11 月 14 日

H：事实上，它们又是跟社会保障制度一起来的
我们今天需要它们

M：不，我们不需要

文本 4.1 为那种快速的言语交流提供了洞见，这种交流依赖那种对于议员及其私人助手而言典型的共享语言和组织知识，他们在交流同时不耐烦地设法寻找委员会会议所需的某些文档或信件的下落。在这一交流中，M 和汉斯显然忘记了汉斯的信实际是哪一天寄出的，推断的论证包括以下序列：

如果信已经在上周寄出了，那么期望现在收到回复是很合理的。但是，如果信直到上周日或本周一才寄出，那么期望现在收到回复是不实际的（因此，这暗示了一种反事实性的预设；参见表 2.1）。汉斯的问题也暗示了一种间接指责：M 把信寄得太晚了。无论如何，有一点似乎很明显：回信对于汉斯正在准备的有关保险和社会保障制度的会议非常重要。汉斯非常明确地强调，他需要收到回信，我们可以推断——通过分析各种存在的和反事实性的预设——回信中一定含有某些重要的信息。在这一简短片段中，我们已经遇到了敏捷、时间和文件的主题、对共享组织知识的依赖，以及私人助手的总体责任——如果某些事情没有按计划进行的话，他将不得不承担过错责任。

在文本 4.2 中，这一快速对话以一种框架-转换形式继续着：对文档下落的寻找，因为——如 M 披露的——他发现了相关文档。因此，汉斯和 M 开始讨论和准备当天稍后要举行的委员会会议所需的陈述：什么要改变，什么要修正，什么要涵括或去除，等

等。同时,我们遇到了另一个框架和立足点的变化:合作的、友好的关系——汉斯要 M 给他一支香烟(6)。M 答应了,但以一种幽默的方式(7)开了一个玩笑。通过再造/营造友好的人际关系,以及从对失踪文档的疯狂寻找转换到对内容的讨论(10),这一简短插曲的紧张气氛得到了缓和。

文本 4.2

1 H: 那就不好了

2　　啊

3 M: 我找到了(××××)我们的文件了

4 H: 哦,你找到我们的文件了吗?

5 M: 是的

6 H: 快给我一支

7 M: 好的(因为是你)

8 H: 你有(××××)吗?

9 M: 没有(一个德语词)

10 H: 指什么?

11 M: 指奥地利工会联盟

12 H: 好的

13 M: 还有,同时,我应该把他的道德工作跟你的放在一起

14 H: 是的

15 M: 放在你的第一百句后面

16 H: ()最后一段有关 WTO 的社会条款

17 M: WTO 社会条款在那里吗?

18 H: 是的(×××社会条款××××××××)

19 M: 在哪里?

20 H: 当然是最后一段

21 M：哪个最后一段？

22 H：WTO 条款所在的最后一段

23 M：哪里？哪里？

24 H：是的

25 M：不在那份文件的那个地方

26 H：在那份（××）文件

27 H：是的

28 M：是那份吗？

29 H：是的

30　　语言混乱

31 M：WTO 社会条款

32 H：是的,那里有 WTO 社会条款

33　　你能记得吗？

34 M：是的,哦,是的,是的,是的,是的,是

35 H：那是当前所建立的讨论

36 M：纳入进来

37 H：是的,是的,没有人像这样理解

38　　如果我们不添加社会条款

39　　啊,其他部分自然是一种糟糕的夸张

40 M：糟糕的,跟往常一样

41 H：但严重

42　　我们不能做那样的事情,我认为我们不能那样做

43　　这实际上在（×××）广度上

44　　就是那样,以致我

45　　（××××××××给我）

46 M：呵呵呵

47 H：（我已经）注意到那

48　　　但总是一样

49 H：没有什么用

这一忙乱和充满省略的讨论持续了 20 多分钟。汉斯和 M 一起通读了陈述草稿,在不同的节点上停下来,质疑特定的表述,汉斯将这些表述最终称为"语言混乱",可以解释为典型的组织歧义(30,38,42)。通过简要的插入和支持性评论(非正式渠道),或笑(46),他们支持并承认彼此的建议和评论。迅速的话轮转换展示了他们这一小实践社区共享的常规,他们没有打断彼此的话,而是自动感知到何时出现转换相关点或何时需要支持、安慰对方。互动也构筑了两人之间的团结一致性,主要是通过笑话、对共享经历的暗指、省略性评论,以及——更一般性地——通过评价语言。另一方面,文档被界定为"没有用"的(49),进行中的有关社会福利和 WTO 的讨论被认为是"夸张"(39)或甚至"糟糕的"(40)。元评论和评估在评价委员会中,进展中的辩论自身中,以及文档草稿中的特定部分、句子甚至词语之间波动。在第 33 行,汉斯简要地检查 M 是否仍记得讨论的概要;在 M 确定(34)他实际上确实有着与汉斯相同的记忆后,他们的交流就以高度省略的话语继续进行,这些话语预设了很多的专家知识(存在性预设)。

总之,事实证明,这些快速的对话交谈对于汉斯极为重要;不仅对于一整天的工作及当天高度密集的日程来说是一种形式的定向,而且——甚至更加——是一种安慰:他充分了解了当天的重要议题,并已在政治上和策略上做好应对的准备。考虑到 M 和汉斯在委员会会议方面的论说性和社会性实践的经验、经常出现的问题,以及这些实践社区的规则,人们甚至可以推测,这些快速交流是否发挥了"角色扮演"的功能,其中 M 表演了魔鬼的辩护士,即对立方,以便让汉斯能"检验"自己对相似挑战的回应。

最后,一天的这部分进入尾声:第一场约会定于上午 9 点 15

分举行。M 也告诉汉斯在下午 12 点 45 分有一个拍照约定——这件事情,如我们稍后将观察到的——成了这一天的一个突出特征,因为这件事不得不被重新安排了几次,使得下午的日程需要反复协商。这最后的亲密交流,即涉及有关香烟的玩笑,是一种主要充当着过渡和框架转换的人际交谈,使他们从对文档草稿的正式讨论,切入他们在步入第一场官方约会时所进入的"时间和组织交谈"。

以下文本 4.3 的交流不仅是框架之间的过渡,而且也是物理空间的转换:即在小房间和下一场会议("楼下")之间的转换。关于这一物理环境中的运动的协商是通过指示标记("这里""哪里""那里""下面""稍后")实现的,这些标记都预设了对建筑、常规、约会、约会持续时间等的精确了解。换言之,他们在这一点上的互动尤其依赖以上所列三维度知识之一:组织知识。而且,如汉斯在第 5 行的问题——"我们要跟他们去哪里?"——表明,议员完全依赖助手的组织技能,助手引导他完成日程、走过建筑、履行议程和度过一天。这解释了为何 M 特别提醒汉斯履行拍照约定,说明了必须遵守这一约定的理由。M 解释说,照片将用在一篇让他撰写的有关汉斯的新闻特写中。我们可以从这一解释中推断,这个公关活动一定非常重要。这也解释了为何这一整天的日程似乎都是围绕这一拍照约定而(重新)安排的。

文本 4.3

1 H: 等一下

2 你还在这里吗,你还在这里吗

3 M: 我暂时还在这里

4 H: 那么随后

5 我们要跟他们去哪里?

6 M: 我们将去(那里)

7　　12 点 45 分,我们有一个约会

8　　一个拍照约会

9　　12 点 45 分拍照约会

10 H:不

11 M:哦,你要拍,我需要你为报纸拍照

12　　(我在写)一篇文章

4.4　委员会会议

汉斯冲下楼梯,刚好赶上他向就业与社会事务委员会做报告的时间。在路上,M 递上他们刚刚讨论过的文件。汉斯现在要发表他在半小时前刚刚完成的并与 M 演练过的陈述。汉斯是这个委员会中有政治经验的社会民主党派的奥地利籍欧洲议会议员,因此,我们还会发现他的官方表演和身份建构的框架转换。我们还发现了汉斯在欧盟扩大、工会和社会福利保护等重要方面的立场。

在这一点上,笔者想强调,汉斯的陈述和他在委员会中的角色清楚表明,欧洲议会议员实际上在他们的工作时间里以一种非常积极和投入的方式做政治,并充分利用他们的政治知识、组织知识和专家知识。虽然在这类大型组织中的许多常规工作必定是官僚性的,但本质仍是政治性的,需要运用策略和战术去说服其他议员,使他们认为大议题中的某些看上去不大的问题也非常重要。这一事实与有关欧洲议会议员的立法权威的讨论极为相关(参见2.2.2 和 2.2.3)。当然,他们的一天中,主要充斥着组织性事件和常规化事件;然而,他们要拿出一部分时间致力于实质性的政治议程:构拟他们的立场、做决议、推进他们的意识形态议程、与政党同事建立共同理解等。因此,议员的职业(或更普遍地说,政治家的

职业)整合了"真实的"政治工作,不只限于前台的公共表演或媒体访谈——即使这些在现实政治的建构和再现上也是重要的构成性符号要素(参见 Edelman, 1967)。在总结部分(第 6 章)讨论公众对政治日益感到幻灭的某些潜在原因时,笔者还将回到这些观察结果和洞见上来。笔者的基本观点是,既然我们通常都被排除在此类后台活动之外,除了偶尔和非常选择性地对后台的一瞥,我们所看到的一切都发生在前台,而且几乎全是象征性、高度仪式化的政治再现。结果,这使我们对这个极为复杂的职业有一个相当扭曲的、过于简单化的且常常过于耸人听闻的印象。

在下面,笔者将分析 2004 年提出欧盟扩大议题时一些体现了汉斯的官方和公共修辞及其意识形态和政治立场的典型片段。这些陈述中的片段以宏话题和修辞语步的结构呈现出来。这样,更宏大的社会政治语境与关于欧盟扩大利弊的辩论联系在一起,这一扩大被称为 2004 年的"大爆炸",当时有 10 个国家加入欧盟。就业与社会事务委员会必须准备一份决议,当前他们正在讨论一份由一群政治科学家和其他专家提出的文件,这份文件关涉欧盟扩大的可能意涵和后果。如果在议会的全会讨论中被批准的话,这一决议将提交到欧盟委员会。决议提出,欧盟委员会和欧盟成员国向候选国家提供更大和更有效的支持,尤其是在其社会政策方面。汉斯特别担心在创建和保护这些被扩招进来的国家的社会机构时,这些国家没有得到足够的帮助。而且,汉斯反对这种"神话":扩大可以在不给欧盟造成额外代价的情况下发生[负担和代价部目(topoi of burden and costs)盛行;即一个理由,如"如果扩张发生,那么这将花很多钱"]。相反,他认为,对于核心成员国来说,欧盟扩大的代价可能很高,因为它们将不得不为新成员国提供经济支持,以使它们达到相似的社会与经济标准。汉斯还说,由于外交和谨慎的原因,欧盟政治家倾向于对高额代价保持沉默,因为这会被媒体或对欧盟持怀疑态度的政党利用并进行负面宣传。换言之，因为害怕负面宣传，欧盟委员会掩盖了扩大可能造成的真实代价。汉斯因此相当公开地批评欧盟委员会与成员国的政策策略不专业、不充分，未能考虑东欧国家所面临的特别环境。

汉斯说德语，因为德语是委员会内部所采用的三种官方工作语言之一。为了方便委员会其他成员，他的德语讲话又被翻译为英语和法语；这必然暗示了母语为其他语言的欧洲议会议员在他们不得不说一种外国语言时可能会遭到歧视。但如第 3 章所展示的，我们多数受访者都强调，他们至今没有遇到与语言使用有关的问题，即使他们的母语是一种"较少使用的语言"（如芬兰语、瑞典语、荷兰语等）（Wright，2007）。无论如何，被允许用自己的母语发言对于汉斯来说是一种特权，因此，他可以尽情使用母语来表达微妙意义、含义、讽刺、幽默等（这些非常难以翻译，有时甚至不可翻译；例子参见 Bellier，2002）。⑦

汉斯对委员会所做的陈述是说服他人就这一重要政治议题采纳其立场的重要手段。他显然强烈地感到这一点，但这一陈述还未直接影响到最后决定，这有助于解释为何——如我们将看到的——他一有可能就重复和再语境化他的论点。鉴于委员会会议陈述具有呈现议员对某项战略性政策议题之观点的功能，它因此是一种内在的论辩性和说服性语体，但至今尚未得到系统分析。以下对汉斯陈述的分析将围绕其论辩链中的各阶段展开，考察其每个阶段所使用的话语和修辞策略。

---

⑦　如以上提到的，与第 1 章提出的研究问题和观点相关，笔者在分析中主要关注经由预设的知识管理、各种角色中身份建构的指示器以及表演风格。这必然暗示了其他许多修辞的和语言的特点不得不被忽视，如果有人对技术行话或与陈述话题相关的论辩策略感兴趣的话，这些特点也可以加以研究。

文本 4.4　汉斯在社会事务委员会上的陈述
引介,合理化和对现状的批评,对意图的明确宣称

嗯,我非常感谢(×××)科学委员会提出这份工作报告
我们或许可以早一点用到它,例如,当我们开始
在议会层面上讨论东扩时……
实际上,我们在欧洲层面应该有更好的管理
我们本可以在单一市场概念开始时在单一市场时刻
全面讨论有哪些可能性和机会
就东部扩大来说,我们本可以(×××)非常不同

　　在这一简短陈述的开头,汉斯预设每个人都知道并读过他所提及的那份文件;他还预设,每个委员会成员都相当了解与欧盟扩大有关的问题,了解已经举行和做出的许多辩论和决定。他运用描绘一幅非真实场景的话语策略——“如果……,会发生什么”——以便凸显以下看法:如果对扩大议题的管理开始得更早一些,情况将会好得多。他也互文性地提及过去有关单一市场的辩论,并宣称该辩论中使用了更好的程序。通过将这用作共享的过去经验(“当我们开始……全面讨论……”),用作关于欧盟扩大而事情应该如何做的一种模式,他假定,不仅这一事件是共享的知识,而且每个人都同意他对这件事的评价(历史部日)。宏观论辩策略包括对所错失机会的呈现,在汉斯看来,这暗示了过去曾做出明显错误的决定和政策。这种呈现在以下论辩中充当了前提。他将批评转嫁给欧盟委员会(一种典型谬误),这使委员会成员团结起来,也将他们从责任中解脱出来。以这种方式,引介部分为更详细的批评和一些建设性提议设立了论辩基础。

论据1：公共关系的功能和议会工作的形象建构

　　因为，呃，这是一个公共关系问题，

　　我们如何控制政治意愿

　　以启动和实施，实施这个（×××）程序

　　呃，因此我必须非常谨慎地进行论辩，因为我们在议会层

　　面所举行的所有混合委员会中

　　汉斯认为，需要提出的第一个突出议题是形象建构和公共关系。汉斯对公众有关欧盟扩大的舆论感到忧虑。他知道还需要投入更多的工作去充分宣传和推销欧盟扩大。简言之，他关注如何将政治决策"翻译"（即再语境化）给公众，并以每个人的经验作为证据（*论据*）来证明他的观点（*历史部日，论点和例证*）。

论据2：跟加入国的（错误）沟通

　　在与加入国代表的每次，呃，交流中

　　[所]实际上（出现的）

　　是加入国及其官方代表什么都不知道，除了

　　欧盟委员会的报告，对这些国家的评估报告

　　和欧盟委员会的报告

　　它们每一个实际上

　　我们已经表明，每个国家中发生了许多事情

　　但关键问题，它们多少……

　　而且，他要求更好地"管理扩大政策"；他称，加入国被错误地告知情况，使得它们只关注欧盟委员会的评估报告——这导致加入国相信，它们必须达到这些报告中所设立的"标准"，似乎将（加入欧盟的）协商误认为（加入欧盟所接受的）"检验"（也参见Wodak，2007b）；而且，他预设每个人都知道这些报告，这些报告都含有同样的有偏见的信息（急于概括谬误）。他认为，欧盟没有

公开承认,许多积极的改革已经在加入国中实施,因此它们实际上遵循了欧盟准入的要求。以这种方式,汉斯间接地指责欧盟委员会误导加入国相信它们应该将所有的精力集中于满足评估报告中提出的要求。这一片段也为在欧洲议会(及委员会)和欧盟委员会之间论说性地建构一种对比和区分奠定了基础。

> *第一个结论:欧盟委员会不专业*
> *这关涉实质的社会性工作没有得到处理*
> *因此,我在这个问题的管理中确实看到极高的非专业性*
> *在东扩问题上,在欧盟委员会这里*
> *这应该(××)我们所有人*

在为其论辩链的第一个结论设立了框架,并将欧盟委员会建构为"他者"和替罪羊后,汉斯推断,欧盟委员会以一种非专业的方式行事。这一明确指责为可以弥补以往失败与错误的提议扫清了道路。另外,通过指责欧盟委员会,议员们实际上免于指责自己,相反,他们能将自己定位为准备好以建设性方式行事的角色。汉斯明确提及"社会议程",他在这方面是广为人知的专家。这种策略操弄可以使他的批评奏效。

在此,我们遇到了欧洲议会中"寻常政治"的第 5 个主题:对欧盟委员会的错误与失败的凸显,这被建构为合理决策的障碍。

对于每个实践社区来说,一个消极"他者"的建构似乎是其身份的构成要素(Wodak et al., 1999)。就欧盟委员会这个受欢迎的替罪羊来说,这是一种常见的情况——在我们访谈的不同阶段,我们的受访者也提到这一点(参见 3.3.1.1),尽管理事会被描述得更糟。另外,转嫁指责也充当了一种合法化策略,这种策略可以为汉斯的观点和理由提供解释性证据,并使这些观点和理由易于得到认可(van Leeuwen & Wodak, 1999)。

在以下片段中,汉斯引入了一个新框架和话题:需要设立一个
专责小组以集中解决由欧盟扩大所引发的所有议题。他为这一提
议提出的理由是,在这一领域需要做更多的工作(信息搜集、协商、
准备)。他通过重复强化词"很多"为其观点增加分量。将这一观
点与汉斯前面的论点相联系,我们可以描述他的论辩链:"由于欧
盟委员会至今在处理这一议题上的非专业性,现在不可能在没有
改正措施的情况下继续扩大协商。因此,如工作报告所揭示的,下
一阶段行动中应该建立专责小组致力于解决这一议题。"在第 7
行,他宣称(没有专责小组就)不可能处理这一议题,因此引发了威
胁部日(topos of threat)以支持其提议。在下一节,他为其提议提
供了进一步证据,其中,他详述了他有关欧盟扩大中所涉及的实际
经济代价及好处的论点。

第二个结论:欧盟委员会的议程

1 再一次,我想告诉社会委员会的几位代表

2 在这个部门我们必须做更多事情

3 并建议(×××专责小组)

4 继续处理这件事

5 就如在工作报告中所描述的

6 是我所(   )

7 呃,我们不能处理这一问题

8 但是我也这么说,因为现在

理由:没有代价的神话

9 因为仍有人认为东扩不会花费什么代价

10 这也(不是)真的,这是假的

11 我们一定会为我们所习惯的这一(层次)福利付出

12 短期和中期代价,为了东扩

13 因此,长远来说,双方的每个(×××)都获益

14 在政治中不容易传达这一点

15 政治中的逆流看起来非常非常不同

16 这必须清楚地陈述

在以上的第二个简短片段中(第9—16行),汉斯进一步提供证据,以支持他有关围绕欧盟扩大讨论所产生的"代价神话"的观点。将事实性陈述与含糊的来源、义务情态(传达其提议的必要性:第11、16行)和强化词(凸显有关这一议题的对立观点:第15行)相结合,他以一种非常权威的风格呈现他的观点。会上的观点中,有由欧盟委员会所传播的"神话",即扩大将不会付出额外代价。汉斯通过直白地贬斥这一观点为虚假观点而加以排除(第10行),通过语言平行和重复来强调他的观点。他认为,恰好相反,如果核心欧盟国家实事求是地接受所涉及的代价,那么双方最终都会获益。然而,他同样强调所牵涉的政治困难。以这种方式,他的论点将其职业身份建构为是知识渊博的(关于欧盟扩大的经济)、现实的(关于这些产生的短期困难)和具有政治家风度并有着长远政治眼光的(扩大最终让双方获益)。这一政治观点与欧盟委员会的观点形成对比,他严厉地批评欧盟委员会的观点,认为其是对这一议题的神秘化、误解和误判。

这一评价性片段导向一个憧憬性片段,汉斯在演讲结束之前的这个憧憬性片段里勾勒出他对未来的希望。整个陈述有着精心组织的修辞结构。因此,我们看到,他在引介中通过以下方式开始:框定议题的性质、简要勾勒当前的情境,接着评价这一情境是极有问题的(前提)。于是他继续为其观点提供证据,表明谁应该受到指责(论据)。第一部分为接下来的提议部分提供了合理化的支撑,这些提议内嵌于威胁与紧急部目(topoi of threats and urgency)。在总结性修辞语步(从第17行开始)中,他认可委员会

准备的文件。总之,汉斯能够通过将自己建构为一个具有政治远见和渊博知识的专家来推动其议程;实际上,他的知识比欧盟委员会官僚们的渊博许多。而且,他将自己建构为一个左翼政治家,集中关注社会福利议题;他因此认为,欧盟需要更具社会取向的法律以满足新加入欧盟的国家的需要。他承认,他知道这些法律当前并不存在,但认为它们可以为促进欧盟扩大提供最理性的手段。

作为一个简短的尾声,他重复并强调说,他强烈支持欧盟扩大;但他承认必须考虑相反的观点,必须应对而不是否认问题。以这种方式,他将自己描绘为一位不仅知识渊博,而且讲道理、心胸开阔和实事求是的政治家。[8]

憧憬与请求

17 实际上,在欧盟我们需要社会法律

18 以便赋予加入国权力

19 给予它们可能性

20 能够坚守制度

21 我知道,我们没有这些法律

22 我在我的陈述里已经说过

23 这样会是符合逻辑的

24 为了帮助这些国家构筑基本体制

25 我个人认可这份工作文件和现在可得的简要总结

---

[8] 汉斯的陈述是一个巧妙建构的说服性文本。人们确实可以假定,整个陈述有一个与图尔敏(Toulmin)的论辩模式(1969)相关的底层论辩图式,包括主张、理由、论据、反驳、限定、支撑和结论。笔者想感谢 Igor Zagar 向笔者指出这一点。实际上,在此,笔者把汉斯的陈述解构为明显的论辩阶段(与图尔敏的模式相关),并将这一范畴化与文本的序列性和修辞性分析相结合。

尾声：论点总结

26（我绝对支持）东扩

27 但另一方的否定

28 这也是由我们促成的

29 对问题的否认

30 这是我们必须处理的

会后，汉斯在会议室外，在走廊上待了5分钟，与一个德国欧洲议会议员、M和另一个助手闲聊。这类非正式会话是非常宝贵的材料，因为它们为了解政治家的反思模式提供了洞见——与他们在前台的官方角色和表演形成对比，他们常常利用这种机会发表一些评论，而在更为正式的场合他们可能会策略性地保留这些评论。在这一会话中，议员们也去理解会上发生的事情，分析辩论的动态，即他们在事后重新建构一致性。在这样做时，无数的语步、陈述和干预对于他们（也对于研究者）而言突然变得可以理解了，因为它们与某些议员、与政策、与讨论及辩论的成因，以及与这个委员会的规范及惯例相关联（当然，这个委员会跟每个实践社区一样有着自己的历史；参见 Gioia，1986；以及 2.4）。这一简短交流中吸引人的一点是，他们使用国籍而非姓氏、政党或地位来转喻性地指称欧洲议会议员。这种指称策略表明，国家身份看起来仍超过其他身份与角色，虽然这似乎与汉斯作为社会民主党成员这一明确的政治立场相矛盾（也参见 Oberhuber et al.，2005）。

文本 4.5　事后想法

言说人：汉斯

在场他人：M（私人助手）和两位同事（其中一人是德国人）

1 H：瑞典人已经有一个不同的观点

2　当一个人与工会和组织谈论

3　一般性的解除管制的压力时

4　东扩(××)可以

5　于是,突然,于是,突然

6　于是突然,成为一个欧洲问题
　　于是荷兰更居于核心,更居于核心,完全

7　不受它影响

8　但后来被间接影响

9　于是,就有关于赢者与输者的经济,呃,讨论

10　关于东扩的讨论

11　不考虑我们如何[应对]边界问题

12　那也是我试图涵括在内的(不太严厉地)

13　这是,这是一种社会,也是一种工业挑战

14　所有这些都没讨论到

15　经济委员会中聪明的经济学家们

16　也没有想到这一点

17　他们谈论的单一市场,就跟他们从教科书中了解到
　　的那样

18　有一天,如果这些经济学家们依循我们

19　事情就这样

20　因为,否则,没人意识到什么利害攸关,但这

21　〈几个人之间难以辨认的交谈〉

　　通过指称策略,汉斯事后对其政治立场和对立观点的解释建构了几个据其国籍、地位或职业专长来界定的不同类群:被认为持不同观点的瑞典人,由于身处"核心"地理位置而相信自己基本不受欧盟扩大影响的荷兰人,与加入国接壤的国家,被纳入欧盟的国家,以及经济委员会的经济学家们。单一市场的理论如果要运用到

欧盟扩大问题上就要考虑相关国家的经济和社会特殊性,经济学家们连这个课本上的理论都没有理解,但还是被描述为"聪明的"(第16行),这多少具有讽刺的意味,汉斯在此运用了一种被称为"急于概括的谬误"的策略。最后,汉斯预测了一个未来,在那里,经济学家们将受到那些能透彻理解相关复杂性的政治家的引领。

汉斯的元分析存在主义地预设了经济学家们正在犯错,以及认同汉斯立场的欧洲议会议员们是正确的。他的观点也暗示,在两个实践社区和两群专家之间可能存在竞争。另外,汉斯强调性地重复说,社会议程必须与经济议程整合,并骄傲地指出以下事实:他能够相应地修正文件,因此运用了积极自我呈现的多重论说策略。那位德国欧洲议会议员点头:汉斯说服了他。这一简短的交流起到了过渡到下一场活动的作用,它建构了事后思考的反思性空间,它也提供了机会,让汉斯在此重述其观点,可能是希望通过重复而赋予它们更大的可信度;因此,不断地重复观点当然可以解释为推动议程的一个重大说服策略。然后,汉斯和 M 匆匆赶往下一场安排好的活动。

4.5　错过的照相机会

文本 4.6(也参见第 1 章,文本 1.2)

H：好的,好的,现在我们结束了

M：最困难的部分已经过去了

H：摄影师已经走了

〈同意〉

汉斯和 M 仍然一边走一边聊着天,来到了底楼后,发现摄影师没有等他们;他离开了。因此,约会不得不重新安排——M 被要求处理这一事情。这一极为简短的交谈整合了一个对委员会会议结果表示满意的元评论(第 1 行),M 表示同意并以自己的话强调这一积极评价(最困难的部分结束了)。接着汉斯发现,他们来得太迟了,错过了拍照时间。同时,一个斯洛文尼亚代表团已经在等待汉斯了,因为已经安排了与他们共进工作午餐。因此,这一非常简短的文本可以归为向下一个约会的过渡。

4.6　午餐

就餐时间是繁忙一天的重要部分,这个时段常被利用起来以安排更多的约会。然而,约定一起就餐似乎要比许多其他会见更有面子。其他会见常常只有 30 分钟;或者在欧洲议会议员的小办公室里、酒吧里,或者——经常是——"边走边谈",即访客们在议员们冲过走廊奔向下一场会议时跟在他们身边(参见边走边谈语体,第 5 章)。相反,进餐通常超过 30 分钟,也可以进行闲谈和更为随意、亲密的对话。因此,跟正式晚宴相比,午餐会谈被视为更为随意的场合。

这一次,一个斯洛文尼亚代表团来到斯特拉斯堡,希望就欧洲扩大政策相关的议题征求汉斯的建议。在下文,笔者呈现了这长达 1 小时的午餐会谈的一些片段,它们展示了汉斯作为顾问、知识渊博的权威专家、左翼政治家、工会会员,以及一个非常了解邻国斯洛文尼亚的奥地利人的多重角色。非常明显,汉斯的主要待议事项,即他对欧盟委员会的批评、社会福利的重要性以及他对工会的支持等渗透于整个谈话,并被再语境化——这一次,是被再语境化为事实性信息,要在会谈中分享给这些不得不自己学着去了解如何与欧盟机构打交道的新来者。这种准教师或导师的角色暗示了那些本应是预设、隐含的共享知识,在与这些实践社区的新来者交谈时不得不被明确表明。而且,这与以前的分析和发现一致,在前文中,汉斯对委员会会议的陈述利用了许多有关秘而不宣的策略和战术的共享知识。

文本4.7

(午餐)会见的引介和明显目标

1 S1： 好的,我实际上来过这里,听说了一些

2　　 中央总部期待从新欧洲[和]斯洛文尼亚获得什么

3　　 〈笑〉

4　　 这里在进行着什么

5　　 好的,另一方面,我实际上也去过比利时参议院

6　　 他们曾经,他们现在相当积极地支持斯洛文尼亚,还

7　　 对斯洛文尼亚开放门户

8 H： 一时还看不出,呃

9 S1： 是的

10 H： 我们实际上正在致力于问题,东扩的问题领域

11　　 社会问题

12　　 背后存在许多问题

　　　 呃,我们如何能在社会领域尽快地找到调解?

13　　 是的

14 H： 双方都担心

15　　 呃,我们如何在这一语境中进行政治讨论

16　　 一起

17　　 我们如何放松边界?

18　　 呃,呃,对于欧盟来说,这些不是容易的问题

19　　 因为对扩大问题的看法不同

20　　 一方纯粹从经济方面看待欧盟扩大

21　　或是扩大背后的市场

22 S1:是的

23 H:对双方

24　　波兰都表态说它每天能提供 4000 万额外的消费者

25　　那很有趣

26　　因此,每个人都有着不同观点

27 S1:是的

28 H:呃,另一方面,产生的问题是,这意味着什么,当

29　　现有共同体被完全接受

30 S1:是的

　　在第一个引介性陈述中,S1(斯洛文尼亚代表团领导)明确地界定了他的目的和旨趣:他们来这里了解和听取"中央"(即欧盟)对新加入国家的期待。这标记了预设,并运用了一个经常适用的隐喻:"核心与边缘"的隐喻,"布鲁塞尔"和老成员是核心,加入国被定义为边缘(参见 Busch & Krzyżanowski, 2007)。S1 也告诉汉斯他已拜访了比利时参议院,开始找到解决办法。于是,汉斯接过话头,先界定"我们"(其具体所指不清楚)正在做的:试图解决扩大的"问题"。汉斯将扩大描述为困难的、充满问题的和具有争议的,"不是容易的问题"。因此通过描述扩大的复杂性,汉斯能够将自己建构为一个知识渊博的专家,处于当前发展的潮头,实际上扮演着一个极为重要的角色。另外,汉斯讨论了有关欧盟扩大的各种路径和观点:一些人将此视为一个政治过程,一些人将此视为纯粹的经济议题,一些人强调社会后果,等等。他接着总结(第 25—27 行)各国对加入国不同的看法,以及它们的需要、信仰和希望(例如,"波兰"对扩大的看法或许跟其他"候选国"不同,通过名词化策略,运用类属性国家标签去概括可能多样的反对观点)。因此,仅仅在几句话里,汉斯已经能描绘一幅非常复杂的欧盟扩大画

面,他认为,欧盟扩大具有威胁性并令人害怕(威胁部目)。在相应地设立了舞台后,变得清楚的一点是,需要(像他那样的)专家去引导大家理解这种复杂性并解决其所涉及的问题。总之,汉斯成功地以颇为积极的方式呈现了自己。

预测是可能的吗?

S1 被汉斯的解释打动,对汉斯较长的一段言谈伴以点头和许多衬托型反馈,以表明他的理解(最小肯定反馈如"是的"和"啊哈")。S1 打断汉斯的话,试图总结汉斯的第一个分析,问他是否相信实现欧盟扩大的主要障碍可能仍会出现。汉斯的回答将自己描述为一个睿智、谨慎的人:一个人不能做出任何预测,尤其是因为向欧盟过渡的副作用尚不可知。在最后谈及其最重要的议程即许多欧盟政治家似乎坚持的神话——欧盟扩大将不会花费任何东西——之前,汉斯以这种方式指出了在评估欧盟扩大中涉及的许多变量。再一次,汉斯以非常明确的事实性陈述强调他的相反立场:"扩大会花很多钱!"这一次,其观点的受众实际上是来自一个加入国的代表团,他以一种肯定的方式向他们传达了欧盟内许多政治家关于欧盟扩大所持有的主导性观点——但这一观点在他看来是错误的。扩大的实际代价部目(即一种理由:"如果扩大发生,那么将花很多钱")和将欧盟相应地再现为在这一部目上怀有被误导的信念(汉斯甚至将欧洲官僚描述为"脑袋空空",以一种口语词表明了这一非政治语境,并运用了急于概括谬误),这些可能在稍后充当了一种合法化策略,如果欧盟扩大不根据计划进行的话。汉斯于是继续其第二个议程,即详细阐述工会的重要性和欧盟范围内工会网络的重要性;同时,他将指责转嫁给欧盟委员会,并建构了欧盟扩大协商失败的一个潜在替罪羊。

31 S1:换言之,你的意思是人们现在可以

32　　人们现在可以假定,基本决定

33　　人们将开始跟六个国家讨论

34　　仍有一些基本障碍可能挡道吗?

35 H:呃,我今天不做任何强烈的预测,呃

36 S1:是的

37 H:即使货币联盟结束了

38　　它的副作用还没结束

39　　政治能发展自己的动态

40　　政治发展自己的动态,当钱成为议题时

41　　呃,这并非不合理

42　　但是,对于欧洲人那空空的大脑而言唯一合理的是

43　　不会花费任何代价

44 S1:是的

45 H:欧盟东扩花钱

46 S1:是的,是的

食物端上来了

在等了大约20分钟后,食物端上来了。但是,汉斯并没有将等待的时间花在闲谈上,而是以近乎独白的方式详细解释欧盟的政策。不仅如此,汉斯还成功地推动了他的议程,在这一整天他都在将这些问题或明或暗地再语境化,从一个会议讲到另一会议。当汉斯这位最高级和最重要的人物祝大家"好胃口"后,他们就开始吃饭了。

汉斯用这一框架转换询问其斯洛文尼亚同事一些与其邻国有关的问题。这表明汉斯对其听众政治语境的了解;尤其是斯洛文尼亚才独立没几年(斯洛文尼亚于1991年独立),加上波斯尼亚战争的影响,可能仍存在大量的问题,这需要与加入欧盟的问题一起

考虑。S1 开始解释道,跟克罗地亚的边界冲突问题既敏感也很麻烦。稍后,在汉斯重新谈论扩大是"一个非常有问题的议题"时,这些观察被他当作了一个介入点。从论辩的视角看,在确立了扩大是多么复杂及它将为欧盟内的国家带来多少问题等观点后,汉斯接着进入第二个论辩阶段就相当合理了,在这一阶段,他承认加入国自身可能存在问题。这展示了汉斯对整个问题的全面了解。

> 1 H： 那么,祝好胃口
>
> 2 全体:好胃口
>
> 〈停顿〉
>
> 3 H： 但你如何看待你们跟意大利和那些国家的边界问题
>
> 4 　 那里不也存在问题吗
>
> 5 S1： 是的,跟意大利有边界问题
>
> 6 　 嗯,跟克罗地亚也有
>
> 7 H： 克罗地亚
>
> 8 S1： 是的,呃
>
> 9 H： 那实际上是最敏感和最困难的问题

午餐突然结束和将来的计划

突然,在会话中途,M 提醒汉斯他必须得赶赴下一场约会了;忙乱中,汉斯问这个会见在哪里举行(第 10 行)。于是,这场随意和非正式风格的谈话从密集内容取向的谈话转向省略性交谈中对汉斯的繁忙日常的讨论,在交谈中,共享的组织知识被必然地前景化(由此暂时排除了斯洛文尼亚代表团)。M 迅速向汉斯做了简报,同时递给他一些文件和文件夹。S1 问稍后是否还可以会见汉斯;这时,M 开始背诵下午的日程表(第 22—24 行),问他是否可以安排拍照约会。汉斯答应再次会见斯洛文尼亚代表团,如果他

结束所有会见之后还有时间的话。或许为了表达对他们会见的匆忙结束的歉意,M 通过说斯洛文尼亚语表达了与 S1 的团结和一致(因为 M 来自与斯洛文尼亚相邻的奥地利卡林西亚州)。第 30—35 行展示了紧张的时间管理和需要汉斯注意的各种承诺和要求:汉斯说,他还必须会见几个奥地利人;S1 表示理解;M 试图干预并安排其他约会。在这时,汉斯匆忙离开去赶赴 14 点 45 分的辩论,接着在 15 点 30 分他希望在全会室聆听同事的报告。汉斯甚至没有时间总结他与 S1 的会谈,或者构拟一个礼貌离开的策略。

> 10 H：那在哪里?
>
> 11 M：我现在将去那里
>
> 12 　　接着我们做那个
>
> 13 　　〈用斯洛文尼亚语交谈〉
>
> 14 M：你可以拿着架子和材料
>
> 15 　　我已经为你做了很多准备
>
> 16 　　我应该也在里面放入欧洲报告
>
> 17 H：我们会再碰面吗?
>
> 18 M：我们会过来,等你
>
> 19 　　直到你再来
>
> 20 H：在一切结束后我会来的
>
> 21 　　我们一起来
>
> 22 M：我记得,14:45,他要参加利奥波德酒吧的那场辩论
>
> 23 　　15:30 到 16:15,呃,该 N.N. 了
>
> 24 　　接着,我们或许可以再次安排拍照约会
>
> 25 　　对于我来说,如果按计划进行的话,将是拍照约会
>
> 26 S1：和我的人

27 M：你们可以，如果你们想的话

28 H：是的，可以

29 〈用斯洛文尼亚语交谈〉

30 H：我也有问题，我这边有一群奥地利人要来

31 呃，我将不得不尽可能早地离开

32 S1：是的，是的，当然，不，当然

33 M：我只是想

34 M：稍后再来，那时我们将轮换

35 H：OK

36 〈用斯洛文尼亚语交谈〉

4.7 夜晚的演讲

在匆忙参加完下午的会议，最终成功地拍了照片，并在欧洲议会大厦的药店买了一些头疼药后，汉斯在下午 6 点赶赴当天的最后一场约会。他已被邀请在社会民主党俱乐部就"欧盟扩大的问题"发表演讲。汉斯最终未能再次会见斯洛文尼亚代表团，因此，那一段插曲和会话仍未结束。俱乐部位于另一栋建筑，在维也纳大楼，其每两周开一次会以讨论社会民主政策；于是，那天，汉斯离开欧洲议会大厦向那栋大楼赶去。

汉斯的演讲持续了 1 个多小时，接着是 45 分钟的讨论，在晚上 10 点结束。在下面一节，笔者将讨论一个小片段，这一片段展示了这一演讲是如何构成另一种传播事件（和语体）的，在这一片段里，汉斯的主要政治议程被再语境化。这次，汉斯抓住机会说服其他社会民主党欧洲议会议员接受他有关欧盟扩大的观点和认识到欧盟委员会在这一事务上的错误。当然，在这一特定语境中，汉斯的作用不是向圈外人传达内部专家知识；所有的欧洲议会议员

都很了解欧盟扩大,并已经形成了他们自己的观点。在这一演讲中,汉斯试图说服其他来自社会民主党的欧洲议会议员相信他的具体策略路径是正确的,即支持社会议程,早点开始为欧盟扩大及其可能的影响做准备(如移民的增加)。因此,在他的演讲中,汉斯运用了一种全然不同于在午餐("顾问模式")时或在就业与社会事务委员会上("对抗性的、正式的模式")的说服性修辞。这次的修辞,我们可以描述为"程序性-意识形态性模式"(或"游说模式"),即寻找合适的社会-民主立场以解决欧盟扩大的复杂问题。

介绍演讲者

主持人 W 宣布会议开始,并介绍受邀演讲人汉斯,以及负责协调演讲与讨论的 G。G 对德国和奥地利的社会民主党人表示欢迎,并介绍了汉斯作为奥地利人和工会及欧盟扩大相关问题的专家的身份。他说,因为欧盟扩大是一个如此具有争议性的议题,汉斯的演讲显得非常重要。他继续说,因为汉斯持续参加对这些复杂问题的考察,因而是向那些可能没有考虑过或不了解欧盟扩大的许多方面的受众提出建议和提供信息的理想人选。G 也在其简短的介绍中提到汉斯的宏观话题——社会议程。人称代词"du"(第二人称,单数)的运用表明了这场会议近乎亲密的气氛,这个代词通常被左翼党员用以表明政治团结——这个俱乐部因此是汉斯所属的另一个实践社区。

文本4.8　演讲

W：这一德国社会民主党和奥地利社会民主党共同的
　　事件
　　发生在,可以说,在维也纳的土地上
　　我想再次衷心欢迎你
　　现在让我将话筒转给

实际的主持人

G：谢谢你，W，谢谢你的好客

谢谢您的这些开场白

我发现，你们这么多人能来，真是太好了

你们来自奥地利社会民主党，也来自我们当地的德
国社会民主党俱乐部

来这里参加我们与汉斯共享的会议

汉斯致力于欧盟东扩的社会事务

今天他将就这一主题发表演讲

他来自——你们中的奥地利人或许甚至更了解

这也是我刚刚发现的

呃，汉斯来自工会，曾是……

我也认为这是欧盟扩大的一个方面

那已经变得太强大了，在（　）作为总理的部长

他研究欧洲也有很长时间了，当然，也有

社会问题

因为，我们，我们 15 国即将面临的所有社会矛盾，

而且这，这些国家，此前的加入候选国，而且在加入
之后

这些，呃，或许，呃，讨论得太少了

我认为，这是非常好的机会，这

你事先处理这一点，并将它引入讨论

今晚，我们将与你一起讨论

谢谢光临

引导听众

在引介过后，汉斯(在下一片段中)开始他的演讲，通过立即指

涉 G 所引介的宏观话题,继续讨论他当天较早参加的委员会会议。他将欧盟扩大隐喻地表达为"欧盟痛苦地分娩",说欧盟没有对此做好充分的准备。另一方面,欧盟扩大被概念化为自然的——因此或许是不可避免的——过程("分娩"),不能或不应中止。汉斯认为,欧盟委员会和反对扩张的保守派认可被误导的与欧盟扩大有关的信念,未能为扩大做出必要的准备。例如,扩大的时间管理未能被合适地加以讨论。汉斯于是勾勒了与扩大有关的竞争性立场,他将其视为整个"复杂问题"的一部分。因此,演讲的开篇以非常具有分析性的方式,为汉斯的(和社会民主党的)相反论点和立场奠定了基础。

1 H：谢谢您的这些话

2　　嗯,晚上好

3　　我的任务是谈论欧盟东扩的社会维度

4　　呃,或许,在探讨这一议题之前,我想先说说

5　　今天,我们在社会委员会上有过讨论,关于

6　　欧盟东扩的范围

7　　关于欧盟东扩的问题

8　　一些[委员会成员]宣称

9　　嗯,欧盟东扩行动迟缓,就像欧洲

10　 悄悄混进来

11　 但在我们的议程中,它从未被讨论

12　 现在,它在那里(几乎在那里)

13　 有着严重的分娩阵痛

14　 和许多问题

运用例子

　　在第 15—23 行,我们看到汉斯用例子为其论点提供支持性证

据(一种称为举例论证的修辞论辩策略)。因此,他引述了跟斯洛文尼亚代表团的会见,以证明他有关欧盟委员会和保守的欧洲议会议员在欧盟东扩问题上是错误的(他将之描述为心理问题)这一宣称。这个代表团将加入欧盟视为"回家",因此他运用了另一种隐喻,即与属于部目(topos of belonging)相结合的"巢"隐喻。他认为,在这一会见中显而易见的一点是,加入国等待着来自欧盟委员会的精确日期和指示。在此,我们可以辨认出一种被暗示的警告部目(topos of warning)和威胁部目:如果欧盟扩大的准备计划还不展开,如果加入国得不到迅速充分的告知,那么欧盟扩大可能会失败。

15   呃,这是非常严重的心理问题

16   今天我与斯洛文尼亚代表团谈过话

17   他们也说

18   "我们真想大概敲定何时我们将

19   回家"

20   这些是他们中的(那些)国家

21   没有对( )过程的讨论

22   这也是个巨大的问题

23   因为显然尚未明确地看到时间议题

正确的社会民主党立场

在通过引述例子以提供证据后,汉斯总结了有关欧盟扩大问题讨论的现状。如果策略性地看,可以发现他运用了他的专家知识和政治知识:保守分子可能拖延协商,而汉斯的社会民主党立场预测这样做是完全错的。在他看来,这样的举措既会激怒加入国,也会使它们的梦想破灭。意识形态冲突被符号性地转换到一个有关扩大的正确时间尺度和时间管理的论点上,这是一个策略性行

为的例子。以这种方式,时间被建构为一个政治显著的现象,一个
"大问题",因此汉斯运用了一个强度词。汉斯再次暗示了一个威
胁部日:拖延意味着危害整个扩大计划,因为加入国及其需要没有
被充分认真地对待。这样,汉斯不仅将自己建构为一个知识渊博
的专家,而且将自己建构为一个有远见的和实事求是的政治家,他
解释了应该施行的正确的社会-民主方式。汉斯试图说服受众支
持他在这一议题上的立场。因此,人们可以将这场演讲解释为争
取支持的游说。

> 在当前的时间点上,与加入国的协商开始
>
> (当这是)政治上方便的时间
>
> 呃,在保守人士中,甚至存在建议,呃
>
> 将协商推迟到稍后时间的建议
>
> 就我而言,作为一个社会民主党人,(我发现)那样做是完
全错的
>
> 因为这将,呃,消除加入国的幻想
>
> 呃,许多国家已在为此做准备和( )( )调整政策以
适应
>
> *扩大的代价*

在提出许多论点后,汉斯最后提到他的主要政治议程:解构欧
盟委员会所散播的神话,即扩大不会花费什么(压力和代价部日)。
他向同事们解释,扩大实际上是有代价的,而且还会有更多的移民
到富裕的欧盟"老"成员国寻找工作。但是,汉斯强调他支持扩大
计划,只要进行充分的准备和计划。

这场演讲是一种完全不同于他向委员会会议作陈述时的语
体,也不同于他在午餐时谈话所采用的语体,但它清楚地总结了汉
斯的智慧和政治主张,而这些是他在一整天里成功地再语境化到

每场会议和会见中的观点:欧盟扩大是一个不可避免的和自然的过程,却也是一个需要做出充分准备的过程。扩大对于欧洲很重要,但必须推动社会议程,同时支持工会。然而,他认为现在的情况是欧盟没有充分准备好时间表,扩大的意涵也没有被充分地考虑,成员国和加入国需要承受的代价也没有得到充分承认。因此,汉斯从社会-民主的立场为欧盟扩大和扩大程序勾勒了一个完整的计划。通过运用他的专长和经验、许多例子,以及他在各种委员会获得的知识,他打动了受众。他的演讲引发了许多讨论。当晚会议结束时,汉斯看起来很满意:他似乎已经说服了大部分受众,成功地将自己建构为一个睿智的、左翼的、有远见的政治家和专家。

> 这花费许多钱
> 嗯,那是下一个问题
> 钱
> "东扩自然不会花任何钱"
> 我们从欧盟中的所有政治家那里一次次听到这句话
> 尤其是从净捐献国那里听到

4.8 "做政治":表演后台

在跟踪调查汉斯的一整天里,可以明显看出,因具体语境不同,他以常新的方式建构他的多重身份:他自动地将框架从友好、合作的交谈转换为相当积极地推动和设立议程;转换为以权威的方式向新来者提供建议;或是在一场具有分析性且深思熟虑的演讲中提出一个意识形态计划。换言之,汉斯在不同框架和语境中流畅转换,每次都选择和运用合适的语体、礼貌标记、职业行话、显著部日和论辩步骤。

另外,也可以明显看出,汉斯为自己构拟了一个非常简洁的政治议程,在他试图游说以获得支持时,一有可能他就会将其再语境化。我们甚至可以推测,这一议程或许充当了贯穿于当天混乱的日程中的许多组织性原则之一,他因完全相信它的重要性而对之持之以恒。通过一次次重复支持欧盟扩大和反对欧洲委员会政策的主张——更加明确地,或者通过暗示或隐含地——汉斯似乎游走于一场场会议之间,留下他的议程的踪迹,又接着匆忙赶往一场约会。

其他组织的原则也同时存在,即助手具有的对所组织事务的全面知识,以及他用以在会前向欧洲议会议员做快速简报的实效性专家知识。以这种方式,助手 M 几乎充当了一条船的舵手,他安全地引导议员通过当天由多种多样的任务构成的混乱水域。

显然,了解各种实践社区的常规与规则显得十分重要:在某一天,一位欧洲议会议员(或任何政治家)闯入他所属的几个不同的社区时,人们期待他对这些社区了如指掌。在我们的案例中,汉斯在他的"微小社区"(由他自己及其助手组成)和各种或多或少形式化与常规化的会议及群体之间往返。首先,他加入了就业及社会事务委员会,他在那里宣读准备好的陈述(很少有人会猜到汉斯和 M 在几分钟前才最终构拟好这一陈述),接着在去午餐的路上简短地与 M 交谈,在午餐时,汉斯将他的官方陈述"翻译"给欧盟的新来者(斯洛文尼亚工会代表)听。他运用一种准教师的模式,向代表们解释他对欧盟委员会处理扩大问题的忧虑。最后,他在晚上发表演讲,在那里,他不得不就扩大这一复杂问题做更为详细的阐述,并以更具分析性和程序性的方式,为政党同事和同志将其翻译为一种修辞性整合策略、分析、论点、证据和建议。在这些活动的间歇,汉斯奔走在一条条走廊,奔赴一场又一场较小的会议以及会后的闲谈,这些闲谈提供了反思和评论的空间。

　　虽然笔者在此只记录了一位欧洲议会议员的日常生活,但这一天的特征,以及所涉及人物的行为的许多特点,都可以泛化到其他政治家及其职业生活之中。的确,显而易见的是突出的仪式感和各种各样的表演,不管是在前台(委员会会上和演讲台上),还是在后台(与助手在一起时,在政治走廊上时,以及进午餐时)。总之,笔者认为,政治家不光在媒体呈现的、公众可见的前台表演,而且他们总在表演,总在或多或少自动、有意地表演,不管戴或不戴面具。他们的职业惯习在其日常活动中体现出来并被完全整合。因此,笔者认为,更有意义的,不是在媒体所捕捉的前台"表演"和"实际政治"的后台领域之间划出严格的界限,而是在面向公众的仪式化、模式化表演和以圈内人为受众的不太正式的表演之间做出区分,这些表演是根据特定的游戏规则,通过清晰且独特的功能与场景来界定的。而且,组织知识、专家知识和政治知识以许多复杂的方式相联系,以促进这些表演。因此,政治权力-知识的分配,也基于政治家能否比其他人更频繁、更有效地推动自己的议程,这反过来涉及以聪明的方式通过预设(和其他许多语用手段)来管理知识。在这一点上,重复齐尔顿(Chilton, 2004:64)的观点是有意义的:"预设可以视为策略性'包装'信息的方式。"

　　每一天,议员们都在相互竞争,看谁能成功地、策略性地推动议程并获得支持,这解释了为何许多欧洲议会议员运用来自体育、博弈、自然、家庭或冲突领域的隐喻来描述他们的日常工作(参见第3章的采访)。汉斯的议程与他明确构拟的对欧洲及欧洲身份的憧憬是一致的;他的憧憬包括"一个和平的欧洲"和"一个没有冲突的欧洲"。这解释了汉斯为欧盟扩张和前"西方"与"东方"的和解而奋斗的急迫性。这种憧憬也可解释汉斯为何如此关注社会议题,如此支持加入国为其社会机构提供经费。实际上,他担心如果

欧盟内部容忍了太多的不平等的话,极可能会产生冲突:

　　文本 4.9

　　H:特别的欧洲方面? 对于我来说,那就是未来。绝对
的。啊,这可以包括——理性地讲——必须有更多的,必须有
一个好的,必须有不止一个好的政治憧憬,在这个意义上,是
的,在促进欧洲解决冲突的意义上。每个地方,每个地方,每
个,每个政治建构,挽救冲突的可能性都是极好的事情。我将
给予那最好的机会。那实际上就是我所相信的。(译自德语)

　　在跟踪汉斯一整天,并仔细记录他的每一举动后,人们可能会
问,这样一个个案研究的意义是什么? 或者在更广泛的意义上,民
族志学与话语分析相结合这一路径的意义是什么? 关于政治和政
治行动的再语境化,我们了解到了什么?

　　除了许多微妙的——以及常常是令人意外的——细节外,笔
者相信,这一个案研究有助于揭示"去政治化"的现象,使其更易于
理解。因为我们多数人只能从媒体获得有关政治和政治家活动的
知识(媒体通常再现仪式化的前台表演),所以,对于"幕后"所发生
的事情,对于决策过程、权力的分布和争夺霸权的(意识形态)斗
争,以及政治再现的实际过程,人们充满了疑惑和怀疑。我们不仅
远离欧洲舞台,而且不容易进入后台,进入那种日常政治生活,在
那里"活生生的政治"因可以被观察而可能被挑战、批评和参与。
我们对"活生生的政治"的理解不可避免地为媒体的独家新闻所形
塑,而媒体以各种方式为我们呈现"伟大政治"的分量和魅力,对政
治家的私人生活投以窥阴般的一瞥,它们常常关注与死亡、性、腐
败和诡计有关的丑闻。相反,后台政治的民族志学打开了通往先
前的秘密场域的大门,并使得我们能对真实的"政治事务"有更多
的理解。在许多情况下,人们可能甚至感到惊讶:这种混乱和日常

应对机制与其他组织中的是多么相似。通过这样的去神秘化，人们可以开始理解"政治家"这种职业包括什么内容，这样一份工作看起来是多么紧张、苛刻和具有挑战性。这样的案例研究也可以使人们观察各自职业生活中的相似性和差异性，让"政治家"更接近人们自己的生活。但是，为了反击去政治化，有必要以更民主的方式开放决策程序，因而允许人们在各种合理层面上参与政治（也参见 Hay，2007；以及 1.4）。

去政治化的一个进一步的结果——笔者在上面已有提及，是日益增强的一个趋势：电视及其他媒体（如电影和纪录片）通过呈现虚构化的政治，试图弥合后台现实与前台仪式及表演之间的鸿沟（也参见"政治娱乐"，Riegert，2007a）。电视剧的这种呈现据说可以让观众"绝对接近"政治的后台。政治的虚构化（Wodak，2008b）似乎是许多社会中一种日益广泛且流行的现象。因此，在下一章，笔者将对这一现象进行分析，探讨政治及其在媒体再现中的"真实"与"虚构"之间的边界和越界。以流行电视剧《白宫风云》为例子，笔者将探讨政治虚构化产生的"虚构之真实"或"真实之虚构"的程度。

第5章　电视中的日常政治:
虚构和/或真实?

5.1 "美国梦"?

理查德·希夫(Richard Schiff)是一位美国演员,以扮演美国肥皂剧《白宫风云》中美国总统的主要顾问之一托比(Toby)而出名,他在 2008 年 1 月 30 日的《独立号外》(*The Independent EXTRA*)上描述了他决定参加美国参议员乔·拜登(Joe Biden)于 2007 年 12 月在爱荷华州举行的选举活动(干部会议)的心路历程:

> 我喜欢过去的政治。回想 2007 年 12 月中旬,我当时在爱荷华州参加首次初选……这是一场小镇政治。每个人都可能改变一切。这完全是非美国式的。(p.2)

他继续说:拜登输了,但希夫却被"真实的政治"给吸引住了。

> 我很幸运,得益于我的演艺生涯,我遇到了我们政治世界中的那些令人敬畏的人物。我遇到过参议员、国会议员、国务

卿、总统提名人、参谋长联席会议的将军们以及大使们……但除了问明显与演艺界有关的事情外,很少有人问我一些实质性的问题。多数时候,我聆听别人的话……(p. 4)

通过聆听,希夫对政治家的日常生活和政治有了许多了解,尤其是关于那些幕后达成的,不为选民所知的令人吃惊的交易。他在文章的结尾部分写到,许多和他握手的人说:"我希望《白宫风云》是真的。我希望我们有一个跟你的电视剧里一样的政府和总统。"(p. 4)

希夫不是唯一一个被媒体采访或受邀为媒体撰写文章的《白宫风云》演员。2008 年 3 月 14 日,奥地利自由派周刊《蝴蝶》(*Der Falter*)曾采访马丁·西恩(Martin Sheen),他在《白宫风云》中扮演总统约西亚·巴特勒(Josiah Bartlet),多年来后者以进步政治活动家的身份知名。在所刊发的有关相同议题的第二篇评论中,一位新闻工作者将巴拉克·奥巴马(Barack Obama)2008 年的总统大选和《白宫风云》做了类比。巴特勒被描述为一种"理想的超级总统",与当时的美国总统乔治·W. 布什(George W. Bush)形成对比。评论也引述了《白宫风云》中的一个特别剧集"艾萨克和以赛玛利"("Isaac and Ishmael"),这一集是"9·11"事件爆发不久后播放的,传达了一种明确的宽容和尊重"他人"的道德信息。作者预设,许多自由派选民对巴拉克·奥巴马的强烈支持可能源自一个普遍的愿望:这个人与虚构的巴特勒总统相似。

以这种方式,政治和大众文化的特定方面之间的边界被模糊和跨越了;严肃新闻与媒体研究和大众文化与文化研究之间的传统区分,也变得过时了。笔者相信,媒体研究将不得不考虑这些新发展,因为许多观众实际上喜欢观看肥皂剧,如《白宫风云》、英国著名讽刺电视剧《是,大臣》和德国肥皂剧《在总理府》,以追踪真实世界的政治。实际上,一些英国观众认为罗伊·布莱纳(Roy

Bremner)的喜剧小品节目《布莱纳、伯德和福琼》(*Bremner*, *Bird and Fortune*)是所能得到的一种极好的真正的政治批判与辩论的来源。真实与虚构的政治之间、信息与娱乐之间边界的模糊,在瑞典电视喜剧《议会》(*Parlamentet*)中表现得特别明显,在剧中,两个来自"蓝党"的政治家和两个来自"红党"的政治家以一种讽刺和幽默的方式讨论议题。这个节目因此被呈现为一种敌对辩论。在最新的一个电视"真人秀"语体节目中,主持人问一些"真实的"(话题性)问题,但回答要尽可能有趣和古怪:由两个队进行准竞争,最终,现场观众投票(或选举)决定哪一方更具说服力,票数多者赢得辩论。这个节目始自 1999 年;从 2003 年开始,丹麦也做了一个相似的节目[①]。当然,还有更多的例子。这些现象表明,当普通人想了解政治时,他们越来越多地转向不同资源。同时,这些趋势指向了对传统新闻的失望、厌倦和不满,传统新闻一般只给我们呈现仪式化的前台(或由"性与犯罪"或准名流文化组成的有限后台;参见 1.4.2 和 1.5;Marshall, 2006:248ff.;Street, 2001:185ff.)。显然,这样的发展也是去政治化的一种症状(Hay, 2007:37);是对生产和建构一种不同的政治世界的虚构电影或节目的兴趣;或者试图说服观众相信情节与"真实政治"相似(或甚至一样)。在下面以及第 6 章的总结部分,笔者将讨论对这些全球性发展的一些可能的解释。

如在第 1 章中提到的,在媒体和政治场域之间存在一种强大的和辩证的相互依赖性(Stråth & Wodak, 2009)。因此,政治家依赖媒体报道去获得名气,媒体依赖政治家及其顾问传达的信息

[①]　参见 http://www.tv4.se/2.5344;http://www.youtube.com/watch? v = r－ko4hYq6b Uandfeature;http://www.imdb.com/title/tt0386233/.

而获得好故事和独家新闻。但笔者也强调了,后台活动很少被报道。②

电视或广播新闻对日常活动不感兴趣;它们倾向于关注危机、灾难和冲突(参见 Triandafyllidou et al., 2009)。它们很少报道积极的事件和经历,尽管有人呼吁"和平新闻"(Lynch & McGoldrick, 2005)这样一种新的范式。而且,当然了,在将大众的注意力聚焦到名人而非复杂的社会-政治过程方面,媒体也具有很大的影响力。为了成功,政治家们不得不以这种方式成为"媒体名人",常常以与名流相似的范式被建构,跟电影演员、流行明星、高级经理人或时装模特一样。实际上,范·祖仑(van Zoonen, 2005:3)正确地指出:

> 使政治远离文化的其余部分,对于维护公民性来说,不是一个可行的选择:不仅因为它无法在对休闲时间的争夺中获胜,而且更重要的是,它也将跟日常生活分离、相异和疏离。

但是,当政治和文化共享一种日益共生的关系时,这必然有着某些负面的后果。鉴于争夺公众注意力的竞争日益激烈,政治报道越来越青睐短小的、轰动性的故事。结果,政治的"后台"即使被报道,故事也倾向于集中在丑闻、谣言和投机上面。这种新闻"捷径"同样偏好用阴谋论去解释不透明的决定,在这种新闻中,只有结果成为公共知识,而那些有助于解释决定的长达好几个小时的协商过程与实质内容,则很少为人所知。

例如,奥博哈勃等人(Oberhuber et al.,2005)考察了 16 个欧洲国家从"左"到"右"的精英报纸对布鲁塞尔举行的政府间会议(2003 年 12 月 13—15 日)的报道。结果表明,报道充满了推测

② 参见 Ekström & Johnannson, 2008; Kroon-Lundell, 2009; Marshall, 2006; Talbot, 2007; van Zoonen, 2005。

(如"幕后发生了些什么""争吵与交易"),以及指涉简单语境与事件模式的战争和体育隐喻(van Dijk, 2007),这些隐喻("斗争""全垒打"等;也参见 Delanty, 1995)将复杂的政治协商简约化和简单化了。而且,国家视角凌驾于跨国性与传统意识形态性报道之上:因此,"法国人"指责"西班牙人与波兰人";"英国人"指责"法国人";还有每个人都指责意大利人! 政治家被用作国家的转喻(贝卢斯科尼=意大利;希拉克=法国),因而将复杂的决策与历史传统浓缩为个人敌意或友谊。总之,奥博哈勃等人(Oberhuber et al.,2005: 260)观察到:

> 对于欧盟政治的大多数消费者来说,他们对欧盟的想象和概念为大众媒体的报道所影响。结果,再现和制造欧盟政策意义的媒体实践至关重要……不同国家对欧盟峰会的媒体报道,除了其他方面外,在语义层面、主题结构(如有争议的议题)和相关结构及论辩(如责任的分摊)方面差异极大。欧洲的意义仍然模糊不清并饱含争议,在每个国家里,似乎再现的是不同的欧盟,辩论的是不同的议题。结果,对于所研究的报纸来说,一个共同的再现似乎确实捕捉到了欧盟政治现实的一个重要特点,即将欧洲理解为成员国之间权力斗争的场域。

笔者在本书中所关注的一点,是在笔者对"寻常政治""幕后"动态的考察中探讨政治与媒体间复杂且变化着的关系。因此,不幸的是,据笔者所知,目前还没有呈现欧盟组织后台的电视肥皂剧可以与笔者对欧盟议会"后台"的分析做一直接比较(现有的唯一一部独特的电影是 3.2.3 中提到的阿伯勒的纪录片)。因此,笔者不得不选择建构国家"寻常政治"而非欧洲"寻常政治"的电视节目来做比较分析。但是,缺失总是令人感兴趣的:我们可以思考为何没有此类节目存在。它们必须是多语言的吗? 是后台太复杂,或可能是太官僚和太脱离"实际权力",或是脱离民众与观众的经验或幻想?或者是这些机构如此不为人所知,以至于传统故事图式不适于去表现它们(参见 van Zoonen, 2005：105ff.)? 无论答案可能是什么,笔者别无选择,只有求助于表现国家政治层面的政治娱乐(Riegert, 2007b),它建构了一个权力、诡计、危险和道德价值的幻想世界,它不得不抵抗在椭圆形办公室、唐宁街 10 号或德国总理府里遭遇到的"邪恶"。③

着手这一阶段的研究时,笔者想找出媒体再现是如何与第 3、4 章中我所总结的批判性民族志学观察相偏离或接轨的。笔者也试图考察此类媒体产品的影响,它们被翻译为许多语言并在全球传播,因而在全球再语境化了西方价值,尤其是美国价值。因此,笔者认为,媒体为观众提供了(美国)模式,以及关于"政治"可能是什么和政治家"做"或"应该做"什么的想象。当然,在与肥皂剧的对比之下,人们对"真实"政治的失望是可预料到的。④ 因此,笔者认为,肥皂剧加强了去政治化,因为它们所描述的世界是虚构的、非真实的、简单化的和乌托邦的。

本章考察的这一种语体已被证明是一种特别有用的资源,通过它可以考察公众是怎样接触政治世界的社会-文化趋势的;这种语体就是电视肥皂剧,如《白宫风云》和德国的类似作品《在总理

---

③ 笔者想感谢厄勒布鲁大学的皮特·伯格尔兹,他向笔者指出了有关欧洲机构的肥皂剧的明显缺席。

④ 无论何时政治家承诺"巨变"和"新方向",失望总是可以预想到的,这是因为由于国家与国际政治的相互权变,这些巨大变化无一例外不能够在所描述的条件下实施。托尼·布莱尔就是这样的,或许巴拉克·奥巴马也会是这样的。但是,像"是的,我们行"这样的标语有着强烈的动员效果,因为它们赋予群体以权力并建构群体身份,同时又足够模糊,以便每个人都能对其产生认同。当然,这样的政治家必须是具有"魅力"的人物,并被媒体建构为英雄——非常类似于将在例 1 中显示的巴特勒总统。

府》。对我们的研究而言,特别令人感兴趣的是,这些虚构的电视剧描述了政治的"后台"现实,也就是,对于政治家的日常生活和私生活、他们的顾问、可能的丑闻或冲突,以及问题可能怎样解决等问题,它们有哪些假设、预设甚至了解(Challen, 2001; Crawley, 2006; Parry-Giles & Parry-Giles, 2006)。笔者特别感兴趣的是,在更广泛的社会中,这种电视产品如何发挥作用,这种政治娱乐语体满足了什么需要(Holly, 2008; Richardson, 2006),以及这样的节目如何再现政治或如何影响大众对政治的信念。笔者假定——这是笔者的第二个观点——此类虚构戏剧所创造的世界充当了一种神话或第二现实(Barthes, 1957),即一种受众愿意相信的现实。究其原因,就是因为复杂的问题通过看似睿智的政治家找到了解决办法,而这些政治家所坚守的价值,也是那些居主导地位的精英及广大受众认定为积极的价值(Lakoff, 2004)。笔者将这一进行中的过程称为政治的虚构化。

在下面,在简短回顾第 1 章中勾勒的后台和前台观念后,笔者将更细致地关注政治、新闻与媒体之间的某些联系。而且,笔者以来自《白宫风云》的例子来例示这些思考,这部电视剧不仅在美国,而且在世界上的许多地方受到狂热追捧(O'Connor & Rollins, 2003; Rollins & O'Connor, 2003)。当然,由于篇幅限制,笔者不能对《白宫风云》以及它的历史、市场化和品牌解释进行全面的批评话语分析(参见 1.4.2),笔者只能关注一个具体的焦点:将总统巴特勒塑造为英雄的描述的分析。对此,笔者继续运用先前引介的那些来自批评话语分析的话语-历史路径的概念。另外,笔者将运用发展自电影研究的理论路径(Wright, 1977)去考察这个剧集的叙述结构和功能,它在这部剧的多数剧集里极为典型。笔者将不得不忽略有关电影和其他口头体裁中叙事分析的许多文献,而向读者介绍一些优秀的综述,如鲍德维尔和汤普森(Bordwell &

Thompson，2004)或班贝格(Bamberg，2007)。通过将白宫中的美国总统诠释为英雄——一个能够解决复杂世界中的许多问题的睿智的人,拥有现代奥德修斯、赫拉克勒斯或阿喀琉斯的典型特点——既有缺点也有许多优点,有关政治及政治价值的特定神话被全球化,并占据主流地位。最后,我们将去推测——用以上所表明的矛盾方式——这种有关政治与政治家的全球性观点和信仰可能暗示着什么。⑤

5.2　政治的虚构化

对政治的感知与再现以及对政治家的期待正在发生巨大的变化,对此,近期的研究也给予了关注。⑥ 迪克·佩尔斯(Dick Pels)曾精炼地总结了这一表演、风格和感知方面的变化,同时他也强调,由于需要成为媒体名人,政治家的新角色中存在内在矛盾:

> 一方面,政治领导人摆脱他们精英人士的光环,试图成为"我们中的一员"。另一方面,明星的遥远重申了距离感,他们虽然不断出现在公众的视野里,但仍被视为不可触及的,"生活在不同的世界里"。在这个意义上,政治家日益具有现代民主社会名流所具有的这种"非凡的平凡"特点。(Pels,2003:59)

除了名流和政治家之间、信息与娱乐之间的边界模糊化外,也

---

⑤　笔者决定关注《白宫风云》,还因为这部肥皂剧(如第 1 章中已经提到的)在许多国家播放,被翻译为许多语言。德国肥皂剧模仿这部美国剧,且向讲德语的受众播放。《是,大臣》是一种非常不同的语体,一方面,它展示了后台;另一方面,它以许多方式嘲弄了政治家,并明显不希望为观众提供一个严肃的"现实"。

⑥　参见 Corner & Pels, 2003; Fairclough, 2000; Holly, 2008; Wodak, 2006a, 2008b。

有其他明显的变化发生,如媒体对政治和政治议程的日益殖民。据霍利(Holly, 2008:317)观察:

> 媒体发展从根本上改变了公共空间的结构。一些人谈到了媒体系统对政治系统的"殖民",谈到"媒体统治"("mediocracy")[7](Meyer, 2001)这个据称甚至取代了民主合法权利的东西。就如那些大众媒体巨头自己日益追逐商业利益一样,政治也变得屈从于小报化过程,例如,它迎合大众的口味和娱乐需要,尽管是出于说服性而非商业性原因。今天,这被视为公共传播获得"成功"的必要条件,而不考虑实际政治决策的性质;"象征政治"成了替代品(Sarcinelli, 1987)。在这一过程中,政治传播变得更具有可视性、表演性、戏剧性,并被美化。

在笔者看来,霍利触及了一个非常重要的点(也参见 Corner, 2003):虽然出现了较高程度的商业化,虽然一些语体日益吸收推销性和商业性话语的特点,但主趋势是倾向于"符号"和"表演"的,而不太倾向于市场;不过,这两个领域实际上不能完全分开。如果得到小报支持的话,政治家会更加成功;实际上,他们倾向于采取一些可能得到英国的《太阳报》(*The Sun*)⑦、奥地利的《皇冠报》(*Kronenzeitung*)或德国的《新画报》(*Bildzeitung*)等小报支持的

---

⑦ 实际上,这一关系的重要性在政治幕后进一步得到证明,据称,传媒大亨如默多克(Rupert Murdoch,《太阳报》《泰晤士报》和世界最大的媒体集团新闻集团的掌门人)等向政治幕后注入了大量的党派资金,并对政策有着重大影响。在英国,众所周知,默多克对撒切尔和布莱尔的支持与影响正是许多争议的源头。正是由于这种密切联系,《太阳报》逐渐被视为在任政府成功或失败的晴雨表。在奥地利,《皇冠报》这份在世界上拥有最多读者的小报,也起着相似的显著作用:如果这份小报不支持某个政治家或政府,他或是它将会陷入大麻烦(例如,参见 Wodak et al., 1990,书中详细分析了该报为当时的总统候选人库尔特·瓦尔德海姆(Kurt Waldheim)所举行的支持活动。

政策(Jäger & Halm, 2007)。

当然，政治中存在策略性的、编排过的表演不是什么新特点；尤其是想到精心编排后上演的纳粹政治时，更是觉得如此(Jäger, 2004；Maas, 1984)。不过的确有不同于以往的一点，就是政治与媒体间的紧密合作，以及电视这类媒体对政治已经产生的和仍将继续产生的影响（参见 1.4.1, 1.4.2；White, 2004）。霍利(Holly, 2008：317)继续正确地说道，那本身

> 更具娱乐性和清晰性的取向不一定导致质量上的松懈，从而导致更琐碎、陈腐和最终似乎"去政治化"的政治（但这有着强烈的政治意涵）。只要政治传播保持好的传播所具有的基本范畴，即保持信息性、真实性、相关性和可理解性，具有广泛影响的政治就能预示政治传播的现代化、大众化甚至民主化，而非小报化。如此看来，再加上近年来电子媒体的影响，公共传播的发展还将会含糊不定。

因此，人们如何诠释现实政治的(媒体)再现，在很大程度上取决于电视化政治的功能范围有多大，取决于具体的社会-政治语境，取决于受众的要求与需要(参见以下；Dörner, 2001; Klein, 1997)。

5.3　政治和媒体

如已经在 1.1.1 详述的，维申贝格（Weischenberg, 1995：239)称，媒体与政治这两个社会系统相互渗透；笔者认为，这一看法也与皮埃尔·布迪厄对政治场域、媒体场域和经济场域之间相互依赖的观察极为相关。当然，一旦媒体的宗旨占了上风，市场利益就会盛行，这会导致媒体以市场为导向，对其再现及描述的形象、仪式和事件进行仔细选择(Meyrowitz, 1985)。在他近来的研

究中,约瑟夫·克莱恩(Josef Klein)将格莱斯的信息范畴与娱乐范畴对比,发现了重要的相似性、对应性和差异性。例如,媒体倾向于分别以"轻松"和"兴趣"取代"真实"和"相关",这是因为前两个范畴似乎更适合媒体消费(Klein, 1997: 182)。情感化、人格化、美学化、缩短距离和戏剧化,更容易得到受众认同和理解。但是,这并不暗示政治家所有的欺骗和谎言都是被接受或可接受的。如果特定的谎言或欺骗看起来是在威胁而不是稳定公共秩序,丑闻就会发展,而这往往是由媒体制造或支持的。这些精心制作的媒体表演使观众得以从外部合法地凝视政治家的工作与生活。它们是官方语体,专为公众设计;也显示了许多政治家所喜欢的呈现自我、表演工作和被受众感知的方式。简言之,这是"前台"(参见1.2)。

与之相对,"后台"是表演者在而公众不在的地方。表演者在这里的活动可能通常只遵循相关机构所独有的那些心照不宣的规则和共享知识,这些知识不对公众展示,因而对"圈外人"来说仍深奥难懂且神秘。这就是媒体创建政治"后台"的原因,即通过虚构电影和肥皂剧满足受众的一种广泛的期望:公众急切地想更多地了解决策是如何制定的,政治家是如何生活的,他们的日常生活可能包括哪些。媒体以这种方式模拟了更高的亲民性,使得民众认同政治和政治家。如1.4.2提及的,媒体创造了将政治的前台和后台相关联的特定形式,比如"边走边谈"这一形式,即顾问陪着政治家奔向某个特定活动,在走向前台的路上向他们做简报。实际上,在我们对欧洲议会议员的民族志学观察中,议员与其助手一起穿过欧洲议会大厦时(参见第4章),我们曾看到同样的这种"边走边谈"的次语体。这些"边走边谈"的时刻不仅将前台和后台联系起来,而且建立了组织知识、信息和政治知识、信息的层级(谁对谁谈论什么;谁被告知什么,谁被允许向谁传达信息;谁向谁做简报;

谁谈及哪些话题,等等;也参见"权力-知识";2.3)。与《白宫风云》中的情况相似,"边走边谈"场景在白宫工作人员中建立了社会秩序,设置了议程,传达了与事件和社会关系有关的重要知识,创造了一种急迫感,一种"做"的感觉,一种政治和政治决策立即、快速地运作的感觉(参见图5.1)。就此而言,它们是意义制造程序的显著部分(2.4;Gioia,1986)。

图5.1　《白宫风云》中两个顾问急速穿过白宫的走廊
(Rex Features 版权所有)

5.4　建构现代英雄

5.4.1　西部电影和《白宫风云》

怀特(Wright,1977)详细分析了西部电影,并提供了有趣的证据,证明这一语体是根据汲取了美国文化和传统的极其明确的规则、形式和功能所建构的。怀特依循的是弗拉基米尔·普洛普

(Vladimir Propp)在 20 世纪 20 年代末提出的重要叙述理论,见《民间故事形态学》(*Morphology of the Folktale*,1928),这一理论极大影响了克劳德·列维-施特劳斯(Claude Lévi-Strauss)和罗兰·巴特(Roland Barthes)。普洛普的研究直到在 20 世纪 50 年代被翻译出来才得到西方认可。他的角色类型现在常用于媒体教育,并可应用于几乎任何电影、电视节目和故事中。

普洛普将俄罗斯形式主义路径扩展到叙述结构的研究之中。在形式主义路径中,句子结构被分解为可分析的成分——词素,普洛普运用这一方法,通过类比去分析俄罗斯民间故事。通过将俄罗斯的许多民间故事分解为最小的叙述单位——叙述素(narratemes),普洛普得到了叙事结构的类型:俄罗斯民间故事语体中有 31 个通用叙述素。虽然不是所有的叙述素总会全部出现,但他发现其所分析的所有故事都以不变的序列展示了英雄、恶棍、受害者等 8 个角色所实施的 31 种功能。我们发现,这些功能中的以下功能被怀特(Wright, 1977)运用到对西部电影的分析中(参见以下):

1　家庭的一个成员离开家(英雄被引介);

2　禁令被违反(恶棍进入故事);

3　恶棍获得受害者的信息;

4　受害者上当并无意中帮助了敌人

5　恶棍对英雄的家庭成员造成伤害

6　公布灾难或缺失

7　英雄离开家

8　英雄使用有魔力之物

9　英雄被转移、派到或引向所搜寻对象的区域

10　英雄和恶棍进行正面搏斗

11　恶棍被打败

12 最初的灾难被消除，或损失被弥补

13 英雄归来

14 任务完成

15 英雄得到承认

16 恶棍得到惩罚（参见 Propp，1968：25）

普洛普的路径常常因以下原因遭到批评：它完全不考虑对言语/文本/话语的分析（即使民间故事的形式总是口头的），也不考虑语调、情态和其他可以将一个故事与另一个故事区分开来的区别性特征。普洛普重要的批评者之一是列维-施特劳斯，他用普洛普的著作《民间故事形态学》展示他的结构主义路径的优越性（参见 Lévi-Strauss，1976：115-145）。另一方面，普洛普的捍卫者称，这一路径的目的并非发掘所考察民间故事的意义，也不是去发现区别性的和区分性的成分，而是解构叙事结构的基本建筑模块。

依据普洛普和列维-施特劳斯的理论，怀特（Wright，1977：143ff.）为西部电影语体确立了以下功能：

1 英雄进入一个社会群体

2 英雄不为此社会所知

3 英雄被揭示具有非凡的能力

4 社会承认他们自己与英雄之间的差异；英雄被给予特殊地位

5 社会并不完全接受这个英雄

6 在恶棍和社会之间存在利益冲突

7 恶棍比社会强大；社会虚弱

8 在英雄与某个恶棍之间存在很深的友谊或尊重之情

9 恶棍威胁到社会

10　英雄避免卷入冲突

11　恶棍危害到英雄的一个朋友

12　英雄打败恶棍

13　社会安全了

14　社会接受英雄

15　英雄失去了或放弃了他的特殊地位

对于我们分析《白宫风云》片段来说,重要的是对英雄的话语建构,这与西部电影中的英雄类似,他们都有着优点和不足。对英雄的这种构建与经典神话、传奇(阿喀琉斯、齐格弗里德的神话等)相关。怀特能够非常简洁地展示,在创造有关开拓者殖民和开发边疆的神话上,西部电影语体对美国社会发挥了重要的功能,同时他详细阐述了列维-施特劳斯的神话概念(Wright,1977:21-22)。另外,英雄与恶棍所再现的"善"与"恶"的摩尼教式简单区分形成了感知与诠释历史事件的基础,在这些历史事件中善最终获胜,而恶最终失败:

> 如果神话的形式是一种叙事,一种赋予经历以意义的模式,那么特定神话的内容则体现了这种模式并使之得以可能……神话的社会意义可能与大脑理解自己及世界的基本组织一致。因此,显而易见的是,如果我们要充分理解和解释特定的人类行为,就必须能够将这些行为与行事者所属社会的社会性叙述或神话相联系。至少部分地通过这些神话,他赋予了其世界以意义,因此他的行动——作用于他自己和他的社会的行动——的意义只有通过对神话结构与意义的了解得以理解。(Wright,1977:194)

考虑到《白宫风云》备受欢迎(首播时每周超过 1400 万观众观看该剧)和人们对剧中人物总统巴特勒的情感认同,笔者认为,将怀特的架构(即经过修正的普洛普架构)运用到这种形式的政治娱乐中是有道理的。实际上,克劳利(Crawley, 2006:141ff.)表明,这位总统符合美国受众对总统的基本设想,有着作为普通人和总统的所有优点:他聪明、有道德、如父亲般慈爱且具有权威,还创造了一种独一无二的符合美国传统和观众期待的意义系统。不仅如此,克劳利(Crawley, 2006:129ff.)还举了几个发生在美国的例子,例如,教师工会、全国教育协会,或《纽约时报》和《底特律自由报》的新闻工作者们,他们将巴特勒的政策称为应该依循的好典范,还认为总统候选人戈尔和布什"应该聪明地模仿"巴特勒总统的特点。以这种方式,虚构突然影响了现实,或者说,甚至获得了现实的地位——这是政治虚构化的一个明确例子! 如克劳利总结的:

> 电视的诱惑力在于它许诺带给人们一个新机会,这一机会既与"理智的亲密性"紧密相关,也与情感的密切性密切相关。在理智上,公众可能认可他们熟悉的"总统表演"的扮演者,但是,他们反复观看这一"肥皂剧"的部分原因,或许是希望下一个政治家会使他们更满意一些。(Crawley, 2006:128-129)[8]

总之,一个现代英雄依照故事或神话的必要功能而被建构。图 5.2 是巴特勒总统处于沉思姿态的典型画面。

---

[8] 原著此处的尾注是有关另一集"艾萨克与以赛玛利"的介绍,因本书对该集的分析已删,故此处介绍亦删——译者。

图 5.2 《白宫风云》的一集中的马丁·西恩(饰总统巴特勒)[Rex Features 版权所有]

5.4.2 语体和"情节"——《白宫风云》剧集"毕业典礼"⑨

5.4.2.1 语境

在女儿佐伊的毕业典礼前夕,巴特勒总统向其职员披露,在五

---

⑨ 首次播放时间是 2003 年 7 月 5 日。2003 年 10 月 9 日重播。

个恐怖分子嫌犯失踪后发生的一桩秘密谋杀中，他扮演了某种角色，这促使他的新闻秘书 C. J. 与其前男友亦即著名记者丹尼达成一桩交易，以隐藏真相。同时，一个新特工被指派保护毕业生佐伊，而佐伊则想毕业后跟男友到巴黎待三个月。巴特勒一方面被再现为一位精明的政治家，应对着潜在的恐怖分子；另一方面，他被塑造为一个忧虑的父亲，想说服女儿待在美国。然而，佐伊消失了。同时，顾问托比的妻子生了双胞胎。而且，整一集里，人们能够看到，总统在为参加毕业典礼及发表毕业演讲做准备。他的非洲裔美国顾问威尔帮助他在最后一分钟准备好演讲稿。巴特勒非常擅长演讲，他甚至可以无须提示即可发表即兴演讲（来自 TV Guide.com 的详述）。运用功能模式分析本剧集，可得到以下叙述素：

1   英雄（巴特勒）不得不保守秘密

2   英雄保护他的国家

3   英雄有着非凡能力（发表演讲）

4   每个人都承认这一能力

5   恶棍被背景化（潜在的恐怖分子和绑架者）

6   恶棍威胁到社会

7   女儿（佐伊）想离开

8   女儿需要保护

9   特工保护女儿

10   新闻秘书 C. J. 保护每个人避开媒体

11   托比马上要做父亲了

这一情节（恶棍危害女儿，佐伊被绑架但最终得救）持续了五集：

1   英雄放弃了他的地位，但最终官复原职（巴特勒在

找到女儿佐伊前曾短期辞职）

2　英雄成功地保护了家庭和国家

虽然有许多不同的次情节贯穿于剧集,但它们都关涉保护:保护总统的直系亲属(佐伊),通过将信息传给媒体而保护总统的声誉(C.J.),托比和医生在托比妻子生产时保护她,以及最后,总统及其团队保护国家免于恐怖分子的危害。家庭隐喻构成这一情节的框架——一个保护了所有成员的家庭,转喻性地代表受到政府即总统保护的整个国家。被建构成英雄的总统必然拥有超凡能力。巴特勒能够通过其雄辩技巧打动并说服受众。而且,他也被描述为一个知识分子和诺贝尔经济学奖获得者,因而能够非常迅速地理顺思路,并利用许多专家知识和政治知识。

5.4.2.2　创造英雄

文本 5.1

巴特勒:我一直在想,我应该谈谈创造性——啊,你为何
　　　　不先谈些你的想法,我再加入进来。

威尔：　好的,先生。

[巴特勒出去了]

巴特勒:引用尤多拉·威尔蒂而非甘地的格言,你认为
　　　　怎么样?

威尔：　嗯,我认为他们两个的格言用在工作上,都不会
　　　　有更好的效果,但我想这样做。

巴特勒:"你必须成为改变"——是这样的——"你必须
　　　　成为你在这个世界上希望看到的改变"这听起
　　　　来太……啊……像东方哲学。

威尔：　嗯,非常像,先生。

巴特勒:因为甘地生活在印度(×××)。

威尔：　是的,先生,这篇演讲是有关创造性的,在我看来,这是一记本垒打。(1.0)但现在它还不是一篇能说服佐伊明天不去法国的演讲。

巴特勒：嗯,啊,让我们写一篇那样的演讲吧。

[弦乐五重奏演奏威风凛凛的进行曲。]

　　威尔应该帮助巴特勒写那篇演讲。他们考虑了各种博学的引述,以展示巴特勒广博的知识。威尔也提醒总统,他还要说服佐伊留在美国。因此,这篇演讲需要修改,虽然初稿是一个"本垒打"。这个体育隐喻(来自棒球)用以营造与美国受众的认同感,也表达了让他的女儿留在家里的愿望。总统同意了。这一简短的交谈决定了演讲的结构及其可能的引述。现在,要写演讲稿了。虽然威尔称总统为"先生",但两人间的对话极像同僚间的一场头脑风暴;层级依然存在,总统接受了建议和批评。如果我们将这一交谈与欧洲议会议员汉斯及其助手 M 之间的平行场景(第 4 章,文本4.1)相比较,我们就会发现在会话风格和内容上存在一些明显的差异。与汉斯在一天开始时听助手汇报的那个场景不同,巴特勒与威尔的交谈中没有急迫感,没有省略句子,没有对文件的混乱搜寻,也几乎没有用玩笑去缓和紧张的人际关系。

文本 5.2

助手：　　　总统先生?

巴特勒：　　我知道时间[到了]。

[他拉上长袍的拉链,这件长袍上饰有代表他的学位、荣誉和学科的 V 形臂章,配有两个斗篷帽。他正穿着学术服。]

校长：　　　你准备好了吗,总统先生?

巴特勒：　　是的,啊(0.2)谢谢,威尔,谢谢你的帮助。

威尔(微笑):用尤多拉·威尔蒂,更好。

巴特勒: 谢谢你。

[在巴特勒和同样佩戴着学术徽章的校长的率领下,穿着长袍的教师列队走出来,当他们出来时,观众起立欢呼。]

校长: 我知道你不用提词器。

巴特勒: 是的,不用,啊,啊(1.0)我把它写在这里了,文件夹……口袋里的一些便笺上。以这种我的——呃

校长: 您那样可以吗?

巴特勒: 哦,是的,我很好,你知道,除非有什么事突然发生。

校长: 呃,比如什么(×××)?

巴特勒: 嗯,例如,我刚刚才意识到我再也无法把手伸入我的口袋,但你知道,啊,啊,你会怎么做?

在这一幕中,巴特勒的非凡能力被前景化。总统没有写下整篇演讲,他只在口袋里的一些便笺上做了笔记。不幸的是,由于穿上了长袍,他无法拿出那些笔记,因此他将不得不脱稿演讲。这一简短片段最后的那个反问句,不仅体现了总统的自我嘲讽(无法找到他的笔记)和自我安慰,这意味着他将不得不脱稿发表演讲,而且也表明(通过暗示)这不会给他造成任何麻烦。他的非凡能力也通过大学校长提出的问题而得到突显,因为校长惊讶于总统竟可以不用提词器。威尔在场,重复了他有关使用某个具体引语的建议。

这两个片段展示了总统的重要特点:他有幽默感,乐于接受建议和批评,有渊博的学识(甚至懂得东方哲学),并将"创造性"概念作为他的演讲的宏观话题,这再次指明了他作为知识分子的兴趣。他和他的助手及团队的互动相当随意自在,他的反应自然且灵活;

因此,他能够非常迅速地适应新情境,他自信(他知道他可以不用笔记);并能有意识地进行战略安排:他要说服女儿待在国内,因此他的演讲需要非常具有说服力,并为其女儿做了特别的调整,以便达到这一目标。实际上,似乎进行这一表演(不得不脱稿演讲)的原因,恰恰是让他有机会展示其非凡的雄辩技巧。

这两个场景中,当然,还有这一集中的许多场景,建构了这个最终既拯救了女儿,也使国家免受恐怖分子威胁的英雄形象。这一结构在其他剧集中重复出现,它们都表明了《白宫风云》的语体既像普洛普和怀特的民间故事模式,也像西部电影模式:都是英雄从危险分子手中拯救国家并最终获胜的简单情节。但是,这意味着,通过暗示,这部电视剧将政治建构为善恶分明的故事,在这些故事中,睿智的总统将最终做出正确的决定。

5.5　小结

范·祖仑(van Zoonen,2005:112)曾说过,《白宫风云》综合了一些观念,如"理性、进步和命运",它关注关系、情感、感觉和出错的可能性。总之,所有这些要素"被整合为一幅'可能是最好的'的,连贯且具说服力的政治实践画面"。但里格尔特(Riegert,2007a:220-221)坚持认为,《白宫风云》传达的信息是不现实的,因此损害了演员所再现的进步政治。笔者相信,这两个观点和评估在某些方面都是对的,无须在这两者中做出选择。不过笔者也认为,《白宫风云》具有更多显著的内在意义。

这个肥皂剧似乎满足了美国观众对更好的和不同的政治的许多期望,这种政治与当时的布什政府形成对比。同时,许多矛盾也变得明显,如好的理想与价值、日常"混乱"与妥协之间的矛盾。依循笔者在欧洲议会所做的详细民族志学研究(参见第3、4章),被里格尔特(Riegert,2007a)定义为"混乱"的东西,恰恰是日常政治或"寻常政治"的必要组成部分。在笔者看来,这些描述比这部剧中其他的事情都更加现实,这部剧——如以上展示的——依照非常简单的情节和叙述功能而建构,这使得其成为一个投射大众对于政治和政治家的各种理想化信仰和期望的极好舞台,是在全球散布"正确的美国价值"的极好舞台。

在整部剧中,政治家被建构为(有魅力的)权威,生活在神话(能解决"世界的大问题")的环绕中。全球化世界中政治的复杂性因此被简单化;跨越了时空和多个场域的多维度复杂过程,被简化为适于上镜的人物、清晰明确的事件和简单的解决办法。如受众和媒体的反应所展示的(参见 1.4.2 和以上),这样的再现显然生产和再生产了对政治家的行为与生活的特定期待和认知、情感图式,这些与政治情势的复杂现实不相关,如第 3、4 章所详细阐述的,现实中充斥着许多官僚性、行政性的组织议程。

因此,这部电视剧的每一集都可以被视为政治场域的一个快照。顾问和有权力的政治家的作用以具有鲜明文化特征的形式呈现出来,这种特征因各自的政治体制而异:白宫不同于白厅与唐宁街 10 号,也不同于柏林的总理府。因此,在英国电视剧《是,大臣》中,大臣和官僚们似乎在运作政治和操纵首相,但在美国,有魅力的总统(在《白宫风云》中)仍是最重要的决策者。

虚构化的政治变得在时空上可掌控,可以分为时间序列和单元,就像那些即使在焦虑、恐慌、危险、迫在眉睫的灾难、诡计、疾病、爱情或其他典型主题和情节中仍可被掌控的计划一样。问题得到解决,故事总有一个道德的尾声。英雄赢了,好的价值获胜。我们对政治家日常生活的实证研究表明,政治家的生活并不能被组织为有着清晰的开头和结尾、独立的单元与情节的故事。它是一种非常忙碌的生活,一方面充斥着重复性的常规工作,同时,另一方面充斥着决策和紧急事务。主题、议程和话题在继续;关于议程何时及如何完成和实施,似乎没有明确的时间顺序;许多极为不同的议程被同时推进。干扰随时可能出现。有意和无意的歧义盛行,它们的诠释和厘清依赖于共享的组织性、专家性和政治性知识,因此依赖于对权力分配和知识获取途径的争夺(参见第 4 章,文本 4.4;Weick,1985:116ff.)。小的成就被凸显并被作为成功加以庆祝(例如,参见第 3 章,文本 3.25);多样化的(政治性-论说性)策略和技巧被用以推动政治利益,而这些政治利益很少与世界的"大问题"相关联。实际上,恰好相反:这些议程在"日常政治"的过程中不断重构和再语境化,而且它们常常是更宏大、更重要议题或政策的微小的、象征性的方面。

因此,政治的虚构化发挥着如下作用:创建一个世界,一个仍可通过政治的传统常规、外交、新闻发布会、演讲和协商管理的世界。在这个世界里,好的价值赢了(如这部电视剧里所界定的,以及巴特勒及其团队所代表的);在这个世界里,教育目标通过媒体传达出去,希望受众可以融入这些好的价值之中,融入对政治的欣赏之中。一个神话以这种方式得以创建,并从西部电影语体中具有长期传统的美国认知、情感图式中汲取了养分,而这可能与公众对政治的实际经验形成鲜明对比。因为《白宫风云》被翻译成多种语言在全世界播放,这个神话也在其他国家和文化里再语境化,如在德国的同类电视剧即由 ZDF 制作的《在总理府》中。我们在此如此详细地对政治虚构化(及虚构作品的政治化)的性质与影响进行批判性反思,希望对将来的研究有所帮助。

以上对这部收视率极高的"虚构化政治"作品的分析,也为 1.5 中提出的问题和观点,以及后续章节中提出的更为详细的问题与观点,提供了一些答案。例如,情况似乎是这样的:一方面,对政治和政治决策的不满日益高涨,但另一方面,如海(Hay,2007;

7)和朱迪特(Judt，2008：16)令人信服地指出的那样,不满和去政治化不是新现象。例如,朱迪特(Judt,2008)提出以下引人深思的问题：

> 现在,我们会先入为主地回顾 20 世纪,将其视为一个政治极端的年代,一个充满了悲剧性错误和顽固选择的年代,一个充满幻想的时代——幸好我们已将其摆脱。但我们不是一样被迷惑了吗？在我们新近发现的对私人领域和市场的崇拜中,我们没有颠覆上一代对"公有制"和"国家"或"计划"的信仰吗？毕竟,没有什么比以下立场更具意识形态性了：所有的事务和政策,不管是私人的还是公共的,都必须依赖于全球化的经济、其不可避免的法律及永不满足的需求。在从 20 世纪向 21 世纪过渡之际,我们难道就没有放弃一个 19 世纪的信仰体系而以另一个取而代之？

其原因包括政治机构的不透明、超越民族国家的全球化过程的复杂性,以及个体政治家的权力。不安全、不确定和恐惧盛行。这或许可以从另一方面解释,为何许多人为这样的肥皂剧"着迷",因为它们创造了一个虚拟的政治世界,这个世界似乎是透明的,在那里,复杂性被化简为可理解的要素和单元,其中生活着与"每个人"有着相似情感的真正的人。

正是《白宫风云》的虚拟世界构成了去政治化的众多原因之一：面对当前诸如气候变化、战争、经济萧条等全球化问题,人们将《白宫风云》中的世界与政治现实相比较,导致对自己和政治家的无助感产生更大的失望。无助、恐惧、危险和无安全感导致了愤怒,人们要寻找替罪羊,要经由新的简单承诺与解释进行动员,希望有新的有魅力的领袖。

第 6 章 秩序或无序——故事或现实？ "权力和知识管理"对于"寻常政治"的意涵

人们知道他们在做什么；他们通常知道他们为什么做那些要做的事情；但是他们不知道的是，他们做的事情有什么用。（Michael Foucault，私人通信，引自 Dreyfus & Rabinow，1982：187）

在一个据称很少有人追寻政治信息的时代，政治与大众文化的混合成为政治知识的重要来源。（Lilleker，2006：9）

6.1 "乏味的"政治？

现在，是时候把对欧洲议会和对肥皂剧《白宫风云》深度定性分析的结果与本书第 1 章提出的观点联系起来了。出于对日常政治如何运作，以及政治家的日常工作包括什么等问题的好奇，笔者选择考察欧洲议会，进行个案研究。笔者假定，后台的表面混乱在本质上是有章法的，是由特定实践社区共享知识的数量和质量来决定的。通过共享的预设、推断、暗示等方式实施的，体现在话语中的组织知识的分配，是许多夺取霸权的敌对性权力斗争的重要组成部

第 6 章 秩序或无序——故事或现实？"权力和知识管理"对于"寻常政治"的意涵

215

分,对此,我们作为普通人了解甚少,懂得更少。笔者进一步认为,我们被排除在这些发生在"幕后"的社会和话语实践之外,这是我们对政治日益不满和对其不抱希望的原因之一,因此,文化现象中的一个主要解释因素现在常常被称为"去政治化"。情况似乎是这样的:欧洲议会的政治家在自己的微观世界里过着压力重重、碎片化和似乎混乱的生活,远离选举他们的和他们所代表的民众。公众被从所有决策、协商、缔结联盟、讨论和商议等活动中排除出去。因此,毫不意外的是,许多人对每天上演的象征性例行常规反应消极,而这些象征性例行常规只有在了解"后台"的基础上才变得有意义。

而且,对"后台"的偶然一瞥无助于缓和总体的对政治的悲观、失望,因为这往往导致媒体在利益驱动下进行新闻报道,揭示这种或那种政治丑闻(Kroon & Ekström, 2009),或者为政治家建构一个准名流的地位(Kroon-Lundell & Ekström, 2009)。相比之下,核心的"政治事务"获得相对较少的关注:现代媒体的语体似乎阻止了详细且复杂的论辩性报道(不在黄金时间播出的某些纪录片和专门特写除外)。①

另外,笔者认为,像欧洲议会议员这样的政治家在这样复杂的跨国组织之中长时间社交,会使得他们习得某些惯习和游戏规则。当然,在对政治家的信任极低的时代,为何某些人会在第一时间决定成为政治家(Hay, 2007: 161-162)？弄清这个问题也很有趣。那些经常提出的、关于某些政治家个性影响的问题依然明显;尽管

---

① 扬·斯文松(Jan Svensson, 1993)关于瑞典议会(1945—1985)中议会辩论的体裁与论辩策略变化的定量研究表明,辩论已变得非常不具有论辩性和协商性。语言更简单,内容也不太复杂。欧洲议会议员们准备他们读或说的陈述,并显然几乎不再以论辩和协商的方式进行干预。这些发现符合以上的观察,并提供了强有力的证据,不仅为所观察到的两个主要趋势,而且为它们对话语和文本生产的影响提供了证据。但是邓恩(Dunn, 2000)评论说,他惊讶于人们一直对政治家期待太多,因此可以预想到他们会失望:如果我们更好地理解政治,我们的期待会少一些。

存在各种结构限制,这些影响却依然存在,尤其是当我们看到许多人是如何将他们的希望投射到"有魅力的"、对许多人认可的含糊变化表示承诺的政治家身上时。[2] 是对权力的寻求,以及希望能够改变政策或至少对改变政策施加影响的想法,才将人们吸引到"政治职业"中的吗?或是希望推行某人自己的立场、憧憬或意识形态吗?媒体所传达的有关政治和政治家的信息,当然是对权力的持续追求和对特定政策或立场的敌对性争夺,媒体消极地通过"战争、斗争和体育隐喻"来描述这些信息,或者将其描述为非理性的"争吵"("口角";参见 3.1 和 5.1),而不考虑更宏大的目标(Oberhuber et al., 2005)。

当然,欧洲议会是一个非常具体的语境,因此,不是所有的观察与结论都可以这样泛化到政治场域。但笔者确实相信,某些洞见是可运用到地域性、国家性和其他跨国性机构中的其他政治场域中的,这些洞见涉及有关竞争压力和限制的结构问题,有关日常活动的组织、论辩与决策的模式问题,推动自己提出的政治议程的问题,以及质询斗争和"赢得"斗争的问题。实际上,海(Hay,2007:162)提醒政治科学家,关于政治活动家的动机或民众形成

---

② 在此,笔者提及美国总统候选人巴拉克·奥巴马于 2008 年 7 月 24 日首次访问柏林时所受到的那种出人意料的热情甚至是狂热的欢迎(例如,参见 http://www. swissinfo. ch/eng/news/ininternational/Obama _ in _ Berlin _ for _ big _ outdoor _ speech. html? siteSect=143andsid=9366447andKey=1216890459000andty=ti or http://www. youtube. com/watch? v=OAhb06Z8N1c, 2008 年 7 月 30 日查阅)。当然,我们在他作为雄辩家的优秀能力、他的教育、他的种族以及与肯尼迪(1963年 6 月 26 日)或里根(1987 年 6 月 12 日)的著名访问及演讲的互文性共鸣关联中可发现这一狂热的许多解释;但是,所有这些因素实际上不能解释他的成功。因此,韦伯(Weber, 1976, 2003)和爱德曼所提出的领导力与魅力仍是处于一个"冰冷、复杂和令人困惑的世界"(Edelman, 1967:76-78)的我们了解这类人物的影响力的主要资源。但在本书中,笔者关注政治家在日常生活中的许多活动,而不是某个历史重要时刻的活动。

某些期待或假设的认知过程,我们知之甚少。在一天(以及本书)的结尾,当我们总结这一批判性、民族志学和语言学分析的结果时(第3、4章)时,某些答案便自己显现出来。

笔者相信,本书所详述和操作的理论架构和方法,为考察海(Hay,2007:162,参见图6.1)所讨论的那些"缺失的链接"提供了一种可靠的机制。定性的、跨学科的、语境化的和深入的个案研究是必要的,这使我们能够考察政治的"后台"。通过批判性地分析话语和文本的许多复杂细节,这种研究解构和去神秘化了"寻常政治",至少是在某些主要方面。这样的研究在以宏观结构为导向的研究和停留于微观层次的分析之间建立起一座桥梁。因此,本书所运用的话语历史路径回应了海(Hay,2007,参见以上)和包博科(Bauböck,2008;参见2.4)的要求,他们都宣称传统的选择理论和其他政治科学宏观路径不足以解释复杂的、情境化的政治行动和行为(也参见 Holzscheiter,2005);因此,他们提出需要其他路径。

"去神秘化"的过程,其最初或许包含了更多的失望的含义。因为如此多的社会与话语实践似乎相当乏味,而且与人们在自己职业中的日常经验相似,所以,当发现负责制定许多影响我们生活的方方面面的决策的政治家也跟其他人一样有出错的可能时,一些读者可能感到惊讶和不安。这些政治家会错过约定的活动,不是每次会议之前都会做好准备,他们有成堆的文件到最后一刻才有时间浏览,或甚至根本不曾看,他们毫无节制地花费大量时间来做决策、遵循极为官僚性的程序和严格的层级,常常抵抗各种障碍、阻碍和权力斗争以便达成自己的目标(对欧洲议会议员生活中的这些日常事件和斗争的充分说明参见第3、4章)。读者甚至会认为小算盘似乎正在盛行,看起来琐碎的知识,像如何复印文件或操作电脑等,有时能严重影响重要的和必要的决定。但是,这种表面的日常无序其实是有序的;所有这些看起来乏味的事件是组织生活的重要组成部分,因此也是政治组织生活的重要组成部分(参见 Weick,1985;Wodak,1996)。它们是人们必须适应的日常活动的一部分。如我们的一位受访者所强调的,人们必须知道向"哪位女士或先生"去询问相关信息(参见 3.3.1.1)。

有关这一点,读者们可能要问,宏大的憧憬和政治意识形态消失到哪里去了(我们的受访者也着重提到这一点;参见 3.4.3)。当我们观看"前台"政治时,在媒体中报道的那些景观性的政治纲领和承诺在哪里? 如果有的话,谁实施了它们? 更具体的是,当选代表以何种方式负有责任? 向谁负责? 民众的期待和政治家的社会与话语实践之间的差距似乎很大。③ 这解释了为何欧盟委员会非常关注所谓的"民主赤字"和沟通与信息的表面缺失,就如每个新的民意调查和欧盟晴雨表所不断报告的那样(参见以下和1.4.2,3.3.1 与 3.2.1)。政治的虚构化似乎填补了前台和后台之间的豁口,满足了观众希望了解政治中宏大表演及其后台隐藏区域的欲望(第 5 章)。

6.2　一种整合的跨学科理论架构

在继续讨论前面分析所揭示的洞见之前,笔者要简单提醒一下,本研究的理论基础是有意义的(在第 1、2 章详述,并见图

---

③　2008 年 10 月,由于突然发生的世界经济危机,我们能够观察到"宏大政治"的准"回归"。因此,在危机时刻,政治家突然被要求做出重大的决定并超越以上所描述的常规和"乏味政治"。而且,这些决定必须紧急做出,情况似乎是——尽管有着官僚程序和琐碎的国家与跨国斗争与冲突——这些决策将不得不迅速实施以保护西方世界的国家经济(如通过提供大量资金来拯救欧洲与美国的银行)。在本书撰写的时期,尚不能预测这些决定是否能够抵消金融危机。不过,重要的是强调这类挑战了常规与程式化政治行为的全球危机的影响。(参见 Koselleck,1992;Triandafyllidou et al.,2009)

第 6 章　秩序或无序——故事或现实？"权力和知识管理"对于"寻常政治"的意涵

219

6.1)。在考察政治家的表演(欧洲议会中的议员)和政治的虚构化(《白宫风云》)时，除了引用笔者的核心学科批评话语分析外，笔者还引用了来自许多学科的几个不同路径。笔者运用了符号互动主义和戈夫曼的"前台"与"后台"概念(Goffman,1959)，布迪厄的惯习、社会场域和资本的理论(Bourdieu,1991)，拉夫和威戈(Lave & Wenger,1991)的"实践社区"观念、个体和集体身份建构的各种路径(Jenkins,1996；Triandafyllidou & Wodak,2003；Wodak et al.,1999)，以及韦伯的合法性与权威性路径(Weber,1978,2003)。这些路径使笔者得以对政治家日常表演和活动的不同方面进行概念化解释，对他们融入政治场域的规则与规范，进而获得政治家惯习的动态情况进行分析。个体政治家依据他们所属的实践社区，所处的各种组织语境，他们的个人经历以及他们的国家性、地区性和地方性历史，以不同的、典型的和独特的方式建构他们的身份。另外，如在他们的专家知识、组织知识和政治知识中所表达的那样，他们被视为拥有不同数量的符号的资本。重要的是，他们也被赋予不同程度和形式的合法性；就欧洲议会的情况而言，这在很大程度上基于合法-理性权威，虽然魅力当然也起着作用，尤其是在使用用以说服其他政治家、官僚和选民接受特定政策或立场的修辞与说服手段时。

图 6.1 对"寻常政治"的理论基石做了一个探索性的(也因此一定是粗糙的)总结(更多细节参见第 1、2、5 章)。

笔者分析的另一个方面，是考察那些构成欧洲议会议员日常工作环境，因而也形塑欧洲议会社会秩序的规则、规范、常规和限制(Gioia,1986)。换言之，笔者通过运用组织研究方面的成果，将批判性民族志学与访谈及其他书面、口头语体的分析相结合(第2、3、4 章；Holzscheiter,2005；Kwon et al.,2009；Muntigl et al.,2000)，进而研究后台那些看似混乱的背后所存在的秩序。

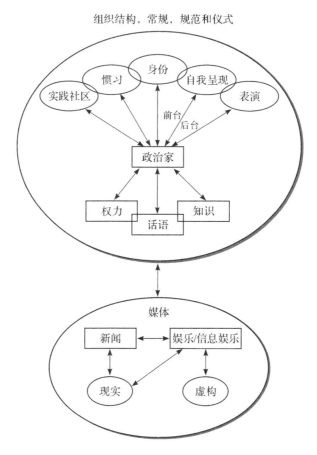

图 6.1 "寻常政治"的理论基石

在所有的组织中都存在争夺霸权的权力斗争，尤其是在资源分配中，这些斗争或多或少明显地表现出来（Bourdieu，1991；Gramsci，1978）。在我们的案例中，利害攸关的主要资源是不同类型的知识，它们使得政治后台成为研究居于福柯治理概念核心位置的权力知识动态的理想领域（Dreyfus & Rabinow，1982；Jäger & Maier，2009）。这些知识不是抽象的条目；它们体现在物

第 6 章　秩序或无序——故事或现实？"权力和知识管理"对于"寻常政治"的意涵

221

质实践和话语实践中,并以知晓的形式存在,这种知晓依赖于语境特定的议程、必要性、旨趣和策略性意图。权力与知识的形式,以及话语、语体和文本的类型,在欧洲议会议员所参与的实际的、社会的和话语的实践中辩证地相互联系起来。因此,我们的批评性民族志学使我们得以记录争夺权力的日常斗争,在这些斗争中,彼此对抗的声音和旨趣交织在(欧盟)政治世界中,相互协商、彼此建构、共同实施,最终积淀成某种知识。

而且,这些制造知识的斗争通过各种各样的语言策略与人际策略得以操作,因而也只能通过分析这些策略而被弄清楚。因此,我们的分析必须包括:积极呈现自我和消极呈现他者的话语策略、修辞比喻(隐喻、转喻、人格化)、间接语用手段(暗示、隐含和预设)、与社会语言学相关的话语手段(称呼形式、代词、立足点和指示)和论辩策略(诸如部目、谬误)等。从这一系列潜在的相关语言策略中,我们的选择性分析焦点将依赖于即刻语境(而即刻语境的确定要基于"四层语境模式",见 2.2.3 的引介;参见 Reisigl & Wodak, 2009; Wodak, 2004a)。当然,语言学的全部手段也内在地与政治场域中的特定语体相关联,每一个手段都在后台和前台发挥着重要且极为具体的作用(参见第 2 章,图 2.1)。因此,应该明确的是,要成为一名成功的政治家,很重要的一点,是获得有效的且功能合适的语言与修辞知识。

最后,本书批判性地考察了政治场域和媒体场域间的关系,运用和详述了布迪厄研究社会场域的路径(Bourdieu,2005),以及各种研究"信息娱乐"和"政治娱乐"的路径(例如,Corner & Pels, 2003; Holly, 2008; Riegert, 2007b)。在对美国电视剧《白宫风云》的分析中,笔者也特别利用了怀特(Wright,1977)在对西部电影的著名分析中发展出来的框架。

在某种程度上,政治和媒体总是相互依赖的。但笔者认为,这两个场域以极为错综复杂的方式日益交织在一起,这对彼此都有着深远的意涵:在娱乐与信息之间,在私人领域和公共领域之间,在政治和名流之间,在传统媒体和新媒体之间,等等,界限都模糊了。实际上,在《第一选战:全球化、网络和入主白宫的角逐》(*The First Campaign: Globalization, the Web and the Race for the White House*)中,格拉夫(Graff, 2008)介绍了"做政治的一种新方式"。他展示了因特网、社交平台和博客使支持者得以找到联系彼此、发表观点、分享信息、协作、评论和捐献(金钱、时间和想法)的方式。结果他发现,一个候选人可能突然被抛出来,或者被惩罚,或者被抛弃。在全球范围内,人们以前所未有的方式相互联系在一起,以前所未有的速度交流观点、消费信息。以这种方式,政治日益变得具有创新性,现在,对媒体及其效果的策略性理解是成为一名成功政治家的重要方面。[①] 当然,如此参与政治,依赖于用得起并易于接触因特网,依赖于使用电脑的能力。因此,令人感到矛盾的是,这种形式的"e-民主"既是民主参与增强的机制,也是再生产社会不平等和排除的机制(Wodak & Wright, 2007)。

在这一点上,笔者也必须提出一个警告:整合的跨学科框架(以及相关研究)在给现有研究添加价值的同时也带来许多风险。一方面,跨学科打开了新视角,允许新思想和创新性路径加盟;另一方面,如果从狭隘的学科视角看,提倡跨学科的人也冒着被指责肤浅的风险。显而易见,社会科学中批判性的、以问题为导向的研究需要超越学科界限,因为社会现象自身是高度复杂的,肯定不能仅靠一个学科来解释(Weiss & Wodak, 2003b)。因此,笔者曾广泛咨询相关邻近领域的专家,以弥补所有跨学科研究者都不可避

---

① http://beckblogic. wordpress. com/2008/04/20a-new-way-of-doing-politics/~ by BeckBlogic on 20 April 2008,2008 年 8 月 10 日搜索。

免的那些知识缺口。

6.3 再现与合法

在我们的著作《欧盟有关失业/就业的话语：就业政策制定和组织变化的跨学科路径》(*European Union Discourse on Un/Employment: An Interdisciplinary Approach to Employment Policy-Making and Organization Change*)(Muntigl, Weiss & Wodak, 2000)中，我们研究了欧盟委员会的竞争力咨询小组和欧洲议会全会辩论决议的草拟(Muntigl, 2000；Weiss & Wodak, 2000；Wodak, 2000a, 2000b)。CAG是一个由高层专家组成的小组，"在紧闭的门后"工作和做出决定，超越了任何公共民主责任或控制，仅直接向欧盟委员会主席负责。与此不同，欧洲议会代表着唯一的超国家欧盟实体，有着直接民主的合法性，即成员国人民的委任(参见3.2.1和3.2.2)。它在传统西方议会的意义上构成了一个公共空间。欧洲议会的决策制定基本透明，并可从外部加以观察，而由欧盟委员会设立的"后台"委员会的决策制定则不是这样(参见图3.1, 3.2)；不过，欧洲议会中的走廊政治，如笔者在本书中反复强调的，当然也不是可公开接触的。因此，一般而言，欧盟委员会构成了官僚管理空间，而欧洲议会代表了政治辩论空间。但是，在完成我们的深度分析(Weiss & Wodak, 2000：186)后，我们认为，这种分离并不有效，或仅仅部分有效，因为欧盟决策组织不能只与民族国家层面上的权力分配相比较(不过，参见以下，Pollak & Slominski, 2006)。

在韦伯的"宰制理论"中，官僚主义代表了理性(即现代的)宰制的主要组织类型。对于韦伯来说，官僚组织是基于以下特点的：层级性的权威链，人员的公务员地位，功能、责任和能力的精确界定,借助于程序和法律的合法性,官僚行事者作为政治决定的执行主体,行政和政治的规范性分离(Bach, 1999: 34; Weber, 1976: 126f.)。韦伯认为,现代官僚的代表性主角是"不偏不倚的,因而是严格客观的专家"(Weber, 1976: 563)。

韦伯的模式显然预设了立法与行政权力的分离与相对平衡,如在西方民族国家的民主社会中所发展的那样(Weiss & Wodak, 2000: 186-187)。然而,超国家的欧盟体制是不同的,这主要是由于欧盟委员会在决策过程中具有与生俱来的优势。欧盟委员会不仅充当了管理者和"条约的卫士",而且独占了社区立法程序中的动议权(Cini, 1996;参见3.2.2)。欧盟委员会这种结构上的优越性是以总体上的民主参与,尤其是以欧洲议会的作用为代价的(Pollak & Slominski, 2006: 118ff.)。随着欧盟委员会不仅接管了欧盟组织系统的政治-管理功能,而且接管了它政治-策略功能的重要部分,韦伯的政治与管理规范性分离的概念似乎变得不再有效。

去除行政与立法程序之间的区分引发了两个相互依赖的趋势:第一,政治决策过程的官僚化;第二,管理的政治化(Bach, 1999: 32; Weiss & Wodak, 2000: 187)。结果,官僚不能再被视为政治系统的行政主体(如在韦伯的理论中),相反,其自身成为一种政治活动者或"政策-企业家"(Krugman, 1994: 10)。这样的政策-企业家既是韦伯意义上的专业人士(即专家),也是一个政治战略家。与政策-企业家在欧盟组织系统中的宰制地位齐头并进的,是欧盟中制定政策制度的"委员会政体",即在各自政策领域内发展计划、概念和策略的许多高度专业化的专家群体(Wodak, 2000a, 2000b; Weiss & Wodak, 2000: 188)。因此,由于管理效率与技术专长的原因,传统意义上的政治合法性日益被功能合法性所取代。结果,"真正的"政治家,即欧洲议会议员,越来越感觉

第 6 章　秩序或无序——故事或现实？"权力和知识管理"对于"寻常政治"的意涵

225

自己被从政策制定中排除出去，导致了对系统改革的呼吁（参见3.2.1 和 3.2.2）。

韦伯有关政治合法性的理论为哈贝马斯（Habermas）的"合法性危机"的概念所扩展（Engel，2008：4）。哈贝马斯将他的分析建立于法西斯主义和极权主义高涨的语境下，他认为，法律合法性的理性-法律权威已经中空，因为有魅力的领袖使得预先存在的法律架构变得无关紧要（McCormick，2007：31）。虽然哈贝马斯认同韦伯将合法性理解为一种"事实和规范融合之处"的概念（Steffek，2003：263），但他认为，理性-法律权威完全基于国民对其提供秩序的能力的信任，因而不可能稳定，而且这种权威更像是传统权威的合法性。哈贝马斯认为，韦伯的分析忽视了阶级结构的自然对抗性的旨趣。哈贝马斯总结道，"一方面国家宣称需要动机……另一方面社会-文化系统提供动机，这两种动机之间存在根本差异"（Habermas，1976：75）。因此，尽管维持了法律-理性架构，但人们不再相信统治者的合法性，这在一个技术专家统治的资本主义国家里必定导致"合法性危机"；这对于欧盟来说当然是事实（参见 1.4.2），且常常被描述为"民主赤字"（参见以上；3.2.1 和3.2.2），如本书中呈现的许多研究已显示的那样。

而且，坡洛克和斯洛米斯基（Pollak & Slominski，2006：180-182）非常令人信服地指出，欧盟的合法性是基于*成员国*的民主体制和他们*当选的议会*，而不是基于欧洲议会的。他们坚持认为，起作用的公共空间仅存在于国家层面而不是跨国层面，正如许多学者近来似乎表明的那样（对"欧洲政治空间"的详细讨论参见Koller & Wodak，2008；Triandafyllidou et al.，2009）。实际上，坡洛克和斯洛米斯基坚称，立法和行政权力的分离即使在国家层面也不再明显（Pollak & Slominski，2006；也参见 Weiss & Wodak，2000：187ff.）。他们继续说，假定议会的当选成员能够控制政府的想法是非常天真的。他们认为,从实际政治的视角看,政党已变得更有权力;因此,是对立的政党而不是作为一个机构的议会在控制政府中的派系。他们进一步表示,哈贝马斯的协商民主模式(不过这种模式遭到了很多批评;参见 Koller & Wodak,2008:3-6)可能为议会模式提供另一种选择。

哈贝马斯(Habermas, 1992;1999)提出,除了必要的议会控制外,公民社会应尽可能地参与政治。哈贝马斯认为,通过辩论、协商和理性论辩,政治行动会被优化(Habermas, 1981)。这种模式显然预设了人民实际上想参与政治。但坡洛克和斯洛米斯基(Pollak & Slominski,2006)也正确地指出,为了让哈贝马斯的模式充分发挥功能,必须满足许多结构性条件。无论如何,特里安达菲利多等人(Triandafyllidou, et al., 2009)以对欧洲危机时期(1956—2006)媒体报道所做的深度定性话语分析个案研究的所得证据表明,报道各自危机时,国家视角压倒了跨国的欧洲报道,因此与媒体报道有关的欧洲公共空间很少,或几乎从不明显。如果像可能预期的那样,说欧洲公共空间正日益集中,尤其是在2004年10多个国家加入欧盟的所谓"大爆炸"之后,也不符合实际;恰恰相反,此类公共空间的话语建构依赖于社会-政治语境和强烈的国家世界观及新闻界里的相关传统(Stråth & Wodak, 2009)。另外,弗林(Flynn, 2004:448)在讨论哈贝马斯的建议时总结,"就其内在地与沟通行为相关联而言,交际权力这个概念有一个规范性核心(理性大于权力)。但是,权力的这种理性化不是权力的民主化。权力可能通过话语生成,但在被民主检验之前,它不具有民主合法性"。因此,笔者认可弗林的观点(Flynn, 2004:451),"[公共辩论的]重担不在民主理论家身上,而在具有民主意识的公众身上,他们要使公共空间重新成为实现民主理想之基本内容的场域"。

第 6 章　秩序或无序——故事或现实？"权力和知识管理"对于"寻常政治"的意涵

227

　　对汉斯这位欧洲议会议员的一整天跟踪研究，为以上所列问题提供了一些重要答案，这些答案又可以归纳起来，应用于其他政治场域。来自这一个案研究的结果也质疑和/或证实了魏斯和沃达克（Weiss & Wodak, 2000）有关官僚的政治化和政治的官僚化所做的观察。当然，这一区分在一个较大范围内具有意义；但是，就日常政治的职业性特征这一微观世界而言，这种二元对立的区分并不以这种方式存在，因为边界已然模糊不清：在试图说服各种受众接受其政治议程时，汉斯既运用了策略性知识，也运用了技巧性知识。这些话语策略与技巧也建构了他的一整天，但是从外部看，这一天似乎是完全混乱的，或非常仪式化和具有官僚性质的，例如，这一天完全围绕文件的草拟与再草拟而进行。汉斯知道"游戏规则"，他以计划好的和策略性的方式在一系列实践社区之间往返，他运用了许多适用于即刻语境的语体去推动他的议程，可见他拥有全套的语体与模式，可随时用来满足不同的功能（参见Scollon, 2008: 128-137，可了解在官僚和政治机构中运用的许多多情态模式和语体）。在汉斯的案例中，不同的语体被用来说服各委员会的成员、来自各种政党的其他欧洲议会议员、来访者、机构外以及"国内"的各种受众，以使他们相信他的使命：在这一特定案例中，他的使命是使欧盟扩大能以理性的方式进行；对可能付出的代价要诚实以对，无论其在政治上多么不受欢迎；支持加入国的社会议程和工会。汉斯在一整天（当然，也在随后的许多月）中都致力于实现这一使命，在他的陈述中、在书面决议里、在午餐谈话时、在演讲时和走廊政治里以及"在国内"（在他的地方社区），他都不遗余力地试图说服其选民和国家政党。

　　显然，汉斯仅靠他自己是不会成功的。这是他不得不组成联盟、游说集团和建立其他支持基础的原因。反过来，这要求他建立派系和拥护与反对的阵线；这是需要通过论说手段完成的工作。

这是他建构一个消极"他者"(欧盟委员会和国家政府;转嫁指责的谬误)的原因。通过经由积极自我和消极他者呈现的话语策略来建构"他者",通过与选中的伙伴分享知识并指涉预设和暗示的共享价值,通过一种清晰修辞的范式设计其陈述,通过提供一种似是而非的论辩链,等等,汉斯与他的事业结合在一起,并为争取霸权地位而斗争。就此而言,汉斯是笔者所说的小型政策企业家的典范,是以不同程度的成功推动其各种议程的许多欧洲议会议员之一。因此,就一位欧洲议会议员(及其他政治家)日常工作的小范围而言,政治家和传统官僚角色之间的边界必然是模糊的,但在更大的结构性范围内,这一区分被证明是有效的。

笔者认为,这是政治运作的方式;也是政治家工作的方式。汉斯作为一个小型政策企业家,他做着政治工作,在"后台"和许多实践社区实施着他的策略,推动着他的议程;然而,由于我们被从"后台"和许多实践社区中排除,这些活动和实践仍是我们不可见的。当然,我们不仅见不到一位欧洲议会议员的"后台",作为整体的政治场域对我们而言也普遍不可见。为了挑战民主赤字,至少,有关日常政治工作的信息需要在某种程度上更加公开。笔者希望本书既是向这一方向迈出的一步,也可为其进一步展开提供一种模式。

为了说服他者,政治家们不得不获取与其议程有关的专家知识,他们不得不具备渊博的有关更广泛和更狭窄的社会-政治和历史领域的知识,他们不得不适应特定情境语境下的各种受众。他们也不得不知道应该向谁求助,与谁论辩,以及何时向谁求助,与谁论辩。他们不仅被期待在前台做宏大的演讲;那些看起来官僚性和乏味的细节对他们也很重要,例如:文件中如何遣词造句,哪种表述在哪个草案决议中用于反对,哪种表述可能达成共识(Scollon,2008;Wodak,2000a,2000b;参见第4章)。更具体而

第 6 章　秩序或无序——故事或现实？"权力和知识管理"对于"寻常政治"的意涵

229

言,他们不得不设计他们陈述的宏观和微观结构,以使他们在提出具有争议性议程时不会立即疏远委员会的其他成员。

在第 4 章,笔者提供了汉斯所做的此类陈述的一个例子,在那里,争议性议题被内嵌在绑定群体("我们")的语步中,而反对其提议的人被推向所建构的"他者"群体,这一案例中的"他者"是欧盟委员会(4.3.4)。另外,汉斯提供了各种精确的证据,并以技术性的语言加以表达,这表明了他的专长。而且,通过使用各种预设和隐含以指明共享知识,他巩固了群体绑定过程。在会后,他也继续与其同事非正式地讨论和厘清他的提议,以确保每个人理解他的信息。在这漫长和紧张的一整天,可以观察到他以常新的证据,以常新的形式,重复他的重要论点。成功的政治家在融入政治世界的过程中,能内化修辞、论辩规则,以及部目和谬误的运用,有时还要求助于专家以获得在修辞与辩论方面的训练。⑤ 耶格尔和迈耶将此类修辞的影响定义如下:

> 当分析话语的权力效果时,重要的是区分文本的效果和话语的效果。一个单一的文本仅具有最小的效果,它很难被人注意,几乎不可能证明什么。相反,话语有着重现的内容、符号和策略,导致"知识"的出现和巩固,因此有着持久的效果。重要的不是单个文本、电影、照片等,而是陈述的不断重复。(Jäger & Maier,2009:38)

当然,如果没有其助手的巨大支持,汉斯的工作就不能这么顺利地展开。顾问发挥着显著作用。人们甚至可以宣称,政治家以某种程度的微妙和聪明的方式,实施着顾问为他们准备的东西。政治家依赖于顾问(或舆论导向专家)的资质和他们与顾问(或舆

---

⑤　应该提到的一点是,许多政治家经历了修辞训练。例如,奥地利自由党在 1999 年全国大选中争夺权力时,雇用了神经语言学疗程方面的专家。

论导向专家)之间的关系来获取成功。这两种作用或功能常常在同一个人身上体现。总之,笔者认为,不存在没有舆论导向的政治。说服性特点依赖于修辞的微妙性和内容,即依赖于聪明的策略性"预设包装"和新信息;然而,当缺乏内容和以过于透明的方式程式化时,舆论导向也会产生相反效果。在相当无意义的标语(如"为了将来",奥地利社会-民主党在1999年全国大选时一个明显空洞的标语)和一个基于策略含糊的成功标记之间,似乎存在一条狭窄的、非常脆弱的界线。一个近来的例子可能是"是的,我们能"("Yes, we can"),这一省略性标语用于2008年巴拉克·奥巴马的总统大选,在这个标语的运用中,"改变"的概念被互文性地预设。"改变"是一个十分宽泛的概念,具有复杂的积极意涵,会让人联想起人们所希望摆脱的所有问题和危险。使用具有积极意涵的物质动词而非名词或名词化词语,在政治话语中也是一个重要的修辞手段,因为它传达了更强烈的动态性(例如,参见Billig, 2008;Reisigl & Wodak, 2009):"实施改变"和"使改变得以可能"能赋予人权力,与复杂的、令人不安的、不确定的"未来"所表达的抽象观念形成鲜明对照。

总之,显然,对知识细致的、逐步的管理在日常的碎片化中创造了秩序,联盟通过被涵括到共享议程而形成;其他群体被排除在外。这些群体不是静态的而是流动的,依短期和长期的议程而定。政治家——在我们的案例中是欧洲议会议员——了解他们的多重身份,并相当有意识地表演这些身份。当出现忠诚矛盾时,他们也了解潜在的意识形态困境,如我们的某些受访者所生动描述的那样。

以这种方式,凌驾于话语之上的权力和话语中的权力变得重要;不同个体和群体有着不同的能力和机会去发挥影响。但他们中没有一个人能公然违抗宰制性和霸权性话语,没有一个人独自

第 6 章　秩序或无序——故事或现实？"权力和知识管理"对于"寻常政治"的意涵

231

拥有对话语的控制权。话语总是超个体的，活动者从不同的立场和视角出发以争夺霸权，而这些多重视角和立场都整合在话语之中(参见 2.3)。话语随着它们的演化而获得自己的生命；一旦被言说，它们就不能被停止，即使它们可能被暂时噤声。话语输送的知识比个人主体意识到的多得多(也参见 Jäger & Maier, 2009)。

6.4　期待与失望

海(Hay, 2007：161)曾说，"政治是一种社会活动，跟多数社会活动一样，它在协作、信任的情境中运作得最好"。他继续说，如果一个人不能相信其他参与者，或者一个人期待其他参与者首先证明他们的可靠性，那么"我们就排除了协商、协作和提供集体产品的可能性"(Hay, 2007：161)。对于海，这暗示了对政治的否定。我们多数人为何对政治家有如此多的期待，而且这种期待通常要高于对其他专业人士的期待？

几十年前，希尔(Shil, 1961：121)提出，"一种主要的价值体系的存在，在根本上依赖于人们有融入某种事物的需求，而这种事物超越和美化了他们具体的个体存在"。而且，他认为，人们需要秩序和秩序的符号，这个秩序要"比他们自己的身体更宏大，也比他们常规的日常生活更接近现实的'最终'结构的中心"(Shil, 1961：121)。希尔继续说，"对政治的需求"不仅是传统、推论、想象等使然的。产生"政治需要"的最重要原因，是对这样一种信念的需求，即相信人们"有能力做重要的事情，有能力与内在重要的事件相关联"(Shil, 1961：121)。希尔将这种能力称为"创造力"。那些能够说服其他人相信他们拥有此类权力的人是"权威"，被认为是政治家(及其他精英)。

希尔的路径暗示了，政治家如果要成功，他们不仅必须是深谙策略和技巧的专家,能够推进他们的议程并获胜;而且,为了当选,他们还必须能够说服选民,让其相信自己能做一些有意义的且不是每个人都能做的"重要事情"。他们必须在论说中表演和建构自己,其方式要激发民众对他们能力的信任,相信他们能负责任地实施政策,建立和维持秩序,保护民众免于危险,保持经济运行,在世界舞台上具有竞争力,等等。而且,在现代民主国家,越来越多的人想参与决策,他们都有一种责任感,要"分享其[社会的]权威"。(Shil, 1961: 121,128)。

　　希尔是在 20 世纪 60 年代撰写这篇文章的,那是在现代媒体、现代传播技术和我们现在所称之全球化到来之前。但他警告说,伴随这些未来的社会发展,政治冷漠、非理性和"对政治煽动的响应"可能都会发生。实际上,关于当前的危机,鲍曼(Bauman, 1999)讨论了不安全、不确定和不稳定这些全球化带来的忧虑。我想在这个清单上加上复杂性、"时空距离化"(Giddens, 1994; Harvey, 1996),以及许多边界的模糊不清,这些边界包括官僚与政治组织之间、私人和公共领域之间、政治和经济之间、政治家与名流之间、公民与移民之间的边界等。(也参见 Habermas, 1989; 1.4.2 和 2.4)。

　　本书没有深入讨论全球化的许多方面(这不是本书的主题;对于全球化对立路径的综述[6],参见 El-Ojeili & Hayden, 2006),但显而易见,在当今,所有社会以各种极为不同和独特的方式,面临

---

[6]　El-Ojeili & Hayden, 2006:12-14 用以下方式描述了研究全球化的主要路径:"对于一些人来说,全球化被理解为一种合法化的掩护或意识形态,一套扭曲现实以便为特定利益服务的思想……对于另一些人来说,全球化是当代世界更多的'物质'现实……对于另一些人来说,全球化的一个更一般性定义是处于秩序中……它是超越国家边界的多样经济、政治和文化活动扩展的一个统称"(也参见 Weiss & Wodak, 2000: 199)。

着许多自相矛盾和对立的趋势(参见 Muntigl et al., 2000; Wodak & Weiss, 2004b, 2007[2005])。全球化和竞争性的修辞在各个领域主导着我们的生活(Jessop et al., 2008; Weiss & Wodak, 2000; Wodak, 2008e)。"涵括"与"排除"在世界范围内成为主导性的元区别,如卢曼坚持的(Luhmann, 1997; Wodak, 2007b, 2007c):许多群体无法接近重要的领域或机构,生活在平行的社会里,在惯常的正义规范和规则之外。另外,对于本书主题而言最重要的是,政治家丧失了许多他们被赋予的和感知的对于全球经济和政治机构的权力:"政府"已经转变为"治理"(Jessop, 2002; Schulz-Forberg & Stråth, 2010)。如玛尔德力格(Mulderrig, 2006,2008)所令人信服地证明的,这导致了在政治家修辞中*管理行动*的优先化,这种优先化构成了启动和协商(由转向"治理"所引发的)新权力关系的一种关键话语机制。它们有助于促进从传统形式的政治权威转向一种新形式的"软权力",这种新形式适用于体现了"远距离治理"(Rose, 1999)特点的对"负责的"公民和群体的复杂操纵。

这些多样的变化、紧张和矛盾,一定不可避免地深刻影响公众对政治家的期待和认知。不断加深的恐惧和不安全感导致了对各国政治家的许多要求:他们要去应对各种常常是全球性和非地区性的危险和威胁。但是,全球化及其所涉及的巨大社会政治变化,严重限制了政治家的权力(Hay, 2007:155)。因此,他们被期待去实现那些不可实现的任务。而且这导致了巨大的失望,这不同于日常的对为媒体提供了独家新闻素材的腐败、丑闻等的不满(参见 Ekström & Johansson, 2008)。

如笔者的民族志学研究所展示的,许多欧洲议会议员扮演小型政策企业家角色的同时,仍然相信他们拥有实现至少某些憧憬——由隐喻构拟的——的权力(参见 3.4.3)。而且,如已经显示的,他们还在欧洲议会这一微观世界中努力达成其目标。我们不知道他们是否能达成目标,但我们可以假定他们的一些建议可能会有效,即使只从长远看。然而,这种后台不对公众开放。因此,对政治和政治家的不满盛行,虽然欧洲议会是唯一的机构,其成员为欧洲民众所选,其权力已得到相当实质性的扩大(参见以上和3.2.1)。而且,在危机情况下除外,媒体对政治家的日常工作不感兴趣;欧洲议会议员们继续被从日常(国家)政治现实中排除。

6.5 政治的虚构化和虚构作品的政治化

在第5章,笔者分析了《白宫风云》的一些维度,并将其作为以国家场景中日常政治为主题的肥皂剧的一个例子。在面对日常政治的虚拟建构时,笔者假定,我们有可能解构和探测有关政治的形象和神话,这些形象和神话由强大的媒体生产和再生产,因此可以影响观众对政治的感知、期待和信仰。

对剧集中一些会话片段进行的详细话语及叙述分析显示,它们运用了极为简单的情节,结局极具可预测性,非常符合西部电影的传统。英雄和恶棍很容易辨认,好与坏的价值清晰分明,非好即坏。没有明显的灰色地带,意识形态困境也很快得到调和。通过抵制机会主义的和对立性的诱惑,通过克服威胁和障碍,睿智且博学的总统巴特勒——通常在某些风险和危险事件之后——找到了对其国家和人民而言的最好解决办法。如里格尔特(Rieger,2007a)所认为的,这部电视剧所传达的主要信息是一种共识和妥协。白宫职员相信的所有思想和理想并非都能得到实施。但是,顺其自然吧!

这些研究与第3、4章所呈现的民族志学研究也存在一些相似之处,不过当然,欧洲议会是一个比美国总统的白宫更复杂和更不

第 6 章　秩序或无序——故事或现实？"权力和知识管理"对于"寻常政治"的意涵

235

同的政治机构。不幸的是，如在第 5 章所称的，还没有一部有关欧洲机构的虚构性肥皂剧可用以跟我们的田野实证研究相比较（笔者只在 5.1 提到马克·阿伯勒所制作的纪录片和对欧洲媒体报道的分析，这些当然是不同的语体）。不过，欧洲议会议员日常生活的一些主题也重复出现了；这表明，这些实际上可以泛化为政治职业相当普遍的模式：例如，我们遇到像发生于汉斯及其助手之间的*忙碌的省略性对话*，这种对话指涉了隐含且预设的*共享知识*，也展示了良好的人际关系，点缀着玩笑和很多*幽默*话语。这些会话也用于向职员做简报和传达新信息，因此将一些人涵括到重要的议程并将其他人从这一知识中排除。通常，这些会话发生在走廊，发生在从一个房间和空间奔向另一个场所时（*边走边谈*语体），如我们所看到的汉斯在助手 M 的陪伴下，匆忙穿过欧洲议会无尽的走廊，从一个会议奔向下一个会议那样。在这些地点转换中，M 向汉斯做简报。这一过渡语体作为中介连接着后台与前台。《白宫风云》也同样如此，剧中最后的场景常常发生在前台，例如，在新闻发布会上。

我们也发现巴特勒总统的演讲构思清晰、结构严谨。实际上，超凡的修辞技能似乎是帮助将他建构为一个英雄的显著属性之一。他被再现为一个颇具说服性的雄辩家，甚至能够脱稿讲话。而且，我们能观察到大量的会议，这些会议不得不迅速举行（另一个主题），并现场做出决定。这部剧给首次观看的观众留下的突出印象，是疯狂的速度和完全的混乱。但老观众能够辨认出通过情节的某些要素、白宫的日常活动，以及主角的功能分配及其作用等建立的秩序。

不过，《白宫风云》与欧洲议会也存在显著差异：在《白宫风云》中，问题得到了解决，没有遗留未决的问题。政治家被建构为强有力和有魅力的、睿智的领袖，保护着国家和自己的家人，而不是仅有有限决策资源的政策"企业家"。故事总是有着开头与结尾的,这是该语体所用的独立剧集样式所要求的。因此政治变得在时空上易于控制。观众感到满足:好的价值获胜;故事有一个积极的结尾。

如先前提到的,在美国,首播时每周大约有一千四百万人观看《白宫风云》,在全世界看这部电视剧的人甚至更多。这暗示了这部剧中再现与认可的美国自由价值在世界范围内被再语境化,这是全球化的另一个效果。⑦ 总之,笔者认为,《白宫风云》和类似的肥皂剧(如德国的《在总理府》⑧)提供了明显不同于日常政治的再现,打造了一个备受观众欣赏的神话。于是,复杂性通过提供这样简单的神话而被简化。

如马林诺夫斯基所称,神话被用以"解说特权或义务,解说极端的不平等,解说各阶层所有的特别重担,不管这阶层是极低还是极高的"(Malinowski, 1948:93)。这也可以描述为"社会学压力"(Edelman, 1967:18)。而且,罗兰·巴特将"神话"定义为次级符号现实,一个加诸我们日常经验之上的现实(例如,参见Barthes, 1957:116)。巴特的学说运用了索绪尔在20世纪之初所发展的符号学概念(Saussure, 2000)。根据他的结构主义路径,索绪尔描述了客体(所指)及其语言再现(如一个词,能指)之间

⑦ 参见,例如,特别为将《白宫风云》自动翻译为德语而建立的在线词典,http://www.dict.cc/english-german/west+wing.html,或自动翻译为俄语的在线词典,http://www.babylon.com/definition/Access% 20(The % 20West% 20Wing)Russian(2008年7月30日搜索)。

⑧ 德国电视频道ZDF于2005年制作了一个名为《在总理府》的电视连续剧,这部剧的剧情设计在很大程度上模仿了《白宫风云》(参见,例如,德国周刊《明镜》(Der Spiegel)2005年3月24日的报道;http://www.spiegel.de/politik/deutschlan/0,1518,348045,00.html)。这部剧的故事发生于德国总理办公室,有着相似的可预测的情节。所运用的体裁跟知名的德国犯罪电视连续剧《犯罪现场》(Der Tatort)相似,《犯罪现场》在好几个讲德语的受众群中(在奥地利、瑞士和德国)非常受欢迎(对《犯罪现场》其中一集的分析参见Heer et al., 2008)。

第 6 章　秩序或无序——故事或现实？"权力和知识管理"对于"寻常政治"的意涵

237

的关系,以及这两者是如何相关的。参考索绪尔,巴特将神话定义为进一步的符号,植根于语言,但在其上已添加了一些事物。要制造一个神话,符号自身被用作能指,而且一个新的意义被添加进来并被指示。但这个意义不是任意添加的。巴特坚称,虽然我们不一定了解这一点,但创造现代神话是有原因的:神话学的形成是为了使社会的某个思想长久不衰,而这个思想要符合统治阶级及其媒体的现行霸权意识形态。

如果我们将这一"神话"观运用到《白宫风云》所创造和再现的世界中,那么有一点显而易见:观众认同虚构化的政治世界,一个善获胜而恶失败的简单世界。在一个不确定和不安全的时代,人们对这样一个简单且易于理解的世界的渴望并不令人惊异。对政治日益不满的人们转向虚构作品,或政治的虚构化。但是,《白宫风云》所展示的信仰、价值和社会实践未能真正满足观众的需要。而且,当人们面对日常政治的复杂性和乏味性,以及日常政治与虚构政治形成的鲜明对比时,它们一定会造成更多的幻灭。这一点的意涵是清楚的:此类肥皂剧实际上强化了去政治化和失望。因此,虚构与现实之间,媒体场域和政治场域之间的边界与影响界线变得模糊了。

这些考虑将我们置于何处？显然,我们探测到了一个恶性循环:因为如此多的人对政治不满,他们便把希望寄托在虚构作品上。因为政治的真实世界从来不能与其理想化的版本竞争,虚构作品必然强化了这种不满。如何解开这一戈尔迪之结(Gordian knot)？当然,笔者不能提供一个简单易行的良方——毕竟,那是虚构作品的事！不过笔者的确希望,像本书所呈现的这种批判性跨学科的、民族志学的和话语分析的研究,会鼓励读者反思政治、媒体和所涉及的许多结构性与全球性限制的复杂性和相互依赖性。这已经暗示了我们向理解与解释迈进了一大步,亦即暗示了任何可能的变化的前提。

译者注

[1] representation 在本书中有两种含义：一是"再现"（也译为"表征"），二是"代议（性）"。

[2] 根据学界现有认识，topos 最早由亚里士多德在《修辞学》中提出，罗念生先生译《修辞学》时将 topos 译为"部目"，我国台湾学者多译为"类观点"，大陆学者有的译为"词序""论据"或"论题"。其希腊文原义为"所在地"，在《修辞学》中指同类事例的所在地，每个部目包括一系列同类的事例。在西方修辞学中引申为"论据的类型"，指修辞式论证所依据的题材。部目作为论据类型并不具有广泛的普适性，而是契合了当时的社会价值观念和法律目的，在一定范围内得到承认，或得到了杰出人士的支持。在论辩中，它像船锚一样起到了"定位"的作用，用来支持或反对特定的意见。

[3] 根据沃达克的解释，retroductable 一词来自德语 nachvollziehbar，意指这样的分析应该透明，以便任何读者都能追踪和理解这一详细深入的文本分析。参见"What is critical discourse analysis? Ruth Wodak in conversation with Gavin Kendall"，*Forum*：*Qualitative Social Research*，vol.8，No.2，Art. 29-

May 2007.

[4] 原文为德文,根据沃达克的英译翻译。

[5] 转写规则:

- 冒号表明其前面声音的延长。更多的冒号表明更长的延长。

- 破折号代表仓促的停止。

- 画线表示强调的音节、单词或短语。

- 当词语放在单括号中时,表示言语难以理解,不能非常肯定地加以转写。

- 空括号表示听到了但无法理解。

- 双括号含有对言说者的非言语或副言语话语的描述或对噪音的描述,如电话铃声或玻璃的碰撞声。

- 描述言谈特征的评论放在言谈上方的双括号内。左双括号表示所描述片段的开始,右双括号表示结束。当描述与好几行有关时,评论会重复,或者用箭头(≫)指示描述的延续。

- 括号中的句号表示简短不可量度的停顿。停顿较长时,用两个或三个句号表示。

- 可量度的停顿用秒表示。

- 后续一个"h"的句号表示听得到的吸气。较长的延续用". hhh"表示。

- 没有句号的"h"表示听得到的呼气。

- 大声的话语片段后用感叹号。

- 快速的言谈段落用双箭头标记。

- 同时发出的言语用方括号标记。左方括号标记同时发出的话语的开始,右方括号标记结束。

译者注:由于在翻译为汉语的过程中会改变一些结构或表达,

汉译语料中的转写与英语原文中的转写会不太一致。转写如实记录了话语中的中断、转折、跳跃、犹豫以及不合语法之处，所以读起来会比较混乱。

[6] 这里的 mediocrary 并非英文中的"庸人统治"，而是来自德语词 mediokraite，意为"媒体统治"，参见 Thomas Meyer 的著作 *Mediokratie：Die Kolonisierung der Politik durch die Medien*. Frankfurt/Main：Suhrkamp，2004.

参考文献

Abélès, M. (1992) *La Vie Quotidienne au Parlement Européen*. Paris: Hachette.

Abélès, M., Bellier, I., and McDonald, M. (1993) *Approche Anthropologique de la Commission Européenne*. Brussels: The European Commission.

Antaki, C., and Widdicombe, S. (Eds.) (1998) *Identities in Talk*. London: Sage.

Archer, M. (1990) 'Human agency and social structure: A critique of Giddens.' In Clark, J., Modgil, C., and Modgil, S. (Eds.) *Anthony Giddens: Consensus and Controversy*. Lewes: Falmer Press: 73-84.

Aristotle. (1999) *The Politics and the Constitution of Athens*. (trans. S. Everson) Cambridge: CUP.

Austin, J. (1962) *How to Do Things with Words*. Oxford: Clarendon.

Bach, M. (1999) *Die Bürokratisierung Europas. Verwaltungseliten, Experten und politische Legitimation in Europa*. Frankfurt &.

New York: Campus.

Baker, P., Gabrielatos, C., KhosraviNik, M., Kryzanowski, M., McEnery, T., and Wodak, R. (2008) 'A useful methodological synergy? Combining critical discourse analysis and corpus linguistics to examine discourses of refugees and asylum seekers in the UK press', *Discourse & Society*, 19 (3): 273-306.

Bakhtin, M. M. (1981) *The Dialogic Imagination: Four Essays*. (Ed. M. Holquist, trans. C. Emerson and M. Holquist) Austin, Texas: University of Texas Press.

Bamberg, M. (Ed.) (2007) *Narrative-State of the Art*. Amsterdam: John Benjamins.

Barry, D., and Elmes, M. (1997) 'Strategy retold: Toward a narrative view of strategic discourse', *Academy of Management Review*, 22(2): 429-452.

Barthes, R. (1957) *Mythologie*. Paris: Edition du Seuil.

Bauböck, R. (2008) '*Normative political theory and empirical research*', In Della Porta, D., and Keating, M. (Eds.) *Approaches and Methodology in the Social Sciences: A Pluralist Perspective*. Cambridge: CUP.

Bauman, Z. (1999) *In Search of Politics*. Cambridge: Polity.

Beetham, D., and Lord, C. (1998) *Legitimacy and the European Union*. London: Longman.

Bellier, I. (2002) 'European identity, institutions and languages in the context of the enlargement', *Journal of Language and Politics*, 1 (1): 85-114.

Benson, R., and Neveu, E. (Eds.) (2005) *Bourdieu and the*

Journalistic Field. Cambridge: Polity Press.

Berger, P. L., and Luckmann, T. (1967) *The Social Construction of Reality*. New York: Doubleday Anchor.

Bernstein, B. (1987) 'Social class, codes and communication', In Ammon, U., Dittmar, N., and Mattheier, K. J. (Eds.) *Sociolinguistics: An International Handbook of the Science of Society*(Vol. I). Berlin: de Gruyter: 563-579.

Billig, M. (1991) *Ideologies and Opinions*. London, Sage.

Billig, M. (1995) *Banal Nationalism*. London: Sage.

Billig, M., Condor, S., Edwards, D., Gane, M., Middleton, D., and Radley, A. (1988) *Ideological Dilemmas: A Social Psychology of Everyday Thinking*. London: Sage.

Boden, D. (1994) *The Business of Talk: Organizations in Action*. Cambridge: Polity Press.

Boden, D., and Zimmerman, D. (Eds.) (1990) *Talk and Social Structure: Studies in Ethnomethodology and Conversation Analysis*. Cambridge: Polity Press.

Bordwell, D., and Thompson, K. (2004) *Film Art: An Introduction*(7th ed.). Boston: McGraw-Hill.

Bourdieu, P. (1989) *The Logic of Practice*. Cambridge: Polity Press.

Bourdieu, P. (1991) *Language and Symbolic Power*. Cambridge: Polity Press.

Bourdieu, P. (2005) 'The political field, the social science field, and the journalistic field', In Benson, R., and Neveu, E. (Eds.) *Bourdieu and the Journalistic Field*. Cambridge: Polity Press: 29-47.

Branaman, A. (1997) 'Goffman's social theory', In Lemert, C., and Branaman, A. (Eds.) *The Goffman Reader.* Oxford: Blackwell, xiv-xxxii.

Brown, P., and Levinson, S. (1987) *Politeness: Some Universals in Language Usage.* Cambridge: CUP.

Burkhardt, A. (1996) 'Politolinguistik. Versuch einer Ortsbestimmung', In Klein, J., and Diekmannshenke, H. (Eds.) *Sprachstrategien und Dialogblockaden. Linguistische und politikwissenschaftliche Studien zur politischen Kommunikation.* Berlin: de Gruyter: 75-100.

Busch, B., and Krzyżanowski, M. (2007) 'Outside/inside the EU: Enlargement, migration policies and security issues', In Anderson, J., and Armstrong, W. (Eds.) *Europe's Borders and Geopolitics: Expansion, Exclusion and Integration in the European Union.* London: Routledge: 107-124.

Butler, J. (1990) *Gender Trouble: Feminism and the Subversion of Identity.* Routledge: London.

Butler, J. (2004) *Undoing Gender.* Routledge: London.

Challen, P. (2001) *Inside the West Wing: An Unauthorized Look at Television's Smartest Show.* Toronto: ECW Press.

Chilton, P. (2004) *Analysing Political Discourse: Theory and Practice.* London: Routledge.

Chilton, P., and Schäffner, C. (1997) 'Discourse and politics', In van Dijk, T. A. (Ed.), *Discourse as Social Interaction.* (Vol. 2). London: Sage: 206-230.

Choo, C., and Bontis, M. (2002) *The Strategic Management of Intellectual Capital and Organisational Knowledge.*

Oxford: OUP.

Chouliaraki, L. (2006) *The Spectatorship of Suffering*. London: Sage.

Chouliaraki, L., and Fairclough, N. (1999) *Discourse in Late Modernity: Rethinking Critical Discourse Analysis*. Edinburgh: EUP.

Cicourel, A. V. (2006) 'Cognitive/affective processes, social interaction, and social structure as representational re-descriptions: their contrastive bandwidths and spatio-temporal foci', *Mind and Society*, 5: 39-70.

Cicourel, A. V. (2007) 'A personal, retrospective view of ecological validity', *Text and Talk*, 27(5/6): 735-752.

Cini, M. (1996) *The European Commission: Leadership, Organisation and Culture in the EU Administration*. Manchester: Manchester University Press.

Clarke, I., Kwon, W., and Wodak, R. (2012) *The Anatomy of Management Practice: A Discourse-Historical Perspective*. Unpublished. Working Paper, Management School, Lancaster University.

Clayman, S., and Heritage, J. (2002) *The New Interview. Journalists and Public Figures on Air*. Cambridge: CUP.

Corbett, R., Jacobs, F., and Schackleton, M. (1995) *The European Parliament*. (3rd ed.). London: Cartermill.

Corner, J. (2003) 'Mediated persona and political culture', In Corner, J., and Pels, D. (Eds.). *Media and the Restyling of Politics*. London: Sage: 67-84.

Corner, J., and Pels, D. (Eds.) (2003) *Media and the Restyling of*

Politics. London: Sage.

Couldry, N. (2004) *Media Rituals: A Critical Approach*. London: Routledge.

Crawley, M. (2006) *Mr. Sorkin Goes to Washington: Shaping the President on Television's The West Wing*. Jefferson, North Carolina: McFarland and Company.

Danermark, B., Ekstrom, M., Jakobsen, L., and Karlsson, J. C. (2002) *Explaining Society*. London: Routledge.

Davies, B., and Harré, R. (1990) 'Positioning: Conversation and the production of selves', *Journal for the Theory of Social Behavior*, 20(1): 43-63.

de Certeau, M. (1985) *The Practice of Everyday Life*. Berkeley: University of California Press.

de Saussure, F. (2000) *Course in General Linguistics* (trans. R. Harris, 10th ed.). London, New York: Open Court.

Deetz, S. (1982) 'Critical interpretive research in organizational communication', *Western Journal of Speech Communication*, 46: 131-149.

Dinan, D. (2004) *Europe Recast: A History of the European Union*. Basingstoke: Palgrave Verlag.

Dörner, A. (2001) *Politainment: Politik in der medialen Erlebnisgesellschaft*. Frankfurt: Suhrkamp Verlag.

Draft Treaty Establishing a Constitution for Europe, 18 July 2003 (http://european-convention. eu. int/bienvenue. asp? lang=en).

Drew, P., and Heritage, J. (1992) *Talk at Work: Interaction in Institutional Settings*. Cambridge: CUP.

Dreyfus, H. L., and Rabinow, P. (1982) *Michel Foucault*: *Beyond Structuralism and Hermeneutics*. Sussex: The Harvester Press.

Dunn, J. (2000) *The Cunning of Unreason*: *Making Sense of Politics*. London: Collins.

Duranti, A. (2002) 'The voice of the audience in contemporary American political discourse', In Tannen, D., and Alatis, J. E. *Georgetown University Round Table on Languages and Linguistics* 2001. Washington, D. C. : Georgetown University Press: 114-134.

Duranti, A. (2006) 'The struggle for coherence: Rhetorical strategies and existential dilemmas in a campaign for the U. S. Congress', *Language in Society*, 35: 467-497.

Durkheim, E. (1938) *Rules of Sociological Method*. Basingstoke: Collier-Macmillan.

Durkheim, E. (1995) *The Elementary Forms of Religious Life*. (trans. K. Fields). Glencoe: Free Press.

Edelman, M. (1967) *The Symbolic Uses of Politics*. (2nd ed.). Urbana: University of Illinois Press.

Ekström, M., and Johansson, B. (2008) 'Talk scandals', *Media*, *Culture and Society*, 30(1): 61-79.

El Ojeili, C., and Hayden, P. (2006) *Critical Theories of Globalisation*. Basingstoke: Palgrave.

Elias, N. (1998) *On Civilisation*, *Power*, *and Knowledge*. *Collected Writings*. Chicago: Chicago University Press.

Engel, J. (2008) A Crisis of Legitimacy: How the actions of the Office of the High Representative impaired its ability to promote democraticisation, accountability, stability and reconciliation in Bosnia and Herzegovina. unpublished paper, London: London School of Economics.

Ensink, T., and Sauer, C. (Eds.) (2003) *The Art of Commemoration*. Amsterdam: Benjamins.

EU Draft Reform Treaty of Lisbon 2008 (http://consilium. europa. eu/cms3 _ fo/showPage. asp? lang = enandid = 1317).

European Commission (2001) European Governance: A White Paper. Commission of the European Communities, Document: COM-2001-428 of 25/07/2001.

European Commission (2005a) Action Plan to Improve Communicating Europe by the Commission. Commission of the European Communities, 20/07/2005.

European Commission (2005b) The Commission's Contribution to the Period of Reflection and Beyond: Plan-D for Democracy, Dialogue and Debate. Commission of the European Communities, Document: COM-2005-494 of 13/10/2005.

European Commission (2006) White Paper on a European Communication Policy. Commission of the European Communities, Document: COM-2006-35 of 01/02/2006.

Fairclough, N. (1995) *Critical discourse analysis: The Critical Study of Language*. London: Longman.

Fairclough, N. (2000) *New Labour, New Language?* London: Routledge.

Fairclough, N., and Wodak, R. (1997) ‘Critical discourse analysis’, In van Dijk, T. A. (Ed.) *Discourse as Social*

Interaction. (Vol. 2). London: Routledge: 258-284.

Fairclough, N., and Wodak, R. (2008) 'The Bologna process and the knowledge-based economy', In Jessop, R., Fairclough, N., and R. Wodak (Eds.) *Education and the Knowledge-Based Economy in Europe*. Amsterdam: Sense Publishers.

Fairhurst, G. T., Cooren, F., and Cahill, D. J. (2002) 'Discursiveness, contradiction, and unintended consequences in successive downsizings', *Management Communication Quarterly*, 15 (4): 501-540.

Falkner, G., Treib, O., Hartlapp, M., and Leiber, S. (2005) *Complying with Europe: EU Harmonisation and Soft Law in the Member States*. Cambridge: CUP.

Fauconnier, G., and Turner, M. (1996) 'Blending as a central process of grammar', In Goldberg, A. (Ed.) *Conceptual Structure, Discourse and Language*. Stanford: CSLI Publications: 113-130.

Fenno, R. F. (1996) *Senators on the Campaign Trail*. New York: Oklahoma University Press.

Flynn, J. (2004) 'Communicative power in Habermas's theory of democracy', *European Journal of Political Theory*, 3 (4):433-454.

Footitt, H. (2002) *Women, Europe and the New Languages of Politics*. London: Continuum.

Foucault, M. (1981) *The History of Sexuality*. Harmondsworth: Penguin (trans. in the English from *Historie de la sexualité*. Paris: Gallimard, 1976).

Foucault, M. (1995 [1974]) *Discipline and Punish*. New York: Random House.

Foucault, M., and Rabinow, P. (1984) *The Foucault Reader*. New York: Pantheon Books.

Fröschl, E., Kramer, H., and Kreisky, E. (Eds.) (2007) *Politik Beratung zwischen Affirmation und Kritik*. Vienna: Braumüller.

Garfinkel, H. (1967) *Studies in Ethnomethodology*. Engelwood Cliffs: Prentice-Hall.

Garfinkel, H., Lynch, M., and Livingstone, E. (1981) 'The work of discovering science construed with materials from the optically discovered pulsar', *Philosophy of the Social Sciences*, 11: 131-158.

Giddens, A. (1984) *The Constitution of Society: Outline of the Theory of Structuration*. Cambridge: Polity Press.

Giddens, A. (1994) *The Constitution of Society*. Cambridge: Polity Press.

Ginsberg, R. H. (2007) *Demystifying the European Union: The Enduring Logic of Regional Integration*. New York: Rowman & Littlefield.

Gioia, D. A. (1986) 'Symbols, scripts, and sensemaking', In Sims, H. P., and Gioia, D. A. (Eds.) *The Thinking Organisation*. San Francisco: Jossey-Bass Publishers: 49-74.

Girnth, H. (1996) Texte im politischen Diskurs: Ein Vorschlag zur diskursorientierten Beschreibung von Textsorten', *Muttersprache* 106 (1): 66-80.

Goatly, A. (1997) *The Language of Metaphors*. London: Routledge.

Goffman, E. (1959) *The Presentation of SELF in Everyday Life*. Garden City: Doubleday, Anchor Books.

Goffman, E. (1981) *Forms of Talk*. Philadelphia: University of Pennsylvania Press.

Goffman, E. (1983) 'Felicity's condition', *American Journal of Sociology*, 89 (1): 1-53.

Gonzáles, F. (1999) 'European Union and globalization', *Foreign Policy*, 115: 28-43.

Grad, H., and Martin Rojo, L. (2008) 'Identities in discourse: an integrative view', In Dolon, R., and Todoli, J. (Eds.) *Analysing Identities in Discourse*. Amsterdam: Benjamins: 3-30.

Graff, G. M. (2008) *The First Campaign : Globalization, the Web and the Race for the White House*. New York: Farrar, Strauss & Giroux.

Gramsci, A. (1978 [1921—1926]) *Selections from the Political Writings*. (Ed. Qu. Hoare) London: Lawrence and Wishart.

Grene, M. (Ed.) (1969) *Knowing and Being : Essays by Michael Polanyi*. Chicago: Chicago University Press.

Gumperz, J. (1982) *Discourse Strategies*. Cambridge: CUP.

Habermas, J. (1976) *Legitimation Crisis*. London: Heinemann Educational Books Ltd.

Habermas, J. (1981) *Theorie des kommunikativen Handelns*. Frankfurt: Suhrkamp.

Habermas, J. (1989) *The Structural Transformation of the Public Sphere*. Cambridge: MIT Press.

Habermas, J. (1992) *Faktizitat und Geltung. Beiträge zur*

Diskurstheorie des Rechts und des demokratischen Rechtsstaats. Frankfurt: Suhrkamp.

Habermas, J. (1999)'Drei normative Modelle der Demokratie', In Habermas, J. (Ed.), *Die Einbeziehung des Anderen: Studien zur politischen Theorie*. Frankfurt: Suhrkamp.

Hall, S. (1997) 'The work of representation', In Hall, S. (Ed.) *Representation: Cultural Representations and Signifying Practices*. London: Sage, 15-36.

Halliday, M. A. K. (1985) *An Introduction to Functional Grammar*. London: Edward Arnold.

Harvey, D. (1996) *Justice, Nature, and the Geography of Difference*. Oxford: OUP.

Hay, C. (2007) *Why We Hate Politics (Polity Short Introductions)*. Cambridge: Polity Press.

Hayek, F. K. (1968) Die Sprachverwirrung im politischen Denken', In Hayek, F. K. (1969) *Freiburger Studien*. Tübingen: Stauffenburg, 206-231.

Heer, H., Manoschek, W., Pollak, A., and Wodak, R. (Eds.). (2008) *The Construction of History. Remembering the War of Annilihation*. Basingstoke: Palgrave.

Heracleous, L. (2006) 'A tale of three discourses: The dominant, the strategic and the marginalized', *Journal of Management Studies*, 43 (5): 1059-1087.

Heritage, J. (1984) *Garfinkel and Ethnomethodology*. Cambridge: Polity Press.

Hermann, R. K., Risse, T., and Brewer, M. B. (Eds.) (2004) *Transnational Identities*. Lanham: Rowman & Littlefield.

Hitzler, R. (1991) Machiavellismus oder Von der Kunst-Regeln politischen Handelns. Ein dramatologischer Deutungsversuch', *PROKLA* 21. 3(85): 620-635.

Hitzler, R. (2002) 'Inszenierung und Repräsentation: Bemerkungen zur Politikdarstellung in der Gegenwart', In Soeffner, H-G., and Tänzler, D. (Eds.) *Figurative Politik*. Opladen: Leske and Budrich: 35-49.

Hoijer, B. (2010) 'Emotional anchoring and objectification in the media reporting on climate change'. *Public Understanding of Science*, 19: 717-731.

Holly, W. (1990) *Politikersprache. Inszenierungen und Rollenkonflikte im informellen Sprachhandeln eines Bundestagsabgeordneten.* Berlin: De Gruyter.

Holly, W. (2008) 'Tabloidization of political communication in the public sphere', In Wodak, R., and Koller, V. (Eds.) *Communication in the Public Sphere. Handbook of Applied Linguistics* Vol. IV, Berlin: De Gruyter: 317-342.

Holzscheiter, A. (2005) *Power of Discourse and Power in Discourse. An Investigation of Transformation and Exclusion in the Global Discourse of Childhood*. Unpublished. PhD Thesis, FU Berlin.

Iedema, R. (2003) *Discourses of Post-Bureaucratic Organization.* Amsterdam: Benjamins.

Iedema, R., Degeling, P., Braithwaite, J., and White, L. (2003) '"It's an interesting conversation I'm Hearing": The doctor as manager', *Organization Studies*, 25(1): 15-23.

Jäger, L. (2004), 'Sprache als Medium der politischen Kommunikation. Anmerkungen zur Transkriptivität kultureller und politischer

Semantik', In Frevert, U., and Braungart, W. (Eds.) *Sprachen des Politischen. Medien und Medialität in der Geschichte.* Göttingen: Vandenhoeck & Ruprecht: 332-355.

Jäger, S. (2001) 'Discourse and knowledge: Theoretical and methodological aspects of a critical discourse and diapositive analysis', In Wodak, R., and Meyer, M. (Eds.) *Methods of Critical Discourse Analysis.* London: Sage: 32-62.

Jager, S., and Maier, F. (2009) 'Theoretical and methodological aspects of critical discourse analysis', In Wodak, R., and Meyer, M. (Eds.) *Methods of Critical Discourse Analysis* (2nd ed.). London, Sage.

Jäger, S., and Halm, D. (Eds.) (2007) *Mediale Barrieren. Rassismus als Integrationshindernis.* Duisburg: DISS.

Jenkins, B. (Ed.) (1996) *Nation and identity in contemporary Europe.* London: Routledge.

Jessop, B. (2001) 'Institutional re(turns) and the strategic-relational approach', *Environment and Planning*, 33: 1213-1235.

Jessop, B. (2002) *The Future of the Capitalist State.* Cambridge: Polity Press.

Jessop, R., Fairclough, N., and R. Wodak (Eds.) (2008) *Higher Education and the Knowledge-Based Economy in Europe.* Amsterdam: Sense Publishers.

Johnstone, B. (2007) *Discourse Analysis* (2nd ed.). Oxford: Blackwell.

Judt, T. (2008). *Reappraisals. Reflections on the Forgotten Twentieth Century.* London: Heinemann.

Kadmon, N. (2001) *Formal Pragmatics*. Oxford: Blackwell.

Kappacher, A. (2002) Funktionssysteme und soziale Realität: Kommunikation und Entscheidung. Eine systemtheoretische Analyse zu Einflussmöglichkeiten des Wirtschaftssystems auf das Wissenschaftssystem. MA Thesis, Vienna University.

Kienpointner, M. (1996) *Vernünftig argumentieren: Regeln und Techniken der Diskussion*. Hamburg: Rowohlt.

Klein, J. (1997)'Kategorien der Unterhaltsamkeit: Grundalgen einer Theorie der Unterhaltung mit Rückgriff auf Grice', *Linguistische Berichte*, (8): 176-188.

Klein, J. (1998) 'Politische Kommunikation-Sprachwissenschaftliche Perspektiven', In Jarren, O., Sarcinelli, U., and Saxer, U. (Eds.) *Politische Kommunikation in der demokratischen Gesellschaft. Ein Handbuch mit Lexikonteil*. Opladen: Westdeutscher Verlag: 186-210.

Klemperer, V. (1947) *LTI. Lingua Tertii Imperii: Die Sprache des Dritten Reiches*. Leipzig: Reclam.

Klemperer, V. (2005) *The language of the third reich: LTI. Lingua Tertii Imperii*. London: Continuum.

Knights, D., and Morgan, G. (1995) 'Strategy under the microscope: Strategic management and IT in financial services', *Journal of Management Studies*, 32(2): 191-214.

Knoblauch, H. (2005) *Wissensoziologie*. Berlin: Springer.

Knorr-Cetina, K. (2007) 'Global markets as global conversations', *Text and Talk*, 27 (5/6): 705-734.

Koller, V. (2005) 'Critical discourse analysis and social cognition: evidence from business media discourse', *Discourse and Society*,

16: 199-224.

Koller, V., and Wodak, R. (2008) 'Introduction: Shifting boundaries and emergent public spheres', In Wodak, R., and Koller, V. (Eds.) *Communication in the Public Sphere*. Berlin: De Gruyter: 1-21.

Koselleck, R. (1992 [1959]) *Kritik und Krise: eine Studie zur Pathogenese der bürgerlichen Welt*. Frankfurt: Suhrkamp.

Kroon, Å., and Ekström, M. (2009) 'Vulnerable women, raging bull, or manish maniac? Gender differences in the visualization of political scandals', *Journalism Studies*.

Kroon-Lundell, Å., and Ekström, M. (2009) 'The complex visual gendering of political women in the press', submitted to *Media and Culture*.

Kroon-Lundell, Å. (2009) 'The before and after of a political interview on TV: Observations of off-camera interactions between journalists and politicians', *Journalism: Theory, Practice, Criticism*.

Krugman, P. (1994) *Peddling Prosperity. Economic Sense and Nonsense in the Age of Diminished Expectations*. New York: Norton.

Krzyżanowski, M. (2008) 'Analysing focus group discussions', In Wodak, R., and Krzyżanowski, M. (Eds.) *Qualitative Discourse Analysis in the Social Sciences*. Basingstoke: Palgrave: 162-181.

Krzyżanowski, M., and Oberhuber, F. (2007) (*Un*) *Doing Europe. Discourses and Practices of Negotiating the EU Constitution*. Bern: Peter Lang.

Krzyżanowski, M., and Wodak, R. (2008) *The Politics of*

Exclusion: *Debating Migration in Austria*. New Brunswick: Transaction Publishers.

Kunz, V. (1997) *Theorie rationalen Handelns*. Stuttgart: Leske & Budrich.

Kutter, A. (2019) Brussels or Babel? Discursive constructions of legitimate governance in Polish, German and French media debates on the EU constitution. New York: Peter Lang.

Labov, W., and Waletzky, J. (1967) 'Narrative analysis: Oral versions of personal experience', In Helms, J. (Ed.) *Essays on the Verbal and Visual Arts*. Seattle: University of Washington Press: 12-44.

Laffan, B. (2004) 'The European Union and its institutions as "identity builders"', In Hermann, R. K., Risse, T., and Brewer, M. B. (Eds.) *Transnational Identities*. Lanham: Rowman & Littlefield: 75-96.

Laine, P. M., and Vaara, E. (2007) 'Struggling over subjectivity: A discursive analysis of strategic development in an engineering group', *Human Relations*, 60(1): 29-58.

Lakoff, G. (2004) *Don't Think of an Elephant*! Berkeley: Chelsea Green.

Lakoff, G., and Johnson, M. (1980) *Metaphors We Live By*. Chicago: University of Chicago Press.

Lalouschek, J., Menz, F., and Wodak, R. (1990) *Alltag in der Ambulanz*. Tübingen: Niemeyer.

Lane, C. (2003) 'The White House culture of gender and race in The West Wing: Insights from the margins', In O'Connor, J. E., and Rollins, P. C. (Eds.) *The West Wing*. Syracuse:

Syracuse University Press, 32-41.

Lasswell, H. D., and Leites, N. C. (1949) *Language of Politics*: *Studies in Quantitative Semantics*. New York: G. W. Stewart.

Laux, L., and Schütz, A. (1996)*Wir, die wir gut sind. Die Selbstdarstellung von Politikern zwischen Glorifizierung und Glaubwürdigkeit*. Munich: DTV.

Lave, J., and Wenger, E. (1991) *Situated Learning*: *Legitimate Peripheral Participation*. Cambridge: CUP.

Lemke, J. L. (1995) *Textual Politics*: *Discourse and Social Dynamics*. London: Taylor & Francis.

Lemke, T. (2004). 'Foucault, governmentality, and critique', *Rethinking Marxism*, 3(14): 49-64.

Lévi-Strauss, C. (1976) *Structural Anthropology*. Vol. II. Chicago: University of Chicago Press.

Levine, M. (2003) '*The West Wing* (NBC) and the West Wing (D. C.): myth and reality in the television's portrayal of the White House', In O'Connor, J. E., and Rollins, P. C. (Eds.) *The West Wing*. Syracuse: Syracuse University Press: 42-62.

Lilleker, D. G. (2006) *Key Concepts in Political Communication*. London: Sage.

Luhmann, N. (1984) *Soziale Systeme*: *Grundrisse einer allgemeinen Theorie*. Frankfurt: Suhrkamp.

Luhmann, N. (1997) *Die Gesellschaft der Gesellschaft*. Frankfurt: Suhrkamp.

Lukes, S. (2005 [1974]) *Power*: *A Radical View*. Cambridge:

Polity.

Lynch, J., and McGoldrick, A. (2005) *Peace Journalism*. Hawthorn House, Gloucestershire: Hawthorn Press.

Maas, U. (1984) *Als der Geist der Gemeinschaft eine Sprache fand. Sprache im Nationalsozialismus*. Opladen: Westdeutscher Verlag.

Machiavelli, N. (2004 [1532]) *The Prince*. New York: Simon &. Schuster.

Machin, D., and Niblock, S. (2006) *News Production. Theory and Practice*. London: Routledge.

Maguire, S., Hardy, C., and Lawrence, T. B. (2004) 'Institutional entrepreneurship in emerging fields: HIV/AIDS treatment advocacy in Canada', *Academy of Management Journal*, 47 (5): 657-679.

Malinowski, B. (1948) *Magic, Science, Religion, and Other Essays*. New York: Doubleday.

Malmborg, M., and Stråth, B. (Eds.) (2002) *The Meaning of Europe*. Oxford/New York: Berg.

Manley, J. E. (1998) 'Symbol, ritual, and doctrine: The cultural toolkit of TQM', *Journal of Quality Management*, 3 (2): 175-191.

Marshall, P. D. (2006) *Celebrity and Power: Fame in Contemporary Culture*(5th ed.) Minneapolis: University of Minneapolis Press.

Mauss, M. (2006) *Techniques, Technology and Civilisation*. (Ed. N. Schlanger) New York: Berghahn Books.

McCormick, J. P. (2007) *Weber, Habermas, and Transformations of the European State: Constitutional, Social and Supranational*

Democracy. Cambridge: CUP.

Meinhof, U., and Triandafyllidou, A. (Eds.) (2006) *Transcultural Europe: Cultural Policy in a Changing Europe.* Basingstoke: Palgrave.

Menz, F. (1999) '"Who am I gonna do this with?" Self-organization, ambiguity and decision-making in a business enterprise', *Discourse and Society*, 10 (1): 101-128.

Meyer, M. (2001) 'Between theory, method, and politics: Positioning of the approaches to CDA', In Wodak, R., and Meyer, M. (Eds.) *Methods of Critical Discourse Analysis.* London: Sage, 14-31.

Meyer, T. (2001) *Mediokratie: Die Kolonisierung der Politik durch die Medien.* Frankfurt: Suhrkamp.

Meyrowitz, J. (1985) *No Sense of Place: The Impact of Electronic Media on Social Behavior.* New York: Oxford University Press.

Mole, R. (Ed.) (2007) *Discursive Constructions of Identity in European Politics.* Basingstoke: Palgrave.

Morgan, G. (1997) *Images of Organisation.* London: Sage.

Moser, P., Schneider, G., and Kirchgässner, G. (Eds.) (2000) *Decision Rules in the European Union: A Rational Choice Perspective.* London: Macmillan.

Mulderrig, J. (2003) 'Consuming education: A critical discourse analysis of social actors in New Labour's Education policy', *Journal of Critical Education Policy Studies*: http://www.jceps.com.

Mulderrig, J. (2006) The Governance of education: A corpus-based critical discourse analysis of UK Education policy texts 1972 to 2005. PhD Thesis, Lancaster University.

Mulderrig, J. (2007) 'Textual strategies of representation and legitimation in New Labour Policy Discourse', In Green, A., Rikowski, G., and Raduntz, H. (Eds.) *Renewing Dialogues in Marxism and Education*. Basingstoke: Palgrave, 135-150.

Mulderrig, J. (2008) 'Using keywords analysis in CDA: evolving discourses of the knowledge economy in Education', In Jessop, R., Fairclough, N., and Wodak, R. (Eds.) *Higher Education and the Knowledge-Based Economy in Europe*. Amsterdam: Sense Publishers.

Mumby, D. (1988) *Communication and Power in Organizations: Discourse, Ideology and Domination*. Norwood: Ablex.

Muntigl, P. (2000) 'Dilemmas of individualism and social necessity', In Muntigl, P., Weiss, G. and Wodak, R. (2000) *European Union Discourses on Un/Employment:* Amsterdam: Benjamins: 145-184.

Muntigl, P., Weiss, G., and Wodak, R. (2000) *European Union Discourses on Un/Employment: An Interdisciplinary Approach to Employment Policy-Making and Organisational Change*. Amsterdam: Benjamins.

Musolff, A. (2004) *Metaphor and Political Discourse: Analogical Reasoning in Debates about Europe*. Basingstoke: Palgrave.

Musolff, A. (2006) 'Metaphor scenarios in public discourse', *Metaphor and Symbol*, (21) 1: 28-38.

Neunreither, K. (1994) 'The democratic deficit of the European Union: Towards closer cooperation between the European

Parliament and the national Parliaments', *Government and Opposition*, 29(3): 299-314.

Nick, R., and Pelinka, A. (1993) *Österreichs politische Landschaft*. Innsbruck: Haymon Verlag.

Nowotny, H. (1997), 'Transdisziplinäre Wissensproduktion-eine Antwort auf die Wissensexplosion?', *Wissenschaft als Kultur*: 188-195.

Oberhuber, F., Bärenreuter, C., Krzyżanowski, M., Schönbauer, H., and Wodak, R. (2005) 'Debating the Constitution: on the representations of Europe / the EU in the press', *Journal of Language and Politics*, 4(2): 227-271.

Ochs, E. (1997) 'Narrative', In van Dijk, T. A. (Ed.) *Discourse as Structure and Process*. (Vol. 1) London: Sage, 185-207.

O'Connor, J. E., and Rollins, P. C. (2003) 'Introduction', In O'Connor, J. E., and Rollins, P. C. (Eds.) *The West Wing*. Syracuse: Syracuse University Press: 1-16.

Orwell, G. (1949) *Nineteen Eighty-Four*. London: Harcourt Brace & Company.

Oswick, C., and Richards, D. (2004) 'Talk in organizations: local conversations, wider perspectives', *Culture and Organization*, 10(2): 107-123.

Ötsch, W. (2004) *Haider Light* (4th revised ed.). Vienna: Czernin.

Parris, M. (2007) 'The quality of a political speech is a symptom of popularity not a cause', *The Spectator*, 2007 (13): 30.

Parry-Giles, T., and Parry-Giles, S. (2006) *The Prime-Time Presidency: The West Wing and U. S. Nationalism.* Chicago: University of Illinois Press.

Paxman, J. (2003) *The Political Animal*. London: Penguin.

Pelinka, A., and Wodak, R. (Eds.) (2002) '*Dreck am Stecken*'. *Politik der Ausgrenzung*. Vienna: Czernin.

Pels, D. (2003) 'Aesthetic representation and political style: Re-balancing identity and difference in media democracy', In Corner, J., and Pels, D. (Eds.) *Media and the Restyling of Politics*. London: Sage, 41-66.

Phillips, N., Lawrence, T. B., and Hardy, C. (2004) 'Discourse and institutions': *Academy of Management Review*, 29(4): 635-652.

Podhoretz, J. (2003) 'The liberal imagination', In O'Connor, J. E., and Rollins, P. C. (Eds.) *The West Wing*. Syracuse: Syracuse University Press: 222-234.

Polanyi, M (1967) *The Tacit Dimension*. New York: Anchor Books.

Pollak, J. (2007) *Repräsentation ohne Demokratie. Kollidierende Systeme der Repräsentation in der Europäischen Union*. Vienna, New York: Springer.

Pollak, J., and Slominski, P. (2006) *Das politische System der EU*. Vienna: Facultas WUV-UTB.

Pompper, D. (2003) 'The West Wing: White House narratives that journalism cannot tell', In O'Connor, J. E., and Rollins, P. (Eds.) *The West Wing*. Syracuse: Syracuse University Press: 17-31.

Potter, J., and Wetherell, M. (1987) *Discourse and Social Psychology: Beyond Attitudes and Behaviour*. London: Sage.

Propp, Vladimir (1928, 1968) *Morphology of the Folktale* (trans. L. Scott). Austin: University of Texas Press.

Putnam, L. L., and Fairhurst, G. T. (2001) 'Discourse analysis in organizations: Issues and concerns', In Jablin, F. M., and Putnam, L. L. (Eds.) *The New Handbook of Organizational Communication: Advances in Theory, Research, and Methods*. London: Sage: 78-136.

Reed, M. (2000) 'The limits of discourse analysis in organizational analysis'. *Organization*, 7(3): 524-530.

Reisigl, M. (2004) *Wie man eine Nation herbeiredet. Eine diskursanalytische Untersuchung zur sprachlichen Konstruktion der österreichischen Nation und österreichischen Identität in politischen Fest-und Gedenkreden*. PhD Thesis. University of Vienna.

Reisigl, M. (2007) *Nationale Rhetorik in Fest-und Gedenkreden: Eine diskursanalytische Studie zum "österreichischen Millennium" in den Jahren* 1946 *und* 1996. Tübingen: Stauffenburg Verlag.

Reisigl, M. (2008a) 'Analyzing political rhetoric', In Wodak, R., and Krzyżanowski, M. (Eds.) *Qualitative Discourse Analysis in the Social Sciences*. Basingstoke: Palgrave: 96-120.

Reisigl, M. (2008b) 'Rhetoric of political speeches', In Wodak, R., and Koller, V. (Eds.) *Communication in the Public Sphere. Handbook of Applied Linguistics*, Vol.

IV. Berlin: De Gruyter: 243-271.

Reisigl, M., and Wodak, R. (2000) '"Austria first". A discourse-historical analysis of the Austrian "Anti-Foreigner-Petition" in 1992 and 1993', In Reisigl, M., and Wodak, R. (Eds.) *The Semiotics of Racism*. Vienna: Passagen Verlag: 269-303.

Reisigl, M., and Wodak, R. (2001) *Discourse and Discrimination: Rhetorics of Racism and Antisemitism*. London: Routledge.

Reisigl, M., and Wodak, R. (2009) 'The discourse-historical approach in CDA', In Wodak., R., and Meyer, M. (Eds.) *Methods of Critical Discourse Analysis*. (2nd rev. ed.) London: Sage.

Renkema, J. (2004) *Introduction to Discourse Studies*. Amsterdam: Benjamins.

Richardson, J. E., and Wodak, R. (forthcoming) 'The impact of visual racism: Visual arguments in political leaflets of Austrian and British far-right parties', *Controversies* (in press).

Richardson, K. (2006) 'The dark arts of good people: How popular culture negotiates "spin" in NBC's "The West Wing"', *Journal of Sociolinguistics*, 10: 52-69.

Ricoeur, P. (1992) *Oneself as Another*. Chicago: University of Chicago Press.

Riegert, K. (2007a) 'The ideology of *The West Wing*: The television show that wants to be real', In Riegert, K. (Ed.) *Politicotainment*. Bern: Peter Lang: 213-236.

Riegert, K. (2007b) *Politicotainment: Television's Take on the Real*. Bern: Peter Lang.

Riggins, St. H. (Ed.) (1990) *Beyond Goffman*: *Studies on Communication*, *Institution*, *and Social Interaction*. Berlin: de Gruyter.

Roberts, C (2008) A discourse analysis approach to the social functions of humour, with reference to the political panel discussion programme, *Question Time*. PhD Thesis, Lancaster University.

Rollins, P. C., and O'Connor, J. E. (Eds.) (2003) *The West Wing*. *The American Presidency as Television Drama*. Syracuse: Syracuse University Press.

Rose, N. (1999) *Powers of Freedom*: *Reframing Political Thought*. Cambridge: CUP.

Sacks, H., Scheloff, E., and Jefferson, G. (1974) 'A simplest systematics for the organization of turn-taking for conversation', *Language*, 50(4): 696-735.

Said, E. (1978) *Orientalism*. New York: Pantheon Books.

Samra-Fredericks, D. (2000) 'Doing boards-in-action research-an ethnographic approach for the capture and analysis of directors' and senior managers' interactive routines', *Corporate Governance*, 8(3): 244-257.

Samra-Fredericks, D. (2003) 'Strategizing as lived experience and strategists' everyday efforts to shape strategic direction', *Journal of Management Studies*, 40(1): 141-174.

Sarangi, S., and Coulthard, M. (Eds.) (2000) *Discourse and Social Life*. Harlow: Pearson Education.

Sarcinelli, U. (1987) *Symbolische Politik*: *Zur Bedeutung symbolischen Handelns in der Wahlkampfkommunikation in der Bundesrepublik Deutschland*. Opladen: WDV.

Sayer, A. (1992) *Method in Social Science: A Realist Approach*. London: Routledge.

Sayer, A. (2006) 'Language and significance: Or the importance of import: Implications for critical discourse analysis', *Journal of Language and Politics*, 5 (3): 447-471.

Schegloff, E. (1987) 'Between micro and macro: Contexts and other connections', In Alexander, J., Giesen, B., Munch, R., and Smelser, N. (Eds.) *The Micro-Macro Link*. Berkeley: University of California Press: 207-236.

Schiff, R. (2008) 'From *The West Wing to The Campaign Trail*', In *The Independent EXTRA*, January 30: 2-4.

Schiffrin, D. (1994) *Approaches to Discourse: Language as Social Interaction*. Oxford: Blackwell.

Schiffrin, D. (1996) 'Narrative as self-portrait: Sociolinguistic constructions of identity', *Language and Society*, 25: 167-203.

Schiffrin, D. (1997) 'The transformation of experience, identity, and context', In Guy, C., Schiffrin, D., and Baugh, J. (Eds.) *Towards a Social Science of Language. Papers in Honor of William Labov*. Amsterdam: Benjamins: 41-55.

Schlencker, P. (2008) 'Be articulate! A pragmatic theory of presupposition projection', *Theoretical Linguistics*, 34(3): 157-212.

Schulz-Forberg, H., and Stråth B. (2010) *The Political History of European Integration: The Hypocrisy of Democracy-through-market*. London: Routledge.

Schutz, A., and Luckman, T. (1973) *The Structures of the Life World*. (trans. R. M. Zaner and H. T. Englhadt). Evandson: Northwestern University Press.

Schwartzman, H. B. (1987) 'The significance of meetings in an American mental health center', *American Ethnologist*, 14 (2): 271-294.

Schwartzman, H. B. (1989) *The Meeting: Gatherings in Organizations and Communities*. New York: Plenum Press.

Scollon, R. (2008) *Analyzing Public Discourse*. London: Routledge.

Scollon, R. and S. Scollon. (2004) *Nexus Analysis: Discourse and the Emerging Internet*. London, Routledge.

Scully, R. (2005) *Becoming Europeans? Attitudes, Behaviour, and Socialisation in the European Parliament*. Oxford: OUP.

Searle, J. (1969). *Speech Acts: An Essay in the Philosophy of Language*. Cambridge: CUP.

Selck, T. J. (2004) *The Impact of Procedure: Analyzing European Union Legislative Decision-Making*. Göttingen: Cuvillier Verlag.

Sellen, A. J., and Harper, R. H. R. (2003) *The Myth of the Paperless Office*(2nd ed.). Cambridge: MIT Press.

Shil, E. A. (1961) 'Centre and periphery', In *The Logic of Personal Knowledge. Essays Presented to Michael Polanyi on This Seventieth Birthday 11th March 1961*. London: Routledge &. Kegan Paul: 117-130.

Silverman, D. (1993) *Interpreting Qualitative Data: Methods for Analysing Talk* , *Text* , *and Interaction*. London: Sage.

Simon-Vandenbergen, A. M., White, P. R. R., Aijmer, K. (2007) 'Presupposition and "taking for granted" in mass communicated political argument: An illustration from British, Flemish and Swedish political colloquy', In Fetzer, A., and Lauerbach, G. E. (Eds.) *Political Discourse in the Media*. Amsterdam: Benjamins: 31-74.

Sorkin, A. (2003) *The West Wing. Seasons 3 and 4. The Shooting Scripts*. New York: New Market Press.

Steffek, J. (2003) 'The legitimation of international governance: A discourse approach', *European Journal of International Relations*, 9(2): 249-276.

Sternberger D, G., Storz, G., and Sußkind, W. E. (1957) *Aus dem Worterbuch des Unmenschen*. Hamburg: Claassen.

Stone, D. (2002) *Policy Paradox : The Art of Political Decision Making*(2nd rev. ed.). New York: W. W. Norton.

Straehle, C. (1998) '*We are not Americans and We are not Japanese*': *European and other identities oriented to in interviews with EU Officials*. Unpublished Project Interim Report, Research Centre 'Discourse, Politics, Identity', University Vienna.

Straehle, C., Muntigl, P., Sedlak, M., Weiss, G., and Wodak, R. (1999) 'Struggle as metaphor in European Union discourses on unemployment', *Discourse and Society*, 10 (1): 67-99.

Stråth, B., and Wodak, R. (2009) 'Europe-discourse-politics-media-history: Constructing crises?' In Triandafyllidou,

A., Wodak, R., and Krzyżanowski, M. (Eds.) *European Media and the European Public Sphere*. Basingstoke: Palgrave.

Stråth, B. (2006) 'Ideology and history', *Journal of Political Ideologies*, 11 (1): 23-42.

Strauss, A., and Fagerhaugh, S. (1985) *Social organization of medical work*. Chicago: The University of Chicago Press.

Street, J. (2001) *Mass Media, Politics, and Democracy*. Basingstoke: Palgrave.

Street, J. (2004) *Celebrity Politicians: Popular Culture and Politics Representation*. http://web. ebscohost. com/ehost/ pdf? vid = 3&hid = 3&sid = 5e53dbe7-9c44-4ffa-af36-ec959d13fe77%40sessionmgr8 (accessed 8 April 2008).

Svensson, J. (1993) *Språk och offentlig et om språkbruks-förandringar in den politiska offentligheten*. Lund: Lund University Press.

Swales, J. (1990) *Genre Analysis*. Cambridge: CUP.

Swoboda, H. (2007) *Tour d'Europe* (monthly diary). Brussels: European Parliament (see also http://www. hannes-swoboda. at/default. asp).

Talbot, M. (2007) *Media Discourse: Representation and Interaction*. Edinburgh: EUP.

Tannen, D., and Wallat, C. (1993 [1987]) 'Interactive frames and knowledge schemas in interaction: Examples from a medical examination/interview', In Tannen, D. (Ed.) *Framing in Discourse*. Oxford: OUP: 57-76.

Tolson, A. (2001) *Television Talk Shows*. Mahwah and New

Jersey: Erlbaum.

Triandafyllidou, A., and Wodak, R. (2003) 'Conceptual and methodological questions in the study of collective identity: An introduction', *Journal of Language and Politics*, 2 (2): 205-225.

Triandafyllidou, A., Wodak, R., and Krzyżanowski, M. (2009) (Eds.) *European Media and the European Public Sphere*. Basingstoke: Palgrave Macmillan.

van Dijk, T. A. (2003) 'The discourse-knowledge interface', In Weiss, G., and Wodak, R. (Eds.) *Critical Discourse Analysis. Theory and Interdisciplinarity*. London: Palgrave: 85-109.

van Dijk, T. A. (2004) 'Discourse, knowledge and ideology', In Pütz, M., Neff-van Aertselaer, J., and Van Dijk, T. A. (Eds.) *Communicating Ideologies*. Frankfurt: Peter Lang: 5-38.

van Dijk, T. A. (2005) 'Contextual knowledge management in discourse production', In Wodak, R., and Chilton, P. (Eds.) *A new Agenda in (Critical) Discourse Analysis. Theory, methodology and interdisciplinarity*. Amsterdam: Benjamins: 71-100.

van Dijk, T. A. (2008) 'Editor's introduction: The study of discourse', In van Dijk, T. A. (Ed.) *Discourse Studies*. London: Sage: xix.

van Dijk, T. A., and Kintsch, W. (1983) *Strategies of discourse comprehension*. New York: Academic Press.

van Eemeren, F., and Grootendorst, R. (1992) *Argumentation*,

Communication and Fallacies. Hillsdale: Erlbaum.

van Leeuwen, T., and Wodak, R. (1999) 'Legitimizing immigration control: A discourse-historical analysis', Discourse Studies, 1(1): 83-118.

van Zoonen, L. (2005) Entertaining the Citizen: When Politics and Popular Culture Converge. New York: Rowman & Littlefield.

Voegelin, E. (1987 [1952]) The New Science of Politics: An Introduction. Chicago: University of Chicago Press.

Wagner, I., and Wodak, R. (2006) 'Performing success: Identifying strategies of self-presentaiton in women's biographical narratives', Discourse and Society, 17 (3): 385-411.

Weber, M. (1976) Wirtschaft und Gesellschaft. Grundriss der verstehenden Soziologie. Tübingen: J. C. B. Mohr (trans. into the English, 1978, Economy and Society: An Outline of Interpretive Sociology [edited by G. Roth and C. Wittich] Berkeley: University of California Press).

Weber, M. (2003) Political Writings(3rd ed.) Cambridge: CUP.

Weick, K. (1985) 'Sources of order in underorganised systems: Themes in recent organisation theory', In Lincoln, Y. S (Ed.) Organisational Theory and Inquiry. Beverly Hills: Sage: 106-136.

Weischenberg, S. (1995) Journalistik: Theorie und Praxis aktueller Medienkommunikation. Opladen: WDV.

Weiss, G. (2002) 'Searching for Europe: The problem of legitimisation and representation in recent political speeches on Europe', Journal of Language and Politics, 1 (1): 59-

83.

Weiss, G. (2003) Die vielen Seelen Europas: Eine Analyse "neuer" Reden zu Europa', In Mokre, M., Weiss, G., and Bauböck, R. (Eds.) *Europas Identitäten. Mythen, Konflikte, Konstruktionen.* Frankfurt: Campus: 183-206.

Weiss G., and Wodak, R. (2000) 'Discussion: The EU Committee Regime and the problem of public space: Strategies of depoliticizing unemployment and ideologizing employment policies', In Muntigl, P., Weiss, G., and Wodak, R. (eds.) *European Discourses on Un/Employment.* Amsterdam: Benjamins: 185-206.

Weiss, G., and Wodak, R. (2001) 'European Union discourses on employment: Strategies of depoliticizing and ideologizing employment policies', *Concepts and Transformation*, 5 (1): 29-42.

Weiss, G., and R. Wodak, R. (Eds.) (2003a) *Critical Discourse Analysis: Theory and Interdisciplinarity.* Basingstoke: Palgrave.

Weiss, G., and Wodak, R. (2003b) 'Theory and interdisciplinarity in critical discourse analysis: An introduction', In Weiss, G., and Wodak, R. (Eds.) *Theory and Interdisciplinarity in Critical Discourse Analysis.* Basingstoke: Palgrave: 1-34.

Weiss, G., Mokre, M., and Bauböck, R. (Eds.) (2003) *Europas Identitäten: Mythen, Konflikte, Konstruktionen.* Frankfurt: Campus.

Wenger, E., McDermott, R., and Snyder, W. (2002) *Cultivating Communities of Practice.* Boston: Harvard Business School Press.

White, M. (2004) ' The attractions of television: Reconsidering liveness '. In Couldry, N., and McCarthy, A. (Eds.) *Mediaspace: Place, Scale and Culture in a Media Age* London: Routledge: 75-92.

Widdicombe, S. (1998) ' Identity as an analysts' and a participants' resource', In Antaki, C., and Widdicombe, S. (Eds.) *Identities in Talk*. London: Sage: 191-206.

Wilson, J., and Millar, S. (Eds.) (2007) *The Discourse of Europe*. Amsterdam: Benjamins.

Wilson, J. (1990) *Politically Speaking: The Pragmatic Analysis of Political Language*. Oxford: Blackwell.

Wittgenstein, L. (1967) *Philosophische Untersuchungen*. Frankfurt: Suhrkamp.

Wodak, R. (1986) *Language Behaviour in Therapy Groups*. Los Angeles: University of California Press.

Wodak, R. (1996) *Disorders of Discourse*. London: Longman.

Wodak, R. (2000a) ' From conflict to consensus? The co-construction of a policy paper', In Muntigl, P., Weiss, G., and Wodak, R. (Eds.) *European Union Discourses on Unemployment*. Amsterdam: Benjamins: 73-114.

Wodak, R. (2000b) ' Recontextualization and the transformation of meaning: A critical discourse analysis of decision making in EU-meetings about employment policies ', In Sarangi, S., and Coulthard, M. (Eds.) *Discourse and Social Life*. Harlow: Pearson Education: 185-206.

Wodak, R. (2001) ' The discourse-historical approach ', In Wodak, R., and Meyer, M. (Eds.) *Methods of Critical*

Discourse Analysis. London: Sage: 63-94.

Wodak, R. (2003) 'Multiple identities: The roles of female parliamentarians in the EU Parliament', In Holmes, J., and Meyerhoff, M. (Eds.) *Handbook of Discourse and Gender*. Oxford: OUP: 71-98.

Wodak, R. (2004a) 'Critical discourse analysis', In Seale, C., Gobo, G., Gubrium, J., and Silverman, D. (Eds.), *Qualitative Research Practice*. London: Sage: 197-213.

Wodak, R. (2004b) 'National and transnational identities: European and other identities constructed in interviews with EU officials', In Hermann, R. K., Risse, T., and Brewer, M. (Eds.) *Transnational Identities*. Lanham: Rowman & Littlefield: 97-128.

Wodak, R. (2005) 'Interdisciplinarity, gender studies and CDA: Gender mainstreaming and the European Union', In Lazar, M. (Ed.) *Feminist Critical Discourse Analysis*. London: Palgrave: 90-114.

Wodak, R. (2006a) 'Introduction: Images in/and news in a globalised world', In Lassen, I., Strunck, J., and Vestergaard, T. (Eds.) *Mediating Ideology in Text and Image: Ten Critical Studies*. Amsterdam: Benjamins: 1-17.

Wodak, R. (2006b) 'Review article: Dilemmas of discourse (analysis)', *Language in Society*, 35: 595-611.

Wodak, R. (2007a) 'Afterword. "What now?"': Some reflections on the European convention and its implications', In Krzyżanowski, M., and Oberhuber, F. (Eds.) (*Un*)*doing Europe*. Bern: Peter

Lang: 203-216.

Wodak, R. (2007b) 'Discourses in European Union organizations: Aspects of access, participation, and exclusion', *Text and Talk*, 27 (5/6): 655-680.

Wodak, R. (2007c) 'Doing Europe: The discursive construction of European identities', In Mole, R. (Ed.) *Discursive Constructions of Identity in European Politics*. Basingstoke: Palgrave: 70-95.

Wodak, R. (2007d) 'Pragmatics and critical discourse analysis: A cross-disciplinary analysis', *Pragmatics and Cognition*, 15 (1): 203-225.

Wodak, R. (2008a) 'Introduction: Discourse studies— important concepts and terms', In Wodak, R., and Krzyżanowski, M. (Eds.) *Qualitative Discourse Analysis*. Basingstoke: Palgrave: 1-29.

Wodak, R. (2008b) 'Staging politics in television: Fiction and/ or reality?' In Habscheid, S., and Knobloch, C. (Eds.) *Discourses of Unity: Creating Scenarios of Consensus in Public and Corporate Communication*. Berlin: De Gruyter.

Wodak, R. (2008c) 'The contribution of critical linguistics to the analysis of discriminatory prejudices and stereotypes in the language of politics', In Wodak, R., and Koller, V. (Eds.) *Communication in the Public Sphere*. Berlin: de Gruyter: 291-316.

Wodak, R. (2008d) '"Us" and "them": Inclusion/exclusion-discrimination via discourse', In Delanty, G., Jones, P., and Wodak, R. (Eds.) *Migration, Identity, and Belonging*.

Liverpool: Liverpool University Press: 54-78.

Wodak, R. (2008e) 'Von Wissensbilanzen zu Benchmarking: Die fortschreitende Ökonomisierung der Universitäten. Eine Diskursanalyse', In Krell, G. and Bone-Diaz, R. (Eds.) *Diskurs und Ökonomie*. Wiesbaden: VS.

Wodak, R., and Busch, B. (2004) 'Approaches to media texts', In Downing, J., Wartella, J., McQuail, D., and Schlesinger, P. (Eds.) *The Sage Handbook of Media Studies*. London: Sage: 105-122.

Wodak, R., and de Cillia, R. (2006) 'Politics and language: overview', In Brown, K. (Editor-in-Chief) *Encyclopedia of Language and Linguistics*. (2nd ed., Vol. 9). Oxford: Elsevier: 707-719.

Wodak, R. and Meyer, M. (2009) 'Critical discourse analysis: History, agenda, theory, and methodology', In Wodak, R., and Meyer, M. (Eds.) *Methods of CDA* (2nd rev. ed.) London: Sage.

Wodak, R., and Reisigl, M. (2002) '"Wenn einer Ariel heist…": Ein linguistisches Gutachten zur politischen Funktionalisierung antisemitischer Ressentiments in Österreich'. In Pelinka, A., and Wodak, R. (Eds.) *Dreck am Stecken*. Vienna: Czernin: 134-172.

Wodak, R., and Weiss, G. (2001) '"We are different than the Americans and the Japanese!" A critical discourse analysis of decision-making in European Union meetings about employment policies', In Weigand, E., and Dascal, M. (Eds.) *Negotiation and Power in Dialogic Interaction*.

Amsterdam: Benjamins.

Wodak, R., and Weiss, G. (2004a) 'Möglichkeiten und Grenzen der Diskursanalyse: Konstruktion europäischer Identitäten', In Panagl, O., and Wodak, R. (Eds.) *Text und Kontext*: *Theoriemodelle und methodische Verfahren im transdisziplinären Vergleich*. Würzburg: Königshausen &. Neumann: 67-86.

Wodak, R., and Weiss, G. (2004b) 'Visions, ideologies and Utopias in the discursive construction of European Identities: Organizing, representing and legitimizing Europe', In Pütz, M., Van Neff, A., Aerstselaer, G., and Van Dijk, T. A. (Eds.) *Communicating Ideologies*: *Language, Discourse and Social Practice*. Frankfurt: Peter Lang: 225-252.

Wodak, R., and Weiss, G. (2007 [2005]) 'Analyzing European Union discourses: Theories and applications', In Wodak, R., and Chilton, P. (Eds.) *A New Agenda in (Critical) Discourse Analysis Theory*: *Methodology and Interdisciplinarity*. Amsterdam: Benjamins: 121-135.

Wodak, R., and Wright, S. (2007) 'The European Union in cyberspace: Democratic participation via online multilingual discussion boards', In Danet, B., and Herring, S. C. (Eds.) *The Multilingual Internet*: *Language, Culture, and Communication Online*. Oxford: OUP: 385-407.

Wodak, R., de Cillia, R., Reisigl, M., and Liebhart, K. (1999) *The Discursive Construction of National Identity*. Edinburgh: EUP.

Wodak, R., Pelinka, J., Nowak, P., Gruber, H., de Cillia, R., and Mitten, R. (1990) '*Wir sind alle unschuldige Täter*'.

Diskurshistorische Studien zum Nachkriegsantisemitismus.
Frankfurt: Suhrkamp.

Wodak, R., and Van Dijk, T. (Eds.) (2000) *Racism at the Top.* Klagenfurt: Drava.

Wodak, R., and Meyer, M. (Eds.) (2001) *Methods of Critical Discourse Analysis.* London: Sage.

Wodak, R., and Pelinka, A. (Eds.) (2002) *The Haider Phenomenon.* New Brunswick: Transaction Press.

Wodak, R., and Chilton, P. (Eds.) (2007 [2005]) *A New Agenda in (Critical) Discourse Analysis: Theory, Methodology and Interdisciplinarity.* Amsterdam: Benjamins.

Wodak, R., and Koller, V. (Eds.) (2008) *Communication in the Public Sphere.* (Handbook of Applied Linguistics, Vol. IV) Berlin: de Gruyter.

Wolf, A. (2007) *Image Politik.* Vienna: Nomos.

Wright, Scott (2005) 'Design matters: The political efficacy of government-run online discussion forums', In Oates, S., Owen, D., and Gibson, R. (Eds.) *The Internet and Politics: Citizens, Voters, and Activists.* London: Routledge: 80-99.

Wright, Sue (2007) 'English in the European Parliament: MEPs and their language repertoires', *Sociolinguistica*, 21: 151-165.

Wright, Susan (Ed.) (1994) *Anthropology of Organisations.* London: Routledge.

Wright, W. (1977) *Sixguns and Society: A Structural Study of the Western.* Berkeley: University of California Press.

Yanow, D. (1996) *How Does a Policy Mean?* Georgetown:

Georgetown University Press.

Yule, G. (1996) *Pragmatics*. Oxford: OUP.

Zelditch Jr., M. (2001) 'Theories of legitimacy', In Jost, J., and Major, B. (Eds.) *The Psychology of Legitimacy*: *Emerging Perspectives on Ideology, Justice, and Intergroup Relations*. Cambridge: CUP: 33-53.

附录：原始德语材料（第 3 章）

除与德语母语者使用德语交流外，其他采访均用英语完成。第 3 章的原始德语材料如下。

Text 3. 6

…der zweite Punkt ist, dass man wegkommt im Rat selbst, was wenig das Parlament betrifft, von dem Einstimmigkeitsbes, also wir müssen hier auf Mehrstimmigkeit gehen, und wenn die Mehrheit entschließt, schluss, dann darf nicht ein einziges Land blockieren, weil das sind keine Potentaten, die da sitzen… (MEP 5)

Text 3. 11

Ich komme aus der Werbung, und da haben wir principles gehabt, von Qualität, von Respekt des Kunden und Respekt den Arbeitnehmern gegenüber und so was alles, das sind principals, die brauchen wir, die als Meßlatte mit zu haben. Und ich arbeite gerade daran um das zu konkretisieren so eine Vision, mit bestimmten

Unternehmern zusammen, also wirklich engagierten, wenn ich sagen kann, statt irgendeinen Fuballspieler euch einzukaufen, der mal eine paar Tore schießt oder so ein paar Flops bereitet, macht's doch so: gebt doch den jungen Menschen eine Chance, damit sie mal Mitgl /damit sie an Leonardo und sogar das Geld herankommen im europäischen Ausland, eine Ausbildung genießen können für einige Zit … Wr haben einen europäischen Mehrwert. Koordination, Kooperation, Modelloiekte die wir verwirklichen und die als intensive Dialoge …. Ein wichtiger Partner dazu ist mit Sicherheit das europäische Parlament. (亦见文本 3. 31)

Text 3. 12

Also, das Problem Arbeitslosigkeit bedrückt hier jeden, glaub ich vollkommen unabhängig von der politischen Ausrichtung. Ich bin ja erst seit einigen Jahten politisch aktiv, ich stamme aus Frankfurt und war vorher Sozialarbeiterin, also deswegen war für mich der Einstieg in die aktive Politik erst nach der /nach dem Mauerfall möglich, aber trotzdem ist für mich schon klar in der Abschätzung der Probleratik Arbeitslosigkeit, dass da der Hauptgrund äh strukturelle Probleme sind …

Text 3. 13

also ich kann äh über verschiedene Modelle der Arbeitslosigkeitsbekmpfung redden wie hier, da werden Sie ja auch merken je nach der politichen Ausrichtung wird man sich auf bestimmte Modelle versteifen, aber lch kann nicht sagen, indem wir mehr äh Förderung verteilen, wird das Problem gelöst, indem wir also ganz simpel mehr Geld an die Armen und Bedürtign geben, wird das denn schon werden. Das ist für mich der größte Feher, den mandas machen könnte, sicherlich muss man das trennen, und wenn man von /von armer Bevölkerung redet und von Bedürfigen, das die unsere Hlfe brauchen, das ist ganz klar, das wird man immer tun müssen, aber das ist kein Ansatz um Arbeitslosigkeit zu bekämpfen, also das braucht zwei vollkommen verschiedene Wege.

Text 3. 14

wo wir 900 Leute hatten, breites Spektrum, nicht nur parteipolitisch, sondern auch von dem europäischen Märschen gegen Massenrwerbslosigkeit und so weiter, und bis zum europäischen Gewerkschaftsbund mit verschiedenen anderen Gewerkschaften, so die bisher noch nicht beim (DGB) sind, sind auch dabei, ganz gute Vertretung auch von den Kirschn, katholisch und protestantisch, und auch aus verschiedenen Ländern, äh also da hab ich das Interesse sagen wir mal Freunde und Kollegn kennen Codes und die Wünsche aus Italien, so etwas wie eine europäische Bewegung mitanzu-stoßn und wissen, dass man keine soziale Bewegung veranstalten kann.

Text 3. 15

dass wir das sozusagen versuchen wollen aufzuheben, und in dem Zusammenhang will ich eben auch stärker versuchen die kirchlichen Kräfte da wirklich in dieses Aktionsbündnis da mit hineinzubekommen. Und das halt ich für einen wesentlichen Teil meiner Aufgabe als Europaparlamentarier. Das äh führt dazu, dass für mich das europäische Parlament halt in diesen Fragen sind wir ja nicht das legislative Organ, die Ilusion dürfen wir uns da gar nicht machen, sondern wir sind so etwas wie ‐ schlecht gesagt-Simulationsinstanz, (das wollt ich ja sagen) virtuell einer europäischen Öffentlichkeit.

Text 3. 22

oftmals gibt's im Parlament selbst Schwierigkeiten, weil die Sprachfassungen der Texte zu spät kommen, und dann steht man da, hat nur englisch und französisch, und meistens leiden die Finnen und die Schwedn darunter jetzt, die kriegen /die haben ständig Theater mit ihren Übersetzungen, oder andere ebn auch, und wenn / wenn ich direkt an einem Text arbeiten soll als Berichterstatterin oder (××××), dann will ich den Text in meiner Muttersprache halten. Und den andern geht's genauso, weil es geht so um /um Feinheiten mitunter, nicht, (××××) auch bei den Übersetzungen entstehen doch hin und wieder mal so gravierende Fehler, die denn einen ganz andemn Sinn in einer andern Sprache haben, deswegen muss man also immer in seiner Muttersprache arbeiten, und muss hinterher dann auch die Sprachfassung mal ein bisschen abchecken, (××××) und dann entstehen immer wieder irgendwelche Fehler, manchmal sind's nur kleine, manchmal aber ganz gravierende. Man streitet sich ne Stunde im Ausschuss, ne Stunde bis ein Mitarbeiter kommt und sagt: Mensch, das ist doch ein Übersetzungsfehler, guck doch mal hier, dann stellt man fest: Mein Gott, ein

Übersetzungsfehler (××××), na dann ist das natürlich schon vorüber. So kompliziert ist das seit (×××).

und dann. kriegt man auch gesagt, dass das also vollkommen entgegn dem steht, was wir in Deutschland reden, aber äh da macht keiner ein großes Drama draus, weil die deutsche Seite oder die nationale Seite genau weiß, wir sind hier unabhängig, und wenn Wir hier unsre Meinung haben und die sagen, dann ist das…

Text 3. 23

Und das (beflügelt) ja auch (× × × ×) nur mehr die Diskussion um den Fakt, weil ja auch, was ja für eine Parteiarbeit, egal wen das betifft, durchaus wichtig ist nicht im eigenen Saft zu schmoren und bei den eigenen Gedanken zu verharren, sondern zu sagen: Die gehören zur Familie, aber die denken anders, warum denken die anders? dass man dann mal wieder auf das Wesentliche kommt und sagt: Können Wir uns da nicht drüber mal unterhalten und sich das aus dem Meinungsstreit vielleicht entwickelt, dass da auch'n ganz anderer Erkenntnisstand wächst.

Text 3. 29

ich geh'mal davon aus, für jeden, de—na

erst mal in historischen Dimensionen denkt und

ein bißchen eine Vision hat, ist äh dieses /dieses.

Experiment, was wir machen, oder eine europäische.

Union auf den Weg zu bringen, die ja nie fertig

sein wird in absehbarer Zeit, eine wahnsinnige.
Herausforderung. Es gibt hier gegenüber den nationalen.
Strukturen eine Menge Gestaltungsspielraum,
weil /weil immer wieder ja was Neues auftaucht, und

Text 3. 30

Oder Schweizer fragen mich das sehr oft, da sag' ich,
nirgendwo ist es sicher und so garantiert, dass man seine, wenn
man so will, rationale oder kulturelle ode1 sonstige traditionelle
Identität bewahrt wie innerhalb der europäischen Union. Das
sehen wir an Luxemburg, das sehen wir an de / an den kleinen,
die wie wir Trier die Minderheiten ah, behandeln und mit
welchem Respekt wir auch untereinander arbeiten. Auch mit
Irland, aber auch klare Worte sagen, wenn, wenn, wenn etwas
nach unserer Meinung ah, nicht richtig ah, läuft. Ich denke,
grade Europa, also diese Institution, die Organisation Europa ist
für kleinere Völker eine absolute Garantie zur Beibehaltung ihrer
Tradition, und auch die Möglichkeit, sicherlich sich
einzubringen. Darum versteh' ich das für die kleineren Länder
noch viel weniger, wenn sie sich ah, dagegen sträuben, auch so
Liechtenstein, oder, oder ah, Island, oder so.

Text 3. 31

Und ich arbeite gerade, um das zu konkretisieren So eine
Vision, ahm, ah, mit bestimmten Unternehmern zusammen,
also wirklich engagierten, wenn ich sagen kann, statt
irgendeinen Fußballspieler euch einzukaufen, der mal ein paar

Tore schiebt oder ein paar Flops bereitet, macht's doch so: gebt doch jungen Menschen die Chance, damit sie mal damit sie an Leonardo und sogar das Geld herankommen können im europäischen Ausland ah, ah, eine Ausbildung mal genießen können für einige Zeit, sorgt dafür, dass ihr villeicht über euren Bedarf hinaus ausbildet und sorgt dafür, dass ihr innerhalb eurer Unternehmen für Weiterbildung und Fortbildung mitsorgt. Wenn wir das realisiet haben, ist der Weg zu dieser Vision bestimmt nicht mehr weit.

译后记

　　几经延宕，《话语、政治、日常生活》终于翻译完毕，即将付梓。沃达克教授的原著于 2009 年出版第一版，2011 年再版。原著出版后即在西方学术界引起巨大反响，据译者不完全统计，至 2013 年，在《语用学杂志》(*Journal of Pragmatics*)等重要学术期刊上已有 13 篇以上书评。一部学术著作出版 2 年即再版，并获得如此密集的评介，在语言学界是颇为罕见的。在国内，《现代外语》也曾有专文介绍。将这样一部重要的学术著作翻译成中文，介绍给更多的中国读者，是我们的一个心愿。

　　翻译这本书的另一个原因，是我们认为将沃达克教授的著作译成中文很有必要。毋庸置疑，沃达克教授是批评话语分析的奠基者之一，她和她的团队发展出的"话语-历史"研究路径对丰富批评话语分析的理论和方法有着重要贡献。然而，沃达克教授还不像诺曼·费尔克拉夫(N. Fairclough)或托伊恩·范·戴克(Teun van Dijk)等批评话语分析领域的学者那样，有著作翻译成中文。2003 年，费尔克拉夫的著作《话语与社会变迁》和范·戴克的著作《作为话语的新闻》作为传播学经典书目列入华夏出版社的"传播·文化·社会"译丛之中；2011 年，范·戴克的另一本书《精英话语与种族歧视》作为西方社会心理学的主要范式之一,又被译介到中国。现在,我们把沃达克的这部著作介绍给中国从事话语研究、政治学、国际关系,特别是欧洲研究的学者,也算是我们对批评话语分析所做的一点贡献。

当然,翻译这部著作最直接的原因是译者与沃达克教授多年来学术上的交流与合作。译者之一黄敏教授 2004 年在新加坡国立大学从事博士后研究期间曾就有关学术问题与沃达克教授有过联系,2005 年博士后出站后又有机会在英国伍尔弗汉普顿(Wolverhampton)与沃达克教授见面畅谈。她一直希望能重归清贫与清静的学生生活,跟随沃达克教授深入系统地学习批评话语分析的理论和方法,她以近于满分的托福成绩和详尽的研究计划获得英国兰卡斯特大学博士入学资格,虽然沃达克教授将她的入学资格保留了两年,但她终因各种原因未能成行。后来她于 2008年获得国家留学基金给予的赴国外访学一年的资助,沃达克教授专门向学校申请将 Bench Fee 控制在国家留学基金允许的 1000英镑之内(后来得知,有可能是沃达克教授放弃了自己应得的那部分津贴),使其访学得以顺利成行。

另一位译者田海龙教授更是早在 2001 年就与沃达克教授有邮件联系。2004 年他获得国家留学基金资助在英国访学时,就曾专门拜访过当时在英国讲学的沃达克教授。后来,他与齐尔顿一起,联合沃达克教授和张迈曾教授,在英国申请到 leverhulme 基金会的资助,开展了为期三年的"当代中国新话语"的国际合作研究项目。沃达克教授和齐尔顿教授于 2006 年 4 月来到中国,参加了在南开大学举行的第一届"当代中国新话语"国际学术研讨会。

2013 年 10 月,沃达克教授再次来到中国,参加在南京师范大学举行的第五届"当代中国新话语"国际学术研讨会暨中国话语研究会成立大会。其间,她赠予我们这部著作,并嘱我们早日将其翻译成中文。然而,不曾想一本书的翻译竟费了 3 年的时间。这里面有翻译的艰辛,更有我们对学术翻译的敬畏。其间,黄敏教授克服了工作调动、教学科研任务重、孩子需要照顾等诸多困难,将整本书初步翻译出来。之后,田海龙教授在此译稿的基础上逐句修改,以保证译文的准确与通达。最后,两位译者对译稿再一次通读和校对,以期达到定稿的要求。

毋庸讳言,翻译这本著作所遇到的困难是多方面的。首先,沃达克教授这部著作研究的问题不仅涉及一般的政治活动,而且特别关注欧盟内部的政治活动,观测的语言点不仅涉及话语策略,还涉及修辞和论辩,所有这些都增加了翻译的难度。虽然在翻译相关段落时,我们尽量找出其参考的原文研读揣摩,但我们还是担心译文中有误解和曲解之处。其次,德语是沃达克教授的母语,因此在著作中经常会出现一些德语词汇,尽管我们不断在德中词典和德英词典之间"奔波",仍然不敢确定没有错译之处。另外,沃达克教授的写作风格洒脱,并列句和并列词语比比皆是,从句套从句,而且破折号、括号夹杂其间,这些都使得翻译出意义准确且符合中文读者阅读习惯的句子显得难能可贵。这里,若读者发现有"信而不达、达而不雅"的句子,还望不吝赐教,以便在本书再版时逐一修订。

就本书的翻译而言,有两点需要特别说明。

首先,关于注释。原著注释采取在正文后分章尾注的形式。译稿为了区分原著注释与译者注释,特将原著注释改为每章脚注的形式(这样也便于读者阅读),而将译者注设为尾注。为了方便读者对比原著查询,译稿保留了原著注释的编号与顺序,为确保这一点,在某些无法保留原注释的地方以译者注代替。

第二,关于题目。原著的题目是 *The Discourse of Politics in Action: Politics as Usual*,译者仔细思考了这个书名的译法,最终

确定采用《话语、政治、日常生活》作为中文译本的书名。原著注重从话语的视角观察政治,而对政治的观察不仅有对前台活动的观察,更有对后台那些与政治家日常生活密切相关的"寻常政治"(politics as usual)的观察。我们希望这个中文书名能够更为简洁地表达原著的中心思想和主要议题。

第三,因各种原因,原著 5.4.3 在译著中删去。

正如沃达克教授所言,"著作从来不是作者孤立完成的",译著同样不是译者孤立完成的。在此衷心感谢沃达克教授惠赠原版插图文件,并积极协调版权事宜。感谢她对这项翻译工作的支持和鼓励。感谢荷兰约翰·本杰明出版公司同意将该书译成中文。

译者
2016 年夏秋之交

图书在版编目(CIP)数据

话语、政治、日常生活/(奥)露丝·沃达克
(Ruth Wodak)著;黄敏,田海龙译. —杭州:浙江大
学出版社,2019.11(2023.8 重印)
书名原文:*The Discourse of Politics in Action*
ISBN 978-7-308-19496-9

Ⅰ.①话… Ⅱ.①露… ②黄… ③田… Ⅲ.①政治家
—研究—欧洲 Ⅳ.①D750.0

中国版本图书馆 CIP 数据核字(2019)第 185576 号

话语、政治、日常生活

[奥]露丝·沃达克 著

黄 敏 田海龙 译

策划编辑	包灵灵	
责任编辑	田 慧	
责任校对	陆雅娟	
封面设计	周 灵	
出版发行	浙江大学出版社	
	(杭州市天目山路 148 号 邮政编码 310007)	
	(网址:http://www.zjupress.com)	
排 版	浙江时代出版服务有限公司	
印 刷	广东虎彩云印刷有限公司绍兴分公司	
开 本	889mm×1194mm 1/32	
印 张	9.75	
字 数	236 千	
版 印 次	2019 年 11 月第 1 版 2023 年 8 月第 4 次印刷	
书 号	ISBN 978-7-308-19496-9	
定 价	39.00 元	

浙江省版权局著作权合同登记图字:11-2019-109